ロンドン論集と さいごの手紙

Ecrits de Londres et dernières lettres

シモーヌ・ヴェイユ

田辺 保・杉山 毅［訳］

勁草書房

「旅券に貼られた写真」
ニューヨークにて（1942年）

ロンドンからニューヨークの両親にあてた手紙の一部分（封筒とも）

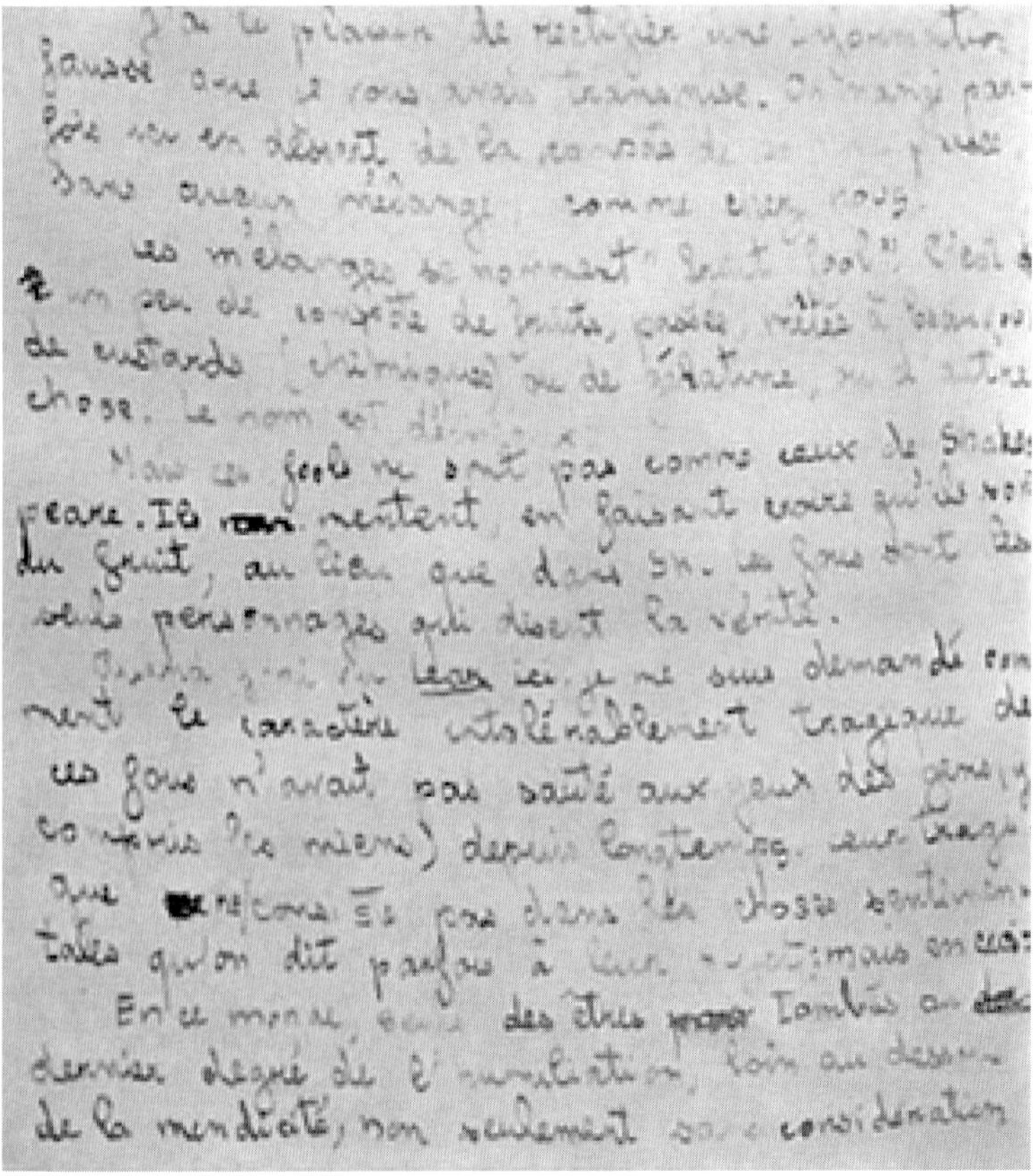

J'ai le plaisir de rectifier une information
fausse que je vous avais transmise. On mange par-
fois ici en dessert de la compote de fruits pure
sans aucun mélange, comme chez nous.
Ces mélanges se nomment "fruit fool". C'est
un peu de compote de fruits, passée, mêlée à beaucoup
de custards (chimiques) ou de gélatine, ou d'autre
chose. Le nom est déroutant.
Mais ces fools ne sont pas comme ceux de Shakes-
peare. Ils mentent en faisant croire qu'ils sont
du fruit, au lieu que dans Sh. les fous sont les
seuls personnages qui disent la vérité.
Voyant jouer ici Lear ici, je me suis demandé com-
ment le caractère intolérablement tragique de
ces fous n'avait pas sauté aux yeux des gens (y
compris les miens) depuis longtemps. Leur tragique
que ne consiste pas dans les choses sentimen-
tales qu'on dit parfois à leur sujet, mais en ceci:
En ce monde, seuls des êtres tombés au dernier
degré de l'humiliation, loin au-dessous
de la mendicité, non seulement sans considération

目次

ロンドン論集とさいごの手紙

刊行者のノート

この巻に収められた文章は、シモーヌ・ヴェイユの生涯の最後の時期、つまり、『根をもつこと』、『ロンドンで書かれた覚え書』(『超自然的認識』の中で発表されたもの)、『クレアンテス、フェレクデス、アナクシマンドロス、フィロラオスに関する覚え書』(『ギリシャの泉』の中で発表されたもの)、『マルクス主義学説は存在するか』(『抑圧と自由』の中で発表されたもの)と同じ時期に書かれたものである。これらの論文の大部分は、「自由フランス」政府に役立てるために書かれた研究であり、戦後のフランス再建にかかわる問題を研究したものである。この中の三つの論文は、「ラ・ターブル・ロンド」誌に掲載されたものである。

——『人格と聖なるもの』は、『人間の人格、正しい者と不正な者』と題して第三十六号(一九五〇年十二月)に。

——『この戦争は宗教戦争である』は、『宗教戦争への回帰』と題して第五十五号(一九五二年七月)に。

——『政党全廃に関する覚え書』は、第二十六号(一九五〇年二月)に。

もう一篇の論文、『われわれは正義のためにたたかっているか』は、一九五三年六月、「プルーヴ」誌の第二十八号に掲載された。その他の五つの論文は未発表のものである。

同じ時期に執筆され、概して同じ種類の考察を進めている断章が、これらの論文のあとにつけ加えられている。最後に、シモーヌ・ヴェイユがこれら晩年の思想を形成した状況を明らかにする資料が、そのあとにつけ加えられている。それは、大部分ロンドンから書かれた手紙である。しかし、これらの資料のうちいくつかのもの、つまりモーリス・シューマンに宛てた三通の手紙と、「第一線看護婦部隊編成計画」とは、シモーヌ・ヴェイユが英国へ渡る前に、ニューヨークから送られたものであった。しかし、それらは、シモーヌ・ヴェイユがどのような目的でロンドンに向かおうとしたか、また当時の彼女の精神状態がどのようなものであったかを理解させてくれるものである。フランスで使命がえられないという悲しみにさいなまれた彼女が、病気になり、一九四三年四月、入院したことは周知の通りである。

四月十七日の手紙以後の『父母への手紙』は、病院で書かれたものである。読者がお読みになればわかるように、こういう手紙を書きながら、彼女は健康状態については両親を完全なつんぼ桟敷においていた。最後の手紙、つまり八月十六日の手紙は、両親が娘の死を知ってから数日後に、両親の手許にとどけられたものである。彼女は、自分が入院中であることをかくすために、いつもの手紙と同じように、この手紙の封筒にも、以前彼女が下宿していた家の女主人の住所を書くという気の配りようであった。

手紙の中では、厳密に個人的な利害にかかわるいくつかの文章を省略した。大部分の固有名詞は頭文字でおきかえた。

人格と聖なるもの

集団——人格——非人格的なるもの——権利——正義

「あなたはわたしの興味をひかない」という言葉には、ある残酷な行為をおかし正義を傷つけることなくしては、ある人間が他の人間に話しかけることができないようなものがある。

「あなたの人格はわたしの興味をひかない」という言葉は、親しい友人たちのあいだの会話では、友情にひそむもっとも微妙に傷つきやすいものを傷つけることなく交されうるものである。

同様に「わたしの人格は大したものではない」と言っても自分をいやしめることにはならないが、「わたしは物の数にもはいらぬ人間だ」とは言えないであろう。

これは、人格主義(1)といわれる現代思潮の用語がまちがっていることの証拠である。用語の重要な誤りがおかされているこの分野において、思考の重大な誤りがないということはありえないことである。

人間だれにでも、なんらかの聖なるものがある。しかし、それはその人の人格ではない。それはまた、その人の人間的固有性《ペルソンヌ・ユメーヌ》でもない。きわめて単純に、それは、かれ、その人なのである。

ここに街を歩いているひとりの通行人がいるとする。その人の腕は長く、眼は青く、心にはわたしの関知しない、しかしおそらく平凡な思考が去来している。

　わたしにとって、聖なるものとは、その人の中にある人格でもなければ、人間的固有性でもない。それは、その人である。まったきその人なのである。腕、眼、思考、すべてである。それらを少しでも傷つければ、限りない良心の痛み《スクリュピュール》に見舞われないではいられないであろう。

　もし、その人の人間的固有性が、わたしにとって聖なるものであるならば、わたしはその人の眼をえぐりとっても平然としていることができるのである。ひとたび盲目となったとしても、その人は、まさに以前となんら変るところなく、人間的固有性をもち続けるだろう。わたしは、その人の内部にある人間的固有性を少しも傷つけなかったのである。その人の眼だけを、わたしは破壊したに過ぎなかったのであろう。

　人間的固有性にたいする尊敬を定義することは不可能である。それは単に言葉で定義することが不可能だというばかりではない。しようと思えば、多くのすばらしい概念は存在する。しかし、この概念がまた理解されないのである。思考の黙して語らぬ働きによって限界づけられているこの概念は、定義されることができないのである。

　定義することも、理解することも不可能な概念を、公けの道徳《モラル》の範とすることは、あらゆる種類の暴虐に道を開くことになる。

　一七八九年、全世界に向かって発せられた権利の概念は、(2) その内容が不十分であったがために、それに委託された機能を遂行することができなかった。

　人間的固有性の諸権利について語ることによって、二つの不充分な概念を混合させてみても、われわれにとって好都合に事は運ばないであろう。

もし、わたしにその許可があたえられ、またわたし自身がそれに興味をもつとしても、あの男の眼をくり抜いてはならぬ、とわたしを引き止めるものは、正確にはなにであろうか。

かりに、かれがわたしにとってまったく聖なるものであるとしても、あらゆる関係のもと、あらゆる点において、かれがわたしにとって聖なるものなのではない。かれの腕は長い、またかれの眼は青い、あるいはまたかれの思考はおそらく平凡なものであろうというかぎりでは、かれはわたしにとって聖なるものではないのである。たとえかれが公爵であろうと、かれが公爵であるというかぎりでは、聖なるものではない。たとえまたかれが屑屋であろうと、屑屋であるというかぎりでは聖なるものではない。

わたしの手をひきとめるものは、それらのものでは全然ないのである。

わたしの手をひきとめるもの、それは、だれかがかれの眼をくり抜くと仮定して、かれが、自分に害が加えられるということを考えることによって、かれのたましいがひき裂かれるであろう、ということを知ることなのである。

ごく小さい子供の時代から墓場にいたるまで、だれでも罪をおかし、罪に苦しみ、罪を注意深く見守る、というようなあらゆる経験を重ねているにもかかわらず、他人は自分のためにつくしてくれるもので害を加えるものではない、というようにどうしても期待してしまうものが、どの人間の心の奥底にもひそんでいる。それが、なによりもまず、あらゆる人間の内部にあって聖なるものなのである。

善は、聖なるものの唯一の源泉である。善と、善と関わりのあるもの以外に聖なるものはない。

たえず善なるものを期待してやまない、この心の奥深い、幼児のような部分、それは、権利要求の際に活動する部分ではない。自分の兄弟が、自分よりも少し大きなお菓子をとらなかったかどうかを嫉妬深く見守っている少年は、たましいのより表面的な部分から生じる動機に動かされている。正義という言葉は、非常に異った二つの意味をもち、その二つの意味は、たましいのこれらの二つの部分と関わりをもっている。この二つの部分のうち最初に述べた部分だけが重要なものである。

「どうして人はわたしに害を加えるのか」(3)というキリスト自身ですら押え切れなかった子供らしい嘆きが、人間の心の底にきざす時にはいつでも、たしかにそこには不正が存在するのである。なぜなら、もし、よくあるように、それがたんにあるあやまちの結果にすぎないとしても、不正は説明不足ということになるからである。

このような叫びを誘発する打撃を他人に蒙らせる人びとは、その人びとの性格やそのような行為が行なわれる瞬間しだいで、さまざまに異る動機に従うものである。ある人びとは、ある瞬間に、この叫びの中に快楽を見出す。多くの人びとは、こういう叫びが発せられていることを知らない。というのは、それは心の秘密の中でのみ鳴りひびく沈黙の叫びだからである。

精神のこれらの二つの状態は想像以上に近接している。第二の状態は、第一の状態の弱められた様態にほかならない。あの叫び声を知らないという状態は、それが快楽を満足させると同時に、それ自体に快楽をふくむものであるために、こころよく維持されているのである。物質の窮乏《ネセシテ》とわれわれの周囲にある他人の存在以外に、われわれの欲望を限定するものはない。これらの限界を越えて拡大する架空のものは、すべて快感をともなうものである。だから、もろもろの障害がよこたわる現実を忘れさせるものには、すべて快楽がひそんでいる。だからこそ、対外戦争や内乱のような、人間の生活からその現実を除去し、人間を操り人形のようにしてしまうように思われる大混乱が、ひどく人間を酔わせるのである。人間を奴隷の状態におくことが、支配者にとってきわめて好ましいのもそのためである。奴隷のようにあまり打撃を受けすぎた人びとにあっては、蒙った害が驚きの叫び声を発せしめるあの心の部分は、死んでいるようにみえる。しかし、それは決して死に切ってはいない。ただ、もはや叫ぶことができないだけである。鈍い、不断の呻き声の状態の中に、心のあの部分はすえられているのである。

しかし、叫び声を発する力が完全に残っている人びとにあっても、この叫び声が、筋の通った言葉で、内にも外にも表現されるということはほとんどない。もっともよくあることは、この叫び声を説明しようとする言葉が、完全に間違っていることである。

自分は害を受けている、と感じる機会をもっとも多くもつ人びとが、もっとも語ることのできない人であればあるほど、こういう現象はなおさら避けがたいものである。たとえば、軽罪裁判所で、優美な言葉を使い微妙な冗談を言ってのける司法官の前で、ひとりの不幸な人間がぶつぶつつぶやいている姿を見ること以上に恐ろしいものはないのである。

知性を別とすれば、公に認められた表現の自由に真にかかわりのあるものの中で、人間にとって唯一の資格あるものは、悪に反対して叫ぶ心の中のあの部分である。しかし、心のその部分にとっては、自分をどう表現したらよいかがわからないので、自由があってもなにほどのものでもない。だから、まず、公教育は、心のあの部分に、できるかぎり多くの表現手段を提供するようなものであることが必要なのである。ついで、意見を公に表現するためには、ある制度が必要である。それは、自由があるか否かによって決定されるというより、あのかぼそい不器用な叫び声が人びとの耳にとどくような静かで注意深い雰囲気があるか否かによって、決定されるような制度でなければならない。最後に、あの叫び声を聞くことができ、その上、その叫び声を聞くことを希望し、それを理解しようと望んでいる人びとを、管理部門にできるかぎり登用するような、教育機関の組織が必要なのである。

政権の獲得やその維持に専心している党派は、この叫び声の中に騒音しか聞きわけることができない。そのような党派は、この騒音が自派の宣伝の音量を妨げるか、あるいは反対にそれを増大せしめるか否かに従って、異った反応を示すだろう。しかし、いかなる場合でも、このような党派は、あの叫び声の意味を識別するために、鋭敏な、未来を予見する注意力をはりめぐらすことはできないのである。

すぐに党派のやり方を模倣する諸団体についても、つまり、公の生活が党派の活動によって支配されている場合には、例えば労働組合や教会をも含めて、あらゆる団体について、より細部にわたって同様のことが言えるのである。

もちろん、党派と類似の団体とは、いずれも知性の細心綿密さとは無縁である。

表現の自由が、事実において、この種の団体のための宣伝の自由に帰結する場合には、表現するに値する唯一の人間のたましいの部分は、自らを表現するのに自由ではないのである。言いかえれば、たましいのその部分は、全体主義体制におけるよりかろうじて少し多いくらいの、きわめて僅かな程度において、自由なのである。

ところで、このことは、党派の活動が権力の配分を支配するようなデモクラシーの中で、つまり、われわれフランス人がこれまでデモクラシーと名づけてきた制度の中で起こりうる場合なのである。われわれがそれをどうしてデモクラシーと呼ぶのかといえば、実は、われわれがその他の形態を知らないからである。だから、別の形態を創造しなければならないのである。

同じ価値判断の基準を、同じやりかたであらゆる公の制度に適用してみると、同じように明らかな結論におちつくかもしれないのである。

人格はこの基準を提供するものではない。害を蒙ったためにたましいの底でひきおこされた、あの苦痛にみちた驚きの叫び声は、人格的ななにかというものではない。人格的ななにかを出現せしめるためには、人格やその人間の欲望に打撃をあたえるだけでは十分ではないのである。人格的ななにかは、苦痛を通して不正に触れたという感覚を介してつねに現われてくる。最下層の人間のもとでは、キリストにおけるように、つねに人格的ななにかが無人格的な抗議を構成する。

同時に、人格的な抗議の叫び声があげられることも非常によくあることだ。しかし、それらは重要ではない。なんら聖なるものを犯さなくとも、望むかぎりいくらでも多くそれらの抗議をひきおこすことは可能だからである。

聖なるもの、それは人格であるどころか、人間の中の無人格的なものなのである。

人間の中の無人格的なものはすべて聖なるものであり、しかもそれだけが聖なるものである。

現代では、作家や学者が奇妙なことに司祭の地位を奪ってしまったので、大衆は、芸術的、学問的能力が聖なるものであることを認めて、悦に入っている。しかし、かれらが悦に入っていても、そこにはなんの道理もない。芸術的、学問的能力が聖なるものであることは、一般に、明らかなことのように考えられている。だが、実は明らかであるどころではないのである。このような見解にある理由をつけなければならぬと思われる時には、これらの芸術的、学問的能力の働きは、人間的な固有性がもっとも高度な形で表われ出たものだという主張がなされる。

実際、それだけの理由しかないというのが大ていの場合である。この場合、その理由の価値と結果を理解することはやさしいことである。

この理由をふまえると、人生にたいする次のような態度が生じる。それは今日のわれわれにとってきわめて共通したもので、ブレイク[4]の次のようなおそろしい文章――「自己の内部に満たされない願いを持ちつづけるくらいなら、揺りかごの中の子供を窒息させるほうがましだ。」――によって表現されるものや、無償の行為[5]という概念を生みだすような人生にたいする態度が生じるのである。また、真理を別として、可能なかぎりのあらゆる種類の規範《ノルム》、基準《クリテール》、価値が認められているような学問が生じるのである。

グレゴリオ聖歌、ロマネスク教会、『イリアス』、幾何学の発明などは、それらを生みだした人びとにあっては、〔人間的固有性の〕表出の機会ではなかったのである。

人格の表出のさまざまの形式であるにすぎない科学、芸術、文学、哲学は、華やかな、輝かしい結果が実を結び、それによっていくつかの名前が数千年にわたって生きのびる、というある領域を構成している。しかし、この領域を越えて、はるかかなたに、この領域とはひとつの深淵でもって距てられた、もうひとつ別の領域があり、そこには第一級のものがおかれている。それらのものは本質的に名をもたない。

その領域にわけ入った人びとの名前が記録されているか、それとも消失しているかは偶然による。たとえ、その名前が記録されているとしても、それらの人びとは匿名の世界へ入りこんでしまったのである。

真理と美は、この無人格的な名をもたぬものの領域に共存している。この領域が聖なるものである。もうひとつの領域は聖なるものではない。かりにそれが聖なるものであるとしたら、それは、絵画の中で聖体のパンを表現する一点の色彩が聖なるものでありうるような具合に、聖なるものであるにすぎない。

学問における聖なるもの、それは真理である。芸術における聖なるもの、それは美である。真理と美は無人格的なものである。このことは明白すぎるほど明白なことである。

ひとりの子供が足し算をするとして、もしその子が間違いをおかしたら、その間違いにはかれの人格の特徴があらわれる。もし、その子が完全に正しいやり方で計算をしたとすると、かれの人格は、その計算という操作のどこにも姿をあらわさない。

完全とは無人格的なものである。われわれの内部にある人格、それは、われわれの内部にある錯誤や罪の部分である。神秘主義者たちのあらゆる努力は、もはや自分たちのたましいの中には、≪わたしは≫と語るいかなる部分も存在しない、という状態を獲得することをつねにめざしてきた。

しかし、≪われわれは≫と語りかけるたましいの部分は、なおはるかに危険なのである。

孤独の中でしか可能でない、たぐいまれな性質の注意力を集中することによってのみ、無人格的なものの中へわけ入ることができるのである。そのためには、たんに、実生活上での孤独だけではなく、精神的な孤独が必要である。自分を集団の一員として、《われわれ》の一部分であると考える人間は、無人格的なものの中へわけ入ることは決してない。

集団の中の人びとは、低い次元の形式のもとであろうと、無人格的なものへ近づくことはできない。人間の集団は足し算すらすることはできない。他にも精神が存在するということを一時的に忘却する精神の中で、計算は行なわれるのである。

人格的なものは無人格的なものと対立している。しかし、一方から他方への通路はある。集団から無人格的なものへの通路はない。無人格的なものの中へわけ入ることができるためには、まず、集団が分解し、個々別々の人格とならなければならない。

こういう意味においてのみ、人格は、集団より以上に、いくぶんかでも聖なるものの性質を帯びているのである。

集団は聖なるものと無縁であるばかりでなく、聖なるもののあやまった模造品を提供することによって、聖なるものを混乱させるのである。

集団に聖なる性格をあたえるという錯誤が偶像崇拝なのである。偶像崇拝は、いかなる時代、いかなる国においても、もっとも広くゆきわたっている罪である。自分にとって人格の表出だけが重要だと考える人は、聖なるものの意味すら、完全に喪失してしまった。これら二つの錯誤のどちらが、はたしてより悪いかを知ることは困難である。これら二つの錯誤は、同じ精神の内部で、かくかくの調合のもとに結合されていることがよくある。しかし、第二の錯誤の方が、第一の錯誤ほどの力ももたないし、持続性ももたない。

霊的な見地からいえば、一九四〇年のドイツと一九四〇年のフランスとのあいだの戦いは、主として、野蛮と文明とのあいだの戦いでも、悪と善とのあいだの戦いでもなく、第一の錯誤と第二の錯誤とのあいだの戦いである。第一の錯誤が勝をしめたとしてもそれは驚くにはあたらない。なぜなら、本来的に第一の錯誤の方がより強固なものであるからである。

人格が集団に従属することは、破廉恥な行為ではないのである。それは、秤皿の上では重量の少ないものが大きいものに従属する関係のように、およそ機械的事実に属するひとつの事実なのである。人格の表出と名づけているものにいたるまで、またそれをも含めて、実は、人格はつねに集団に従属している。

例えば、自分の芸術をかれら自身の人格の表出であるとみなす傾向のもっとも強い芸術家や作家の場合が、まさにそうである。かれらは、実は大衆の好みにもっとも迎合しているのである(6)。ユーゴーは、自己崇拝と≪音のこだま《エコ・ソノール》≫の役割とを和解させるのになんの困難も見出さなかった。ワイルド、ジッド、あるいはシュールレアリストたちのような例はいっそう明白である。かれらと同水準に位置する学者たちもまた、流行に隷属しているのである。しかもその流行は、帽子の形にたいしてよりも、学問にたいする影響力のほうが強い。専門家たちの集団的意見は、専門家たちひとりひとりの上に、ほとんど絶対的な力をおよぼすのである。

人格は、事実においても本来的にも、集団に従属しているので、人格に関連する本来的な権利というものは存在しないのである。

古代には人格に当然支払われるべき敬意という概念が存在しなかった、と言われる時、それは正しいのである。なぜなら、古代人は、ものごとをあまりにも分りやすく考えたから、このように複雑な概念を思いつくことはできなかったのである。

無人格的なものの中へわけ入るために、人格的なものを超越することによってのみ、人間は集団的なものから逃れる。この時、人間の内部にはなにかが、つまりたましいの一部分があって、それにたいしては、どのような集団的なものもいかなる影響力をおよぼすこともできないのである。もし、そのなにかが無人格的な善の中に根づくことができるならば、つまり、そこからある養分を汲みとることができるようになるならば、必要な時にはいつでも、いかなる集団にたいしてであろうと、別の集団の力を頼りにしなくても、そのなにかは、確かに小さくはあるが実在するある力を、動かすことができるのである。

ほとんどとるにたらないほどの力が、決定的な働きをするような機会というものがあるものである。集団は、たったひとりの人間よりはるかに強力である。しかし、どのような集団でも、それが存在するためには、計算がその初歩的な例であるような、孤独の状態にある精神の内部でのみ成就される操作を必要としている。

この必要をみたすと、集団的なものにたいして無人格的なものが優位を保つことが可能になることがある。もっとも、そのためには、無人格的なものを使用するための方法を探求することさえできれば、という条件がつく。

無人格的なものの領域にはいりこんだ人びとのひとりひとりは、そこであらゆる人間にたいするある責任に出会う。その責任とは、人格を守ることではなく、無人格的なものの中へわけいる、こわれやすいいくつかの可能性の中で、人格が覆い隠しているあらゆるものを守るということである。

まず、このような人びとに向かって、人間の聖なる性格にたいする尊敬の念をいだくようにと訴えなければならない。なぜなら、そのような訴えが実をあげるためには、その訴えに耳をかたむけうるような人びとに向かって、訴えなければならないからである。

集団を構成する諸単位のひとつひとつの中には、集団がおかしてはならないなにかがある、ということを集団に説明するのはむだなことである。まず、集団とは、虚構によるのでなければ、「だれか」というような人間的存在ではない。集団は、抽象的なものでないとしたら、存在しない。集団に向かって語りかけるというようなことは作りごとである。さらに、もし集団が「だれか」というようなものであるなら、集団は、自分以外のものは尊敬しようとしない「だれか」になるであろう。

その上、最大の危険は、集団的なものに人格を抑圧しようとする傾向があることではなく、人格の側に集団的なものの中へ突進し、そこに埋没しようとする傾向があることである。あるいは、集団的なもののもつ危険は、人格の側の危険の、見せかけの、見る人の眼をあざむきやすい様相《アスペ》に外ならないのかもしれない。

人格は聖なるものである、ということを集団に言うことが無益であるとしたら、人格に向かって、人格そのものが聖なるものであると言うこともまた無益である。人格は、言われたことを信じることはできない。人格は自分自らを聖なるものだとは感じていない。人格が自らを聖なるものと感じないようにしむける原因はなにかといえば、それは人格が事実において聖なるものでないからである。

ある人びとがいて、その人びとの良心が別な証言を行なっているのに、外ならぬかれらの人格はかれらに聖なるもののある確かな観念をあたえ、その確かな観念を一般化することによってあらゆる人格には聖なるものがあると結論するとしたら、かれらは二重の錯覚の中に存在していることになる。

かれらが感じているもの、それは正真正銘の聖なるものの観念ではなく、集団的なものが作りだす、聖なるもののいつわりの模造品にすぎない。かれらが自分たち自身の人格について、聖なるものの観念を体験しているとすれば、それは、人格が社会的な重要視（人格には社会的な重要視があつまる）によって、集団の威信とかかわりをもつからである。

かくして、間違ってかれらは〔自分たちの体験を〕一般化することができると信じている。

このような間違った一般化が、ある高潔な動機から発したものであるとしても、この一般化には十分な効力がないので、匿名の人間の問題が、じつは匿名の人間の問題でなくなるのが、かれらの眼には見えないのである。しかし、かれらがこのことを理解する機会をもつのは困難なことである。なぜなら、かれらはそのような機会に接することがないからである。

人間にあって、人格とは、寒さにふるえ、隠れ家と暖を追い求める、苦悩するあるものなのである。どのように待ちのぞんでいようとも、そのあるものが社会的に重要視され暖かくつつまれているような人びとには、このことはわからない。

だからこそ、人格主義哲学が誕生し、大衆のあいだにではなく、職業柄、名前や名誉を現に持っていたり、あるいはもちたいと願っている作家たちのあいだに、それが広がっていったのである。

集団と人格とのあいだの諸関係は、たましいの無人格的な部分がひそかに生れ、それが生長するのを妨げるかもしれないようなものを遠ざけることを、唯一の目的としてうちたてられなくてはならない。

そのためには、一方において、各人格の周囲に空間が、ある程度自由に処理しうる時間が、だんだんと注意力が高められた段階へ移行するためのいくつかの可能性が、孤独が、沈黙がなければならない。同時に、窮地に追いつめられた人格が無理やり集団的なものの中に埋没させられることのないように、それぞれの人格はあたたかい気持のよい状態におかれることが必要である。

もし、以上のようなことが善であるとするならば、近代的な、民主主義的ですらある社会より以上に、悪の方向に深入りすることは難かしいように思われる。とくに、近代的な工場は恐怖の限界からほど遠くないところに位置しているのではあるまいか。工場内では、人間はひとりひとりたえず悩まされ、自分たちと無縁の意志の介入によって身を刺されるようなつらい思いを経験すると同時に、たましいは寒さにさらされ、苦悩し、だれからも見捨てられた状態の中にあるのである。人間にはあたたかい沈黙が必要なのに、つめたい喧噪があたえられている。

肉体労働はたいへんな苦痛であるけれども、本来的にそれは堕落ではない。肉体労働は芸術に付随しているものではないし、学問に付随しているものでもない。そうではなく、それは芸術や学問の価値と絶対的に同等のある価値をもつものである。なぜなら、われわれは、芸術や学問と同じように、肉体労働を通じて注意力の無人格的な形態に近づくことができるからである。

若きワットー(7)の眼をえぐりとり、かれに挽臼をまわさせたとしても、それは肉体労働という仕事に適性をもつ少年を、出来高払いで工場の流れ作業につかせたり、手動機械につかせることより以上の罪ではなかったであろう。ただ、画家の適性と異なり、この種の適性は識別がはなはだ困難なだけである。

異った方法によるとはいえ、肉体労働は、芸術と学問とまったく同程度に、この宇宙の現実、真理、美、そしてこの宇宙の秩序を構成する永遠の知恵、それらのものとのある触れ合いなのである。それ故、労働をいやしめることは、まさに聖体のパンを踏みつけることが冒瀆であるのと同じ意味で冒瀆なのである。

労働する人びとがもしそのことを感じ、かれらがそういう冒瀆の犠牲であるという事実から推して、ある意味では自分たちもその共犯者であると感じるならば、かれらは、自分たちの人格や自分たちの権利に思いをいたすことによってえられるものとは異る、まったく別の躍動力をもって抵抗するであろう。かれらが抵抗するのは、権利回復を要求するためにではない。それは、力づくで売春屋に入れられかけている若い娘の内心におけると同じような、荒々しい、絶望的な、その存在すべてをかけた激昂といったものであろう。それはまた同時に、心の奥底から発した希望の叫びでもあるだろう。

こういう感情がかれらの内部に宿っている。しかし、それは非常に不明瞭なものであるから、かれら自身が識別することができないほどである。言葉を職業とする人たちでも、その感情を表現することは不可能である。

労働する人たちに、かれらに固有の運命について語る時、普通はその人たちの賃金が話題となる。

かれらは、疲労に押しつぶされ、注意を集中しようと努力しても、疲労のためにそれがどうしても苦痛となってしまうので、数字のもつあのわかり易さを歓迎し、ほっと安堵してしまうのである。

このようにして、労働者たちはあることを忘れる。それは、現に値切られているもので、労働者たちがどうしても値引きせざるをえないような立場に追いこまれ、その正当な値段が拒まれているといって不平を言っているものだが、それがかれらのたましいに外ならないことをかれらは忘れているのである。

悪魔がある不幸な人間のたましいを今まさに買いつつあると仮定し、その話し合いの場へある人が介入し、その不幸な人に同情して、悪魔に向い、「あなたがこの値段しか提示しないのは恥ずべきことだ。なぜならこの品物は少くとも二倍の値打ちはあるのだから。」と言ったと想定しよう。

この不幸な笑劇は、労働運動が、組合、政党、左翼の知識人ともどもに演じているものなのである。ものを値切るというこの精神は、一七八九年の人びとが世界に正面きって叫ぼうとしたアピールの中心に軽率にもすえおいた権利の概念の中に、既にして暗に含まれていたのである。それは前もってアピールの効力を破壊する行為であった。

権利の概念は、分配、交換、量の概念と結びついている。そこには商業的ななにかが含まれている。権利の概念といえば、本来、訴訟、弁論が思い出される。権利は、失っていたなにかを取りもどすことを要求するときの調子でのみ維持される。しかも、この調子がうけ入れられるのは、権利を確認する力が、はるかかなたにではなく、権利要求の背後にひかえているからである。そうでなければ、こういう調子をとることは、ばかげたことである。

本来、超自然的なものとはまったく無関係で、それでいて野蛮な力より少し上位にあり、すべて同じ範疇に属しているような多くの概念がある。プラトンの言葉を用いれば、ある集団的動物が恩寵の超自然的作用によって課せられた訓練の痕跡をとどめている時、それらの概念はすべて、その集団的動物の慣習に関係しているのである。それらの概念が、つねに新たにされるあの恩寵の働きから、たえず新たな生命を受けとらないなら、またそれらの概念があの恩寵の働きの遺物であるにすぎない時、それらの概念は、必然的にその動物の気紛れによって左右されるものとなる。

権利、人格、デモクラシーの概念はこの範疇の中に入る。ベルナノス[8]は勇をふるって、デモクラシーは独裁者の登場を防ぎえないと述べた。本来的に、人格は集団に従属している。権利は本来的に力に依存している。このような真理を覆いかくしているいつわりや錯誤はきわめて危険なものである。なぜなら、いつわりや錯誤は、唯ひとつ力をふくまない、しかも力をもつまいとしているもの、つまり、ほかならぬ霊のかがやきというもう一つ別の力に頼らせまいとするからである。重さのある物質がその重さにさからってのぼりうるのは、植物において、葉緑素が採取し、樹液中で作用する太陽エネルギーによる場合のみである。植物が光を奪われれば、重さと死が、徐々に、だが仮借なく盛り返すであろう。

これらのいつわりの中に、十八世紀唯物論者たちによって提起された自然権の場合[9]があるのである。しかし、それは、明晰で力強く、真のキリスト教的霊感に根ざした発想の持主であったルソーによって提起されたものをではなく、ディドローおよび百科全書家の周辺によって提起された自然権の場合をいうのである。

権利の概念は、ローマから今日のわれわれに引き継がれてきた。黙示録が語っているような瀆神の名前をたくさんもつ女性(10)、古代ローマに由来するあらゆるものと同じように、権利の概念は、異教的なものであり、名付けようのないものなのである。力はいくつかの観念の衣を身にまとわぬかぎり十全の効果を発揮しないものだ、ということをヒトラーと同じように理解していたローマ人たちは、権利の概念を利用して力に十全の効果を発揮させようとしていた。それには権利の概念はまことにうまくできていた。人びとは、権利の概念を軽蔑しているといって近代ドイツを責めているが、近代ドイツは、権利の概念を飽きあきするほどまでに駆使して、プロレタリア国家を要求していたのである。だが事実は、近代ドイツは、自分が屈服させた人びとにたいし服従する権利以外の権利を認めなかった。古代ローマも同様であった。

権利の概念をわれわれに遺してくれたということで古代ローマを賞讃することは、ひどく恥ずべきことである。なぜなら、古代ローマにおいて、芽生えつつあったこの権利の概念がどういう種類のものであったかを識別するために、その正体をつきとめようと思うならば、所有権とは使用する権利と濫用する権利とである、ということがわかるからである。しかも、実のところ、すべての所有権者が使用権、濫用権をもっている対象の大部分は、実は人間だったのである。

ギリシア人たちは権利の概念をもたなかった。かれらは、権利の概念を表現する言葉をもたなかった。かれらは、正義(11)という言葉で満足していた。

アンティゴネーの書かれざる掟を自然権と混同しえたのは、ある奇妙な混乱の結果によるのである。

クレオンの眼には、アンティゴネーの行為の中に、自然なものはなにひとつとして存在しないように思われた。クレオンはアンティゴネーを狂人であると判断したのである。

クレオンが間違っていると言いうるのはわれわれではない。なぜなら、今、われわれは、まったくかれと同じように考え、話し、行動しているのであるから。テキストにあたることによって、その間の消息を確かめることができる。

アンティゴネーはクレオンに向かって次のように言う。「この命令を発せられたのはゼウスではありません。人間のあいだにこのような掟を確立なされたのは、彼岸の神々といっしょにおいでの『正義《ディケ》』の女神でもないのです。」クレオンは自分の命令が正しいことをアンティゴネーに説得しようとこころみる。かれは、アンティゴネーがかれの兄弟のひとりに敬意を表することによってもうひとりの兄弟を侮辱した、といって彼女を非難するのである。なぜなら、アンティゴネーの行為は、不忠をはたらいた者にも忠義をはげんだ者にも、みずからの祖国を破壊しようとして死んだ者にも、祖国を防衛しようとして死んだ者にも、同じ名誉をあたえることになったのだから、というのである。

アンティゴネーは「ですが、彼岸は平等な掟を望んでいます」と言う。クレオンは良識をもって次のように反論する。「しかし、勇者と裏切者にたいして平等の扱いはできない」と。彼女はこの返答がばかげたものであるとしか思えない。「あの世では、これが正しいことであるかどうか、どなたがおわかりになるでしょうか。」と述べるのである。

「しかし、敵であるものは、たとえ死んでも、味方になることは決してない」というクレオンの意見はまったくもっともなものである。しかし、この愚かな娘は次のように答える。「わたしは憎しみを分けあうのではなく、愛を分けあうようにと生まれついているのです。」するとクレオンはますますもっともな意見を述べるのである。「それではあの世へ行くがよい。おまえが愛することが必要ならば、あの世に住んでいる人たちを愛するがよい。」

事実、まさにあの世にこそかの女の住む場所はあったのである。なぜなら、この少女が従ったあの書かれざる掟とは、なにであるにせよ権利とも自然的なものとも共通のものをもつどころか、極端な、不条理な、キリストを十字架上に押しやったあの愛以外のものではなかったからである。

あの世の神々といっしょにいる「正義《ディケ》」の女神は、そのような法外な愛を命じている。いかなる権利もそのような法外な愛を命じることはないであろう。権利は愛との直接的なつながりをもたないのである。

権利の概念は、それがギリシア精神と無縁であるように、キリスト教的霊感とも無縁であり、それは古代ローマの、ユダヤ教の、あるいはアリストテレス学派の遺産が混合していない、純粋なものである。権利について語るアシジの聖フランチェスコを想像することはありえないのである。

他人の声を聞きとることができる人に「あなたがわたしになさることは正しくありません」と言うとしたら、注意力と愛の心とをその根源においてとらえ、それを覚醒させることができる。「わたしには……する権利がある」とか「あなたには……する権利はない」というような言葉については同じことは言えない。なぜなら、それらの言葉には、潜在的な争いが含まれており、争いの精神が呼びさまされるからである。権利の概念は、さまざまの社会の争いの中心におかれてみると、その渦中にあってはどんな場合にも、いかなる色合いの愛をも不可能にしてしまうのである。

ほとんど権利ばかりが行使される時には、真の問題に視線を固定しつづけることは不可能である。適度の値段で卵を売るようにと、ある買手から市場で無遠慮に圧力をかけられているひとりの百姓が、「わたしの卵にいい値段がつけられないのなら、わたしには自分の卵を売らないでおく権利がある」と答えうることは当然である。しかし、無理に売春屋に入れられかけている若い娘が、自分の権利について云々することはないであろう。そういう場合には、この権利という言葉は、不充分なるがゆえに滑稽なものに思えるのである。

それゆえ、この第二の状況と類似している社会的な事件が、権利という言葉を使用することによって、間違って第一の状況と類似のものだと思われるのである。

この権利という言葉を使用することで、臓腑の奥底からほとばしりでた叫び声となるべきはずであったものが、純粋さも効力ももたない権利回復の要求という耳ざわりな泣言になってしまったのである。

権利の概念は、それが月並なものであるという事実から推して、とうぜん次に人格の概念を誘い出すものなのだ。なぜなら権利は人格的なものに関係があるからである。権利はこういう水準に位置している。

権利という言葉に人格という言葉を加えれば、それは人格の権利をその表出と呼ばれている状態にみちびくわけで、なおさら重大な悪を犯すことになるであろう。被圧迫者たちの叫び声は、権利回復の要求の調子よりもより低くなり、羨望の調子を帯びてこよう。

なぜなら、社会的な威信が人格をふくらませる時にのみ、人格はふくらむものだからである。つまり、人格の表出は社会的特権なのである。ところが、群衆に向かって人格の諸権利について語る時、人びとはそうは言わない。かれらには反対のことが語られる。群衆は十分な分析能力を駆使しえないから、自分たち自身で、そのことをはっきりと認めることはできない。しかしかれらはそれを感じてはいる。かれらの日々の経験がその確信をかれらにあたえているのである。

このことは、群衆にとって、この合言葉を排除する動機とはなりえない。知性が曇ってしまっている現代にあっては、もろもろの特権や、本来的に特権となりうるものの平等な分配を、すべての人びとのために要求することはなんら困難なことではない。それは、不条理で同時に低劣な権利回復要求の一種である。ここで不条理と言ったのは、特権というものが本来不平等なものだからであり、また、低劣なといったのは、特権が希求されるに値しないものだからなのである。

しかし、もろもろの要求やあらゆるものを明確に示す人びと、言葉を独占している人びとは、特権者たちの部類に属している。特権が希求されるに値しないものだと言うのは、この人びとではない。かれらはそうは思っていない。しかし、そう思っているとすれば、それは、とりわけかれらにとってふさわしいことではないであろう。

この種のことが原因となって、多くの欠くことのできない、人間を救いうる真理が語られないのである。なぜなら、これらの真理を述べうる人びとは、それらを明確にすることができず、これらの真理を明確にしうる人びとは、それらを述べることができないからである。このような病いを癒す救済薬を見つけることこそ、真の政治の緊急課題のひとつであろう。

不安定な社会では、特権者たちはやましい心をもっている。ある人びとは、そういうやましい心をかくし、挑戦的な態度で群衆に向かい、「きみたちに特権がなく、わたしに特権があるのはまったく適当なことだ」と言う。他の人びとは、親切そうに「わたしが所有している特権を平等に分ち合うことを、みんなのためにわたしは要求する」と言うのである。

最初の態度は醜悪である。第二の態度は良識に欠けている。第二の態度もまた安易すぎるのである。どちらの態度も、民衆をして悪の道に走らせ、民衆の掌中にはないが、ある意味ではかれらのすぐ近くに存在する唯一の真の善から遠ざけるように仕向ける。民衆は、かれらを憐れむ人びとよりも、美と真理と歓喜と完全の源泉である真の善に、より近い存在なのである。しかし、その善が存在する場所にいるわけでもないし、また、どうしてその場所へ行きつけるかもわからないので、万事がまるで遠いかなたで行なわれている出来事のように打過ぎて行くのである。民衆のために、民衆に向かって語りかける人びともまた、民衆がいかに悲歎にくれているか、それでいてすぐ身近な所にいかに十全な善が存在するか、ということを理解することができないのである。しかも民衆にとって、理解されるということは欠くことのできないことである。

不幸はそれ自体不明瞭なものである。不幸な人びとは、自分たちに自己を表現する言葉があたえられることを黙って懇願している。不幸な人びとの願いが叶えられない時代がいくつかあった。また、民衆の願いが叶えられ、かれらに言葉があたえられた時代もあった。しかし、この言葉を選んだ人びとが、その言葉が表現している不幸と縁なき人びとであったがために、言葉は選びそこなわれてしまった。

この人びとが不幸から遠のいていたのは、たまたま状況がこの人びとを不幸な状態におかなかったからだ、というのがもっとも多いケースである。しかし、かりにこの人びとが不幸に近い状態にあるとしても、あるいは、かれらの人生の一時期、それもつい最近の一時期、不幸のただ中にいたとしても、やはりかれらは不幸とは無縁なのである。なぜなら、この人びとは不幸と縁を切ることができるや否や、縁を切ってしまったからである。

生きた肉体が死をいとうのと同じように、思考は不幸について思いめぐらすことをいとうものである。猟犬の群れの歯牙に身を捧げるために、一頭の鹿が一歩一歩前進し、自発的に供物となろうとする行為がまずありえないのとほぼ同程度に、現実のまったく身近なある不幸にたいして、そのような不幸に陥らなくてもすむ人が、注意深く見守る態度をとることはまず不可能なのである。

善にとっては不可欠のものであるけれども、本来不可能なこと、それは常に超自然的には可能なのである。

超自然的善とは、人びとがアリストテレスを援用して、それがわれわれにとって最大の慰楽であると説得したがっているような、ある種の、自然的善を補うもの、というものではない。そのようなものであればよいのであるが、実はそうではない。人間存在の悲痛なあらゆる問題においては、ただ超自然的善と悪とのあいだにのみ選択があるのである。

不幸な人びとの口から、デモクラシー、権利あるいは人格というような、価値の平均的領域に属する言葉を発せしめるということは、かれらにいかなる善をもたらしえないような、従ってどうしてもかれらをひどく苦しめるような贈り物をすることになるのである。

デモクラシー、権利、人格というような概念は、天国にその居場所をもつものではなく、大気中に宙ぶらりんの状態になっている。そういう理由だけからしても、これらの概念は地にうち倒されることはありえないのである。

天からたえず降りそそぐ光だけが、深く大地に根を張るエネルギーを樹に供給する。じつは、樹は天に根を張っているのである。

天からやってくるもののみが、一つのしるしを大地に真にきざむことができるのである。

不幸な人びとに効果的な武器をあたえたいと思うならば、その本来のすみかが、天に、天のかなた、あの世にあるような言葉のみを、かれらをして発せしめるようにしなければならない。そのようなことは不可能なことだとおそれてはならない。不幸に見舞われているために、たましいは、あの世からやってくるものならばどのようなものでも、貪欲に受けとめ、吸収しようと待ちかまえている。このように、あの世からやってくるものについていえば、不足しているのは供給者であって消費者ではないのである。

言葉を選択する基準は簡単に見分けられるし、その使いかたも簡単である。悪に押し流された不幸な人びとは善を渇望している。かれらにたいしては、ただひたすら善を、純粋な状態における善を表現する言葉のみをあたえなければならない。その識別は容易である。ある悪を示すようななにかが加わりうるような言葉は、純粋な善とは無縁なものである。「かれは自分の人格をおしつけようとしている」という時、そこにはある非難が表現されている。それゆえ、人格は善とは縁がないのである。

われわれは、デモクラシーの濫用について語ることができる。それゆえ、デモクラシーも善とは無縁なのである。ある権利を所有するということは、その権利を善用することも悪用することもできるということである。それゆえ、権利は善とは無縁なのである。これに反して、義務を遂行するということは、いつでも、どこでも善なのである。真理、美、正義、あわれみは、いつでも、どこでも善なのである。

不幸な人びとの渇望を癒すということが問題である場合、言うべきことを言うということに確信をもつためには、いつでも、どこでも、どのような状況の下でも、ひたすら善のみを表現する言葉、文章を使用するにとどめれば、それで十分である。

こうすることは、言葉でもって不幸な人びとになしうるふたつの奉仕のうちのひとつなのである。もうひとつの奉仕とは、かれらの不幸の真実を表現する言葉、いつも沈黙の中で発せられる「なぜわたしはわざわいを受けるのか」という叫びを、外的な諸状況を越えて〔人びとに〕ひしと感じさせる言葉を見つけることである。

そういう言葉が、才能ある人物、重きをなしている人物、有名人、それに才能《タラン》という言葉と混同して使用されている天分《ジェニ》という言葉のごく当り前の意味における天才たち《オム・ド・ジェニ》によって作られるものであると思ってはならない。そういう言葉を生みだすことは、第一級の天才、つまり『イリアス』の詩人、アイスキュロス、ソポクレス、『リア王』を書いた時のシェクスピア、『フェードル』を書いた時のラシーヌのような人びとにしか期待することはできないのである。そういう人びとの数はそれほど多い数ではない。

しかし、生れつき天賦の才に乏しいかあるいは才能があっても凡庸の域を出ないために、たんにホメロス、アイスキュロス、ソポクレス、シェクスピア、ラシーヌと比べた場合ばかりでなく、ウェルギリウス、コルネイユ、ユーゴーと比べてもはるかに劣るけれど、ウェルギリウス、コルネイユ、ユーゴーが到達しえなかった無人格的善の王国の中に生きている、というような人びとがたくさんいるのである。

村にいるひとりの低能（文字通りの低能である）が、かりにたどたどしく片言を喋るにすぎないにしても、真に真理を愛しているならば、かれはその思考においてアリストテレスよりもすぐれているのである。かれは、アリストテレスがプラトンにたいして近づきえた以上に、はるかにプラトンの近くに位置している。アリストテレスにあっては才能という言葉だけが適切であったのに反して、この男には天分が宿っている。もし、妖精がやってきてこの男にアリストテレスの運命と類似の運命を自己の運命としてはと提案するとしても、ためらうことなくそれを拒絶するのがこの男の知恵というものであろう。しかし実際には、この男はそういうことについてなにもしらない。だれひとりとしてこの男にそれを語るものもいない。みんなは反対のことをこの男に言う。だが、そういうことをこの男に言ってやらなくてはならない。低能な人びと、才能のない人びと、凡庸な才能の、あるいはかろうじて平均より上位にある才能の持主、だがひとしく天分を宿しているという人びとを激励しなければならないのである。かれらを傲慢にするのでは、などと心配することはない。真理への愛はいつも謙虚さを伴うものである。真の天分とは、思考の領域における謙虚さという超自然的な美徳以外のものではない。

一七八九年に企図されたように、才能の開花を助長するかわりに、天分の成長を、やさしく尊敬の念をこめていつくしみ、助長してやらなくてはならない。なぜなら、本当に純粋な英雄たち、聖徒と天分の持主たちのみが、不幸な人びとにとって救いとなりうるからである。

この両者のあいだにあって、才能ある人びと、人格者、著名人たちが、救いが不幸な人びとの眼に見えなくなるような衝立を作り、妨害するのである。その衝立をいためつける必要は少しもないが、そっとその衝立をかたわらへ押しやり、できるだけそれが目につかないようにしてやるべきである。しかも集団のもつはるかに大なる危険をはらむ衝立については、われわれの制度、習慣の中で党派的精神のなんらかの形態が生きている部分を削除することで、それを破壊しなければならない。社会に重きをなす人物も、党派も、真理にたいしてであれ、不幸にたいしてであれ、決して耳を傾けることはしないものである。

真理と不幸とのあいだには自然の盟約がある。なぜなら、どちらもわれわれの前では声を発することのないようにと永遠に定められた、もの言わぬ請願者だからである。

その姿はちょうど畠で人蔘を盗んだことで、軽罪裁判所に告発され、判事の前に立たされている浮浪者のようなものである。判事はゆったりと腰をおろし、あざやかに質問や註釈や冗談を言ってのけるのにたいして、浮浪者はもぐもぐ片言を述べることすらできない始末である。意見をあざやかに述べることに専心している知力を前にした真理は、こういう状態に立たされているのである。

見たところ沈黙している人間においてすら、言語はつねに意見を明確にあらわすものである。知力と呼ばれている本来的能力は、意見と言語に関わりをもっている。言語はもろもろの関係を言いあらわすものである。しかし実際には、言語は時間の中で述べられるものであるから、言語が関係を言いあらわすことはほとんどない。もし言語が混乱し、漠然とし、さほど厳密でなく、無秩序であるとすれば、またもし、言語を行使し、言語に耳を傾ける精神が、浮かんでくる思考をつよく持ち続けることができなければ、言語はもろもろの関係の実在する内容をまったく欠いたもの、あるいはほとんど欠いたものとなってしまう。もし言語が完全に明快で、正確、厳密、秩序正しいものであるならば、またもし、ある考えを思いつき、その考えを保持しつつ別な第二の考えを思いつき、さらにはその二つの考えを保持しつつ第三の考えを思いつき、そういう操作を次々と続けうる精神に向かって言語が語られるならば、こういう場合には、言語は、比較的豊富な諸関係を表現する。しかし、あらゆる豊富さというものがそうであるように、この相対的な豊富さは、それだけが望ましいあの完璧さと比べると、恐ろしいほどの惨めさである。

最上の場合ですら、言語の中に閉じこめられた精神は、獄中につながれているようなものである。精神の限界、それは、言葉《モ》が精神に同時に喚起しうる関係の量である。だから、さらに多くの数の組み合わせが含まれているさまざまの思考は、無視されたままとりのこされることになる。これらの思考は言語でとらえられないところに位置し、どれほどそれらの思考が完全に厳密で明快であろうとも、またそれらの思考を構成するもろもろの関係のひとつひとつが、どれほど完璧な正確な言葉で説明されうるものであろうとも、明確には表現されえないものなのである。このようにして、精神は、部分的な真理の閉じた空間の中で運動することになる。その空間は、時に多少は大きくなることはありえても、それを超えたものの上に、精神が一瞥すら投げかけることは決してできないのである。

もしとらわれた精神が、自分がとらわれているということを知らないとすれば、その精神は錯誤の中に生きていることになる。もし精神が、たとえ十分の一秒間なりとも、自分のとらわれの状態を認め、苦しまないためいそいでそのことを忘れようとするなら、精神はいつわりの中に生きていることになる。非常に優れた知性の持主たちが、錯誤やいつわりの中で生まれ、生き、死ぬこともありうる。そういう人びとにあっては、知性はよいものでもなければ有利な点でもない。より知性的な人びとあまり知性的でない人びととの相違は、終身刑を宣告されて独房に入れられた（その独房が少し大きいか小さいかの違いのある）罪人相互間の相違のようなものである。知性的な人間、自己の知力に誇りをいだいている人間は、大きな独房に入っていることを誇りにしている罪人に似ている。

自分がとらわれていることを自覚している精神は、それを自分に隠しておきたいと思うであろう。しかし、その精神が、いつわりのおそろしさを感じているなら、そうはするまい。しかし、そのため精神はひどく苦しまなければならないだろう。精神は壁に身をぶちあて気絶してしまうだろう。ふたたび目覚め、恐るおそる壁を見わたすが、ある日、また壁に身をぶちあて、ふたたび気を失うであろう。というような繰返しが果しなく、なんらの希望もなく続けられるであろう。そして、ある日、精神は壁の反対側で目覚めるであろう。

ただもう少し広い枠の中におかれたとしても、精神はおそらくまだとらわれたままであろう。しかし、それが大したことであろうか。精神は、それ以後、鍵を、あらゆる壁を打ち倒すだけの秘訣を、もっているのである。精神は、人びとが知性と名付けているものを超えたところに位置している。それは知恵が活動をはじめる場所にいるのである。

言語によって閉じこめられた精神は、いかなる精神であっても、意見を述べうるだけである。もっとも正確な言語が表現するもの以上に厳密ですばらしい思想であろうとも、多くの関係が複雑にからんでいるために表現しえない思想を把握しうるようになった精神、こういう点に達した精神ならいかなる精神でも、すでにして真理の世界に住んでいるのである。曇りのない確信と信仰とがそういう精神のものとなるのである。はじめ、その精神があまり知性的でなかったか、あるいは大いに知性的であったかは大したことではないし、精神が狭い独房に入っていたか広い独房に入っていたかということはあまり問題ではない。ただひとつ大切なこと、それは自分の知性の限界に達したら、どのような知性であろうとも、その限界を超えることである。村に住む低能も、神童と同じように、真理に近づくことができる。低能も神童も真理からひとつの壁で隔てられているに過ぎない。自分を無にするのでなければ真理の世界へは入れない。ありうべき最大の、しかもまったき屈辱の状態に長くとどまるのでなければ、真理の世界へは入れないのである。

これと同じ障害が不幸の認識の前に立ちはだかっているのである。真理が意見とは別のものであるように、不幸は苦しみとは別のものである。不幸はたましいを粉砕する装置である。その装置にくみこまれた人間は、機械の歯車にかみこまれた労働者のようなものである。それはもはや引き裂かれ、血にまみれたあるものにすぎない。

どの程度の苦痛、どのような性質の苦痛が、語の本義における不幸を構成するかは、人により千差万別である。それは、とくに最初どれだけの生命力の量を持ち合わせているか、苦痛にたいしてどのような態度がとられるかに左右されるものである。

人間の思考には、不幸の現実を認識する能力はない。もしだれかが不幸の現実を認識するとすれば、みずからに向かって次のように言うに違いないのである。「わたしには制御することのできない境遇のある変化が起こって、いついかなる時であれ、わたし自身に他ならないとわたしが考えているほどに、わたし固有のものであるあらゆるものを含めて、なにかあるものがわたしから奪い去られることがある。わたしの内部には失うことのできないようなものはなにひとつない。ある偶然によって、いついかなる時でも、今のわたしが今のわたしでなくなり、それに代ってなにかいやしい軽蔑すべきものが、とってかわることがありうるのである。」

たましいすべてを傾注して不幸の問題を考えること、それは無を経験することである。それはありうべき最大の、しかもまったき屈辱の状態であり、その状態はまた真理の世界への通過の条件でもある。それはたましいの死である。だからこそ、あらわな不幸を見ると、死期が近づいた時に肉体に起こるのと同じ収縮がたましいに生じるのである。

死者の姿を心の中でのみ思いえがく時、あるいは墓地にぬかずく時、あるいは寝床の上にほどよく安置された死者に接する時、われわれは死者のことをあわれみの感情をもって考える。しかし、戦場に投げすてられたままのような、不吉であるとともに醜怪な面貌のいくつかの死骸に接すると、われわれは恐怖を覚える。死があらわな、衣裳をまとわぬ形で現われると、肉体はふるえるのである。

不幸に向かって、物質的にも精神的にも距離をおいてたいしてみると、不幸をたんなる苦痛と区別せず、不幸を、ただ漠然とあいまいに眺めることができるものであるが、その時、不幸は高潔なたましいにやさしいあわれみの情を吹きこむのである。しかし、状況のちょっとしたたわむれによって、突然どこかで、なにか破壊的なもの、たましいの切断あるいはたましいのレプラのような形で、不幸があらわなままに提示されると、われわれはふるえ、後退するのである。不幸な人びと自身も、自分たちの姿をみて、同じような恐怖の戦慄を経験するのである。

だれかの言葉に耳を傾けるということ、それは、そのだれかが喋っているあいだ、その人間の立場に自分をおいてみることである。不幸によってたましいを引き裂かれた人、あるいは切迫した危険にさらされている人間の立場に立つということは、自分自身のたましいを無にすることである。それは、生きることが楽しい子供にとって自殺することが困難である以上にむづかしいことである。だから、不幸な人びとの言葉は聴取されないのである。舌を切りとられた人間が、時としてそのことを忘れて喋ろうとするような状態に、不幸な人びとはおかれている。かれらは舌を動かす。けれどもなんの音も人びとの耳を打ちにやってこないのである。人びとの耳にはとどかないのだという思いこみ、言葉を使っても駄目だという無力感に、かれらははやばやととりつかれてしまうのである。

以上のようなわけだから、司法官の前に立たされた浮浪者は希望をもちえないのである。たとえ、かれのつぶやきから、聴く人の心をつらぬき、引き裂くようなものが発しても、それは司法官の耳にも、見ている人たちの耳にもとどかないであろう。それは声のない叫び声である。しかも不幸な人びとは、かれらの仲間うちでは、ほとんどいつでも、おたがいに意志の疎通がないのである。だから、ひとりひとりの不幸な人間は、全体の無関心という状況に迫られて、嘘をついたり、自分自身の声に対しても無意識的に耳を閉じようとするのである。

恩寵の超自然的働きのみが、自分のたましいを無に帰することによって、真理と不幸を注意深く見守るようにしむけうる唯一のあの注意力が身につく境地にまでたましいを導くのである。その注意力は、真理と不幸の二つのものにとって同じものなのである。それは、強烈な、純粋な、動機のない、無償の、高潔な注意力である。その注意力とは愛なのである。

不幸と真理とが聴取されるためには、その同じ注意力が必要なのであるから、どうしても正義の精神と真理の精神とはひとつのものとなる。正義と真理の精神はある種の注意力以外のものではなく、そのある種の注意力は愛なのである。

いかなる領域においてであれ、ひとりの人間が正義と真理の精神に従う時、かれが生みだすあらゆるものは、すべて、神の摂理の永遠の働きによって美しい輝きに彩られる。

美はこの世の最高の神秘である。美は注意力をひきつける閃光であるが、その閃光はそれがいつまでも続くといういかなる動機をも注意力にあたえはしない。美はつねに約束するけれども、決してなにものをもあたえはしない。美は飢えを生じさせる。しかし、たましいがこの世で堪能するほどに食べてみようと思うほどの糧は、美にはないのである。美には、ものを見るという心の部分にたいする糧しかない。美は欲望を生じさせる。それでいて、美はその内部に望ましいものはなにものももたないことを、はっきりと感じさせる。なぜなら、美が不変であることを、われわれはとりわけ望んでいるからである。もし、われわれが美によって蒙る心地よい苦悩から脱けでるための方策を探索しないならば、美によって生じた欲望は少しづつ変化して愛となり、無償の、純粋な注意力の芽が形成されるのである。
不幸が恐ろしいものであればあるほど、不幸の真の表現は、最高に美しいものとなる。その例証として、ここ数世紀間のこととしても、『フェードル』、『女房学校』[12]、『リア王』、ヴィヨンの詩を挙げることができる。しかしさらにアイスキュロスやソポクレスの悲劇があるし、さらに古くは『イリアス』、『ヨブ記』、いくつかの民衆詩、なおさらに遡れば福音書の受難の物語がある。美の輝きは、正義と愛の精神にはこばれて、不幸の上にひろがっている。正義と愛の精神の光だけが、人間の思考をして不幸をありのままに凝視することを可能ならしめるのである。

表現不可能な真理の一断片が、あるいくつかの言葉にうつされ、その言葉が（言葉を思いつかせた真理そのものを含むものではないとしても）、組合わせしだいで、真理をもう一度みつけたいと願っている人の心に、ある支えを提供しうるほど完璧なある交感を真理とのあいだにもつ時、そういう時にはいつでも、美の閃光がそれらの言葉の上に広がっているものである。

純粋な愛に由来するあらゆるものは、美の閃光によって彩られている。

美は、多くのいつわりの模造品とどのように雑然とまじりあっていようとも、どのような人間の思考もまずとじこめられるあの独房の内部でも、感じられる。舌を切りとられた真理と正義とは、自分以外に救済を期待することはできない。美もまた言語をもたない。美は語らない。美はなにも言わない。しかし美には、呼びかけるための声がある。美は呼びかける、そして声なき正義と真理を示すのである。ちょうど、雪の中で動かなくなって横たわる主人のまわりに人びとを呼び寄せようとして吠える犬のように。

正義、真理、美は姉妹たちであり同盟軍である。この実に美しい三つの言葉があれば、それ以外の言葉を探索する必要はない。

正義とは人間に害がなされないように注意することである。ひとりの人間が、心の中で「なぜわたしはわざわいを受けるのか」と叫ぶ時、わざわいはなされているのである。自分がどんなわざわいを受けているのか、だれが自分にわざわいを与えるのか、なぜ自分がわざわいを受けるのかを理解しようとするやいなや人間は間違うことがしばしばあるものである。しかし、あの叫び声は絶対に間違いを犯さない。

「なぜあの人はわたしよりも多くもっているのか」という、よく聞かれるもうひとつ別の叫び声は、権利と関わりを持つ。この二つの叫び声を区別することを学び、できるだけ、法規、普通裁判所、警察を使って、できるだけ穏便に後者の叫び声を押えなければならない。この後者の叫び声が属する領域内の諸問題を解決しうる精神を形成するためには、法律学校で十分である。

しかし、「なぜわたしはわざわいを受けるのか」という叫びは、まったく別の諸問題を提起する。これらの諸問題を解くには、真理、正義、愛の精神が不可欠である。

いかなる人間のたましいの中にも、自分にわざわいが加えられることのないようにという願いはたえず浮んでくる。「主の祈り」の文章はこの願いを神に向かって捧げているものである。しかし、神は、神との真の直接的な触れ合いをもつに至ったたましいの部分にたいしてのみ、それをわざわいから守る力を持っておられるのにすぎない。たましいの残りの部分、また神との真の直接的な触れ合いという恩寵を受けなかったたましいならばそのたましい全体は、人間の欲望と状況の偶然にゆだねられているのである。

このように、人間にわざわいが加えられないように注意するのは、人間のなすべき仕事なのである。わざわいを加えられる人、その人は自分の中に本当にわざわいをしみこませるのである。単に苦痛、苦悩ばかりではなく、わざわいのもつ恐怖感さえもがかれの中にしみこんでいく。人間には、おたがいに善を施しあう力があるように、おたがいにわざわいを加えあう力もある。あるひとりの人間にたいし、その人をおだてたり、またその人に安楽や快楽をあたえることによりわざわいをもたらすこともある。しかしもっとも多いケースは、人間たちにわざわいを加えることで、かれらにわざわいをもたらすという場合である。

とはいえ、永遠の知恵は、とことんまで人間のたましいが事件の偶然や欲望の思いのままにはならぬようにしむけるものである。外傷という形で、外部から人間に加えられるわざわいは、善への願望を一層つのらせるが、そうすることで自動的に、加えられたわざわいにたいする対応策を考案する可能性を生じさせる。受けた傷が体内深くくいこんでしまった場合には、希求される善は完全に純粋な善となる。「なぜわたしはわざわいをうけるのか」と問うたましいの部分は、いかなる人間においてであれ、たとえもっとも汚濁にまみれた人間であっても、生まれた時から、完全に非のうちどころのない、完全にけがれをしらないままの状態にあるたましいの奥深い部分なのである。

正義を守り、人間をあらゆるわざわいから保護すること、それは、まず人間にわざわいが加えられないように配慮することである。わざわいを加えられた人びとには、そのわざわいの物質的結果をぬぐい去ってやることであり、もしその傷が深く浸透しすぎてしまっていないようなら、安楽にしてやることによって、受けた傷が自然に治癒するような状態に犠牲者たちを置いてやることである。しかし、傷のためにたましいがすっかり引き裂かれてしまった人びとには、完全に純粋な善をあたえることによって、なによりもまずかれらの渇きを癒してやることである。

喉の渇きを癒すためにはまず渇きが存在しなければならず、その渇きを生じさせるためには、苦痛を加える義務があるかもしれない。罰はそういう性質のものである。わざわいを周囲にばらまこうとする点で善と無縁となった人びとは、刑罰をうけることによってのみ善に再びもどりうるのである。かれらの心の奥底で、まったく汚れを知らない声が目覚め、驚いて「なぜわたしにわざわいが加えられるのか」と叫ぶようになるまで、かれらに苦痛が加えられなければならない。罪人のたましいのこの汚れを知らない部分が養分を吸収し、それがかれのたましいの内奥における裁判所となり、過去の罪を裁き、それを非難し、ついで恩寵の救いをえてそれを許すようになるまでに成長しなければならない。刑罰というものの働きは、その時完遂される。つまり、その時罪人はふたたび善の中に立ち帰り、公的に、しかもおごそかに、市民団の一員に復帰するはずである。

刑罰はこういうもの以外のものではない。死刑ですら、たとえ文字通りの意味では市民団への復帰を不可能にするものではあっても、それ以外のものではないのである。刑罰は善を望まぬ人びとに純粋な善を供与するための方法であるのにすぎないものである。罰するということは、苦痛を通して、あるいは死を通してであっても、罪人たちの心の中に、善への願いを目覚めさせる技術なのである。

しかし、われわれはそういう刑罰の概念まですっかり失ってしまった。もはやわれわれは、刑罰が善を供与することにあることをしらない。われわれにとって、刑罰は苦痛を課すものということにとどまっている。だからこそ、近代社会には、罪よりもさらにおぞましいあるもの、ある唯ひとつのものが存在するのである。それは抑圧的正義というものである。

抑圧的正義という考え方を、戦争や反乱を行なう際の中心的動機とみなすことは、想像以上に危険なことである。臆病な人びとの犯罪的活動を少なくするためには、恐怖を用いることが必要であろう。しかし、今日われわれがそれと知らずに考えているような抑圧的正義を、英雄たちの動機とみなすことは恐ろしいことである。

今日の人間が、懲罰、刑罰、報復、処罰という意味における正義について語る時にはいつでも、もっともいやしい復讐だけが問題になっている。

キリストがご自分のためにひきうけられた、そしてキリストが愛しておられる人びとにはしばしば提供してくださる、あの苦痛と激しい死の財宝を、われわれはあまり尊重しないで、われわれの目から見てもっともいやしい人びとにその財宝を投げてしまい、かれらがそれを全然使いもしないことを知っても、われわれは、その使い方を見つけるようにかれらを助けてやろうともしないほどなのである。

罪人たちには真の懲罰を、不幸にたましいの奥底まで食いこまれた不幸な人びとには、超自然的な泉にかれらをつれて行き、その渇きを癒すことができるような援助を、そしてその他の人びとには、少しばかりの安楽と、多くの美と、わざわいを加える人びとからの保護とをあたえてやらなければならない。どこであろうと、いつわり、宣伝、意見をやかましくがなり立てることを厳しく禁止し、真理が芽生え成熟しうるような沈黙を確立すること、それが人間にとって必要なことである。

それをだれが人間に確保するかという点については、ある限界を越えてその向こう側に位置する人びとに期待しうるのみである。そういう人びとの数があまりに少なすぎるということになるかもしれない。おそらくその数は少ないであろう。けれども、そういう人びとの数を数えることはできない。なぜなら、その大部分は隠れているからである。純粋な善は、天からこの地上に、ひとりひとりのたましいの内奥にであれ、あるいは社会の中にであれ、識別できないような量においてのみ送りこまれてくる。「黒芥子の種はもっとも小さな穀粒である。」ペルセポネー(13)はたった一粒の柘榴しか食べなかった。畑の奥深いところに埋められた一粒の真珠は人の眼には触れない。(14)練り粉の中に混ぜられた酵母に、人びとは気づかないのである。

しかし、酵母がその一例であるような、化学反応における触媒あるいはバクテリヤのようなものが、人間界の事象においても同じように存在し、純粋な善の眼に見えない粒が、もしその置かれるべきところに置かれるならば、その粒が存在するということによって、同じように決定的な作用をおよぼすものなのである。

どういう具合に、それらの粒をしかるべき場所におくのであろうか。

もし、讃美すべきもの、賞讃すべきもの、希望すべきもの、探求すべきもの、要求すべきもののいくつかを大衆に向かって示す役を受けもつ人びとの中で、少なくともいく人かが純粋な善、完全さ、真理、正義、愛以外のあらゆるものを、心の中できっぱりと、例外なしに軽蔑する決意をするならば、多くが実現されるであろう。

もし、今日、精神的権威のなにほどかの部分を保持している人びとの大部分が、人びとの渇望にたいして、真の、完全に純粋な善しか決して提供しないという義務を感じるならば、さらに多くのことがなされるであろう。

言葉の力について人びとが語る場合には、いつも、錯覚と錯誤の力とが問題になる。しかし、摂理の配剤によって効果をあらわし、もし善用されるならば、それ自体、善を顕揚し、人びとを善に立ち向かわせるという効力をもついくつかの言葉というものがある。それらは、絶対的な、われわれには把握しがたい完徳と呼応し合う言葉である。善を顕揚し、高みへと人びとを牽引するあの効力は、いかなる概念の中にでもなくこれらの言葉自体の中に、あるがままのこれらの言葉の中に存在する。なぜなら、これらの言葉を善用することは、とりわけ、いかなる概念をもこれらの言葉に呼応させない、ということだからである。これらの言葉が説明するものは、想像もおよばないものなのである。

神と真理という言葉は、こういう言葉である。正義、愛、善という言葉も同様である。

こういう言葉は使用すると危険である。こういう言葉を使用することは、一つの神明審判(15)である。これらの言葉が正しく使用されるためには、いかなる人間的概念の中にもこれらの言葉を閉じ込めることなく、同時に、これらの言葉自体のもつ光によって直接的に、かつその光によってのみ喚起された概念と行為とを、これらの言葉につけ加えてやらなければならないのである。さもなければ、だれでも、すぐさま、これらの言葉がいつわりであるとみなしてしまうであろう。

こういう言葉は、気楽でない道づれである。権利、デモクラシー、人格というような言葉は、それに比べればもっと手ごろである。だから当然これらの言葉は（たとえ立派な意図をもってであれ）公職を引き受けた人びとの眼には、好ましく映るのである。公職とは人びとに善を行なう可能性以外の意味をもつものではなく、善意をもって公職を引き受けた人びとは同時代人に善をひろげたいと思う。しかし、普通、かれらはまずかれら自身安価に善を買いうると思いこむという誤りを犯すのである。

権利、デモクラシー、人格というような平均的領域に属する言葉は、その領域、つまり平均的な諸制度の領域においては、正しく使用される。あらゆる制度がそこに由来している霊感、あらゆる制度がその投影であるような霊感は、別な言語を要求する。

人格が集団に従属するということは、もともと天秤の上でグラムがキログラムに従属するようなものである。しかし、天秤にもキログラムの方がグラムに負けるような天秤がありうる。支点からの一方の腕の長さが他方の千倍も長ければそれだけで十分である。平衡の法則が重量の不平等に最高度に打ち勝つのである。しかし、二つの重量のあいだで平衡の法則が保たれているような関係がなくては、軽い重量が重い重量に打ち勝つことは決してないであろう。

同じように、人格はすぐれた善を公生活の中に結晶させることによってのみ、集団から守られうるし、デモクラシーが確保されうるのである。なぜなら、すぐれた善は無人格的なものであり、いかなる政治的形態とも無縁のものだからである。

たしかに人格《ペルソナ》（位格）という言葉が神に適用されることは多い。しかし、キリストが人間に向かって、神を、人間が実現するように命じられている完全さの範としているくだり、つまり、「天にいます、あなたがたの父の子となりなさい。天の父は、悪い者の上にも良い者の上にも太陽をのぼらせ、正しい者にも正しくない者にも、雨を降らしてくださるからである」(16)という聖句の中には、たんに人格のイメージが加えられていないというばかりではなく、とくに無人格的な次元のイメージが加えられているのである。

宇宙の無人格的な、神的な秩序は、われわれのあいだにある正義、真理、美をそのイメージとしている。これらより劣るものは、なんであろうと、死を甘受する人びとにたいして、霊感を吹きこむことはできないのである。

権利、諸人格、民主主義的自由を守ることを目的とする諸制度をこえた向こう側に、現代生活の中で不正、いつわり、醜悪のもとにたましいを圧殺するあらゆるものを識別し、絶滅することを目的とする別の制度がうちたてられなければならない。

このような制度を創造しなければならない。なぜなら、そういう制度はこれまで存在しなかったのだから。しかし、そういう制度がなくてはならないものであることを疑うことはできない。

われわれは正義のためにたたかっているか

「どちらが正しいかを調べることは、双方に等しい必然性がある場合にのみ行なわれる。強者と弱者が存在するようなところでは、可能なことは強者によって断行され、弱者がそれを受け入れるのだ。」ツキュディデスによれば、メロスのあの不幸な小都市に最後通牒をつきつけにやってきたアテナイ人たちは、このように語ったのである。[1]

アテナイ人たちは次のようにつけ加える。「われわれは神々にたいしては信仰をもち、人間にたいしては確信をもって、われわれ各人にその力があたえられているところではどこでも、つねに、自然の必然に従い、命令するのだ。」と。

このように、かれらは、現実主義的政治の全体を二つの文章の中に表現した。この時代のギリシア人だけが、このような驚嘆すべき明徹さで、悪を表現することができたのである。かれらはもはや善を愛さない。善を愛したかれらの先祖は、善の光をかれらに手渡しておいたのだ。かれらは悪の真理を知るために善の光を利用した。人びとは、いまだ、いつわりの中に入りこんでしまってはいなかった。だからこそ、「帝国」を創設したのはアテナイ人ではなくて、ローマ人たちだったのである。

先にのべた二つの文章は、よきたましいの持主たちに衝撃をあたえる文章である。しかし、人間が、肉体、血、たましい全体でその真理を体験するのでないかぎり、正義への真の愛に近づくことは、やはりできないであろう。

ギリシア人たちは、正義とは相互の同意であるとみごとに定義した。

「愛は、神々のあいだでも人間のあいだでも、不正を作りだしはしないし、また不正に苦しめられることもない。じつは、愛がなにかに苦しめられる時でも、力によって苦しめられることはないのである。なぜなら、力が愛を奪うことはないからだ。愛が働くとき、愛は力によって働くのではない。というのは、各人はいかなることにおいても愛に従うことに同意するからである。相互の同意による一致が見られるところには正義がある、と〈王国の律法〉はのべている。」(2)とプラトンは語っている。

ここに、ツキュディデスによって引用された言葉の中にみられる正義と可能なものとの対立が、きわめて明瞭に現われている。双方が同じ力関係にある時には、相互的な同意の諸条件が探索される。しかし、ある者が拒絶する能力を持たない場合、その人間の同意をうるための方法が探索されることはないだろう。そういう場合、客観的な必然性にこたえる諸条件のみが検討される。物的な事実の同意だけが探索されるのである。

言いかえれば、人間の行為にはさまざまな障害のほかに、どんな規則、限界ももたないのである。人間の行為はそういう障害以外の現実とは接触しないのである。物的な事実が障害を否応なく押しつけ、障害はそういう事実のメカニズムによって決定される。ある人間にも、時に自分が所有し時に所有しない拒否権によって、さまざまの障害を押しつけることがありうる。その人に拒否権がない場合、その人は障害とはならないし、従って限界ともならない。行為と、行為を行う人間にたいして、かれは存存しないわけである。

行為が行われるときには、いつでも思考はその目的に向けられている。もし障害がなければ、目的は、思いつかれたその瞬間に実現されているであろう。そういうことが時々はある。ある子どもが久しく会わなかった母親を遠くに見つけると、自分が母親の姿を見たのだということを理解するいとまもないうちに、子どもは母親の腕の中に抱かれているといった場合である。しかし、行為がただちに実現されることが不可能な場合には、まず、目的に注がれた思考が、もろもろの障害によって引きとめられるのは避けられない。

思考は、障害によってのみ引きとめられる。障害のない場所では、思考は停止しない。思考が働くときに障害とならないものは、——たとえば、拒否権をもたない人びと、——まったく澄み切ったガラスを見るときの視線と同じように、思考にたいして透明なのである。見る人の視線しだいではガラスが見えるというのではないと同じように、思考しだいでは、思考が停止することもあるというのではない。

窓ガラスが眼に入らない人は、自分が窓ガラスを見ていないということを知らない。違った場所にいるために、窓ガラスが眼に入った人は、先の人が窓ガラスを見ていないということを知らないのである。

われわれの願望が、われわれ以外のところで他人によって実行された行為を通して、実現される場合、われわれは、自分たちの時間と注意力を集中して、はたして他人がそうすることに同意したかどうかを確かめてみようとはしない。たしかに、われわれはすべて、このような態度をとっている。計画が成功するためにのみ傾注されるわれわれの注意力は、他人が従順であるかぎり、他人によって中断されることはない。

これは必要なことである。もしそうでなければ、ものは作られないであろうし、ものが作られなければ、われわれは亡びてしまうからである。

しかし、だからこそ、行為は、神聖を穢すものによって汚濁にまみれているのである。なぜなら、人間の同意こそ神聖なものだからだ。同意は、人間が神にたいしてあたえるところのものである。それは、乞食が人びとに求めているように、神が探し求めておられるものである。

ひとりびとりの人間にたいして、あたえるようにと、神がたえず懇願しておられるもの、それは、他の人びとが軽蔑しているものでさえある。

強姦は、同意が欠けている愛の恐るべき戯画である。強姦についで、抑圧が人間の行う第二番目の恐ろしい行為である。それは、服従の戦慄すべき戯画である。愛におけると同じように、服従においても同意は本質的なものである。

メロスの都市の死刑執行人たちは、かれらの先祖がそうでなかったのに反して、言葉の憎むべき意味において、異教徒たちであった。たったひとつの文章の中に、かれらは、異教の概念を、完全にかつ完璧に定義したのである。「われわれは神々が次のように認めておられることを信じている。われわれ各人に、その力があたえられているところでは、どこでも、われわれは、つねに、自然の必然に従い命令する。」

キリスト教的信仰とは、これと反対の確認の叫び声にほかならない。中国、インド、エジプト、ギリシアの古い教えについても同様である。

創造の行為は、力の行為ではない。それは王位の譲渡である。その行為によって、神の王国とは別なもうひとつの王国が打ちたてられた。この世界の現実は、物質のメカニズムと、理性をもつ被造者たちの自治とによって構成されている。それは神が姿をお見せにならなくなった王国である。その王国の王であることを断念された神は、乞食のような姿をとってしかその王国にはおいでになれないのである。

このように王位を譲渡なさった原因、それをプラトンは「神はよいかたであったから(3)」とのべている。

キリスト教の教えには、第二の譲渡の概念が含まれている。「……キリストは神のかたちであられたが、神と等しくあることを固守すべき事とは思わず、かえって、おのれをむなしうなさった。しもべのかたちをとられた。……おのれを低くして、死に至るまで従順であられた。……神の御子であられたけれども、苦しみたもうたことによって、キリストは服従というものをお知りになったのである。(4)」

この言葉は、メロスの住民たちの殺害者であるアテナイ人たちにたいする返答となりうるであろう。おそらくこの言葉は、アテナイ人たちを哄笑せしめたかもしれない。笑うアテナイ人の方が正しかったかもしれない。これらの言葉はばかげている。気狂いじみている。

ところで、これらの言葉の内容がばかばかしく、気狂いじみていればいるほど、それに比例して、だれにたいしてであろうと、拒否権のない人に向かって、どうしても同意をしてくれと懇願する役割を引き受けることはばかばかしく、気狂いじみているであろう。それは、同じような狂気である。

しかし、アイスキュロスはプロメテウスについて次のように言ったことがある。「狂気ともみえるほどに愛することは、いいことである。(5)」

愛の狂気、それがひとりの人間をとらえるとき、それは人間の行動と思考の様式を完全に変化させる。愛の狂気は、神的な狂気と同種のものである。神的な狂気は、人間の自由な同意を必要とする。自分と同じ人間にたいする愛の狂気に動かされた人間は、この世のいたるところで、人びとが同意したわけでもないのに、他人の欲望の仲介に役立っていることを考えて苦しむ。それが、自分たち自身の欲望や、自分たちがその一員である団体の欲望の仲介となる場合が多いということを知るのは、かれらにとっては堪えられないことである。人間に関わりのあるかれらの行為や思考においては、その関わりの性質がどのようなものであっても、例外なく、ひとりびとりの人間は、愛を通して善にたいし自由に同意する能力、たましいと肉体の中に閉じこめられた能力から成り立つものとして、かれらには映じるのである。人間の思考のメカニズムをこのように変化させるものは、教理、概念、愛着、意図、欲望などではない。狂気が必要なのである。

飢えにさいなまれ、しかも、金銭をもたない人間は、食べものに関わりのあるものを見れば、苦しまないではおれない。かれにとっては、町も、村も、街も、レストランと食料品店としか映らず、その周囲には漠然とした家々が立ち並ぶのみである。街を歩きながら、レストランの前を通ると、しばらくその前で立ちどまらざるをえない。見た眼には、かれの歩みをとめさせる障害はなにもないように思われる。しかし、飢えのために、かれには障害が存在するのである。かれ以外の通行人たちは、ぼんやりと散歩している人びとも仕事に出かける人びとも、舞台の装置の外にいるかのように街を移動している。かれにとっては、どのレストランも、それをひとつの障害とさせる、眼に見えないメカニズムの働きによって、存在の充実感をもつにいたるのである。

しかし、そうなるための条件として、かれは飢えていなければならない。もしかれが、かれの肉体をさいなむ欲求をもたないならば、そのようなことは、なにひとつ起らない。

愛の狂気にとらわれた人びとは、自由に同意する能力が、この世のいたるところ、人間生活のあらゆる形態のもとで、あらゆる人間において、開花するのを見なければならないのである。

そのようなことをして、一体なにになるのかと分別ある人びとは考える。しかし、それは不幸な人びとが悪いのではない。かれらは気が狂っているのだ。かれらの胃は調子が狂っている。かれらは正義に飢え、渇いている。

貧しい飢えた人間にとってのレストランのように、かれらにとってすべての人間が実在するものとなる。かれらにとってのみ、すべての人間が実在する。これこれの人間がほんとうに実在する、という感じを正常な人間に抱かせるのは、つねに状況の特殊なある働きによるか、あるいは人格の特別の天分によるのである。かれら、この狂気にかられた人びとは、いかなる状況におかれたいかなる人間にたいしてでも、注意力を向けることができる、そして、その人間から実在の衝撃を受けとめることができるのである。

しかし、そのためには、かれらが狂気にかられていることが必要であるし、飢餓が器官の機能をこわしてしまうのと同じ程度に、たましいの自然な均衡をうちこわすある欲求がかれらの内部になければばならない。

同意をあたえる力も、拒否する力も奪われた多くの人びとは、だいたいにおいて、支配する人びとの階層の中に共犯の意志がなければ、そういう力を手に入れるところまでのしあがる機会をほとんどもたない。しかし、そういう共犯の意志は、狂気にかられた人びと以外には見当らない。低いところで狂気が多ければ多いほど、高いところに狂気が伝播してあらわれる機会が多くなる。

なんらかの瞬間に、人びとのあいだに愛の狂気が存在するかぎりにおいて、そのかぎりにおいて正義の意味が変化する可能性がある。だがそれ以上のものではない。

正義をキリスト教の愛に対立させるためには、盲目でなければならない。正義と愛との領域は異なり、一方が他方より大きく、正義の向こうに愛が、あるいは愛の手前に正義があるなどということを信じるためには、盲目でなければならないのである。

この二つの概念を対置してみると、愛はもはやたいていは低次元の気紛れにしかすぎないし、正義は社会的束縛でしかない。正義を知らない人びとは、どのような不正を行ってもよいような立場に一度も身をおかなかったか、かんたんに正義を行いうると信じてしまったほどにいつわりの世界に落ちついてしまったかどちらかである。

陳列品を盗まないことは正しい。ほどこしをするのは愛の行為である。しかし、店主はわたしを監獄へ送りこむことができる。乞食は、もしかれの生命がわたしの援助にかかっているとして、かりにわたしがかれへの援助を断わるとしても、わたしを警察へ告発しないであろう。

右翼と左翼のあいだの多くの議論も、結局、個人的気紛れへの好みと社会的束縛への好みとの対立に帰着する。あるいは、おそらくもっと正確に言えば、社会的束縛にたいする恐怖と個人的気紛れにたいする恐怖との対立であろう。そこでは愛も正義も関わりをもたない。

正義は、同意の能力をこの地上で行使することを目的とする。同意が存在するところでは、どこであろうとそれを良心的に守ること、同意が欠けているところでは、同意の条件をはっきりさせること、それが正義を愛することである。

正義というただ一つの、そして実に美しいこの言葉が、フランスの合言葉である三つの言葉のあらゆる意味を内包している。自由、それは同意をあたえる真の可能性である。人間は、自由との関わりにおいてのみ、平等を必要とする。友愛の精神とは、平等を万人に希求することにある。

同意をよしとするいくつかの動機を含む生活があってはじめて、同意の可能性が生まれる。たましいと肉体が貧し窮している状態にあるのでは、心中でひそやかに同意が行われがたくなるものである。同意の表現は、不可欠であるが二義的でしかない。表現されない思考があれば、それは不完全である。けれども、もしその思考が真のものであるなら、表現に向かって間接的な途を切り開いて進むことができる。いかなる思考も呼応しないような表現はいつわりである。そして、いつでも、どこにでも、いつわりの可能性は存在する。

事実、服従は人間生活の時効にかかることのない律法であるから、同意された服従と、同意されない服従とのあいだにのみ相違点をみつけなければならない。同意された服従があるところには自由がある。しかし、それ以外のところに自由はない。自由が存在しうるのは、議会の中でも、新聞紙上でも、他のいかなる制度の中にでもない。それは服従の中に存在する。服従していても、そこに自由のもつ日常的で恒久的な一つのにおいがなければ、自由は存在しない。自由とは真の服従がもつ味わいなのである。

同意の形式、表現は、伝統や環境によって大いに異なる。それゆえ、われわれよりはるかに自由な人びとでできている社会でも、もしそれがわれわれの社会と非常に異なっているならば、われわれが知らないために、それが専制的なものに見えるようなことがあるかもしれない。われわれは、言葉の領域の外側に、言語の差異、誤解を生じる可能性があるということを知らない。しかも、われわれはそういう無知をわれわれの内部で養っている。なぜなら、その無知が、解放というバラ色のもとで奴隷化する征服と交換に、われわれすべての内部にある、恥ずべき、しかも認めようとされないある嗜好を満足させるからである。

他方、奴隷の状態に結びついた一種の献身というものがある。それは同意の一表現であるどころか、兇暴なある束縛体制の直接的な結果である。なぜなら、不幸の中にあると、人間の本性は絶望的にどこにでも代償を求めるものだからである。憎悪、陰欝な無関心、盲目的執着、これらすべてはどれもこれも、不幸な人間にとって、不幸という思いから逃れるために都合よくできているのである。

自由のあるところでは、幸福、美、詩の開花がある。おそらく、これが自由が存在するという唯一のしるしであろう。

民主主義的思考にはひとつの重大な錯誤がある。それは、ある同意の形態を、同意そのものと混同することである。というのは、同意のある形態とは、それしかないというものではないし、あらゆる形態がそうであるように、いともかんたんに形骸化しうるものだからである。

われわれの議会制民主主義は空しいものであった。なぜなら、われわれはわれわれの指導者の一部分を選んでおきながら、かれらを軽蔑していたからであり、われわれは自分が選ばなかった人びとに恨みを抱いていたからであり、われわれはいやいやながらすべての人に服従していたからである。

同意は売り買いのできる品物ではない。従って、金銭の交換が社会活動のもっとも大きな部分を支配し、ほとんどすべての服従すら売買されているような社会では、政治制度がいかなるものであっても、自由が存在しうるはずはない。

抑圧が強姦と似ているのと同じように、金銭が仕事の動機となるほどまでに、仕事にたいして金銭の力が支配的であるという状態は、売春と似ている。

熱狂的であるということは同意を意味するものではない。それは、たましいが表面的に引きずられている状態なのである。熱狂的であるということと、同意とがどういう関係にあるかといえば、それは放蕩者が淫婦に示す病的な執着と夫婦の結合との関係のようなものである。

束縛、金銭、そして用心深くやしなわれ適度の刺激をあたえられた熱狂、それ以外の動機が認められないようなところには、自由が存在する可能性はない。

ところで、今日、こういう状態が、その調剤の仕方こそ異ってはいても、すべての白人国、および白人の影響が滲透したすべての国にみられるケースなのである。

この点、英国がかなり広範囲にわたって例外であるのは、英国には、命脈を保つ、汚れを知らない過去が、今でも少しばかりあるからである。英国を媒介として今に存在するこの過去は、一瞬、世界にとって救いの唯一の光明であった。しかし、英国以外にこのような富は存在しない。

自由は、残念ながら、われわれにとってすぐ身近にあって見つけられるもの、不意に奪われてしまった慣れ親しんだもの、ではない。それは、創造しなければならないものである。

われわれフランス人は、かつて世界中に一七八九年の原理を投げかけた。しかし、われわれがそれを誇りにすることは間違っている。なぜなら、われわれはその時もそれ以後も、あの諸原理に思いをこらすことも、それらを実行に移すこともできなかったからである。あの諸原理を想起することは、むしろわれわれに慙愧の念を起こさせるべきであろう。

確かに、自らを卑下することは、こと祖国に関するかぎり冒瀆であるように思われる。しかし、自ら謙虚になることをいけないとすることは、近代の愛国心と、正義と愛の精神とのあいだに障壁を設けることになる。パリサイ人の精神は、すべての感情をその根源において毒し、そこから謙虚さは排除されてしまう。

近代の愛国心は、異教徒的ローマから継承されたものであり、キリスト教的な十幾世紀を経て、洗礼も与えられずに今日のわれわれにとどけられたものである。こういう理由だけから推しても、近代の愛国心は一七八九年の原理をつらぬく精神と調和しないのである。フランス人にとっては、そうすることが不可欠であると思われるであろうが、この二つのものを真理の中で調和させることはできないのである。

このような近代の愛国心が、ある人びとにたいしては、死の犠牲をも厭わせないほどの力をあたえることがある。しかし、それは今日の絶望にあえぐ多くの人びとの心をつちかうことはできない。絶望した多くの人びとは、コルネイユ的(6)でないもの、身近な、人間らしい、暖かい、単純な、しかも思いあがりのないなにかを必要としているのである。

服従が同意をもって受け入れられるためには、愛しなければならないなにかが、それを愛するためにならば人びとが服従することに同意するようななにかが、まずなければならない。

愛しなければならないなにかとは、対立するものを憎悪することによってではなく、そのもの自体を愛しなければならないものなのである。同意をもって受け入れられた服従の精神は、愛から生まれるものであって、憎しみから生まれるものではない。

憎しみが、時として、服従の精神のすばらしい模倣を生みだすことがあるのは確かであるが、やはりその模倣は、平凡な、質の悪い、永続性に乏しい、すぐに枯渇してしまうようなものである。

あるものを、その栄光、その威信、その華麗さ、その征服、その輝やき、やがて訪れるその発展、それらのもののゆえに愛するのではなく、ちょうど、工科大学《ポリテクニック》に一番で入学した息子の母親が、息子を愛しているのは、一番で入学したからというのではないように、そのもの自体を、そのあらわな姿において、その真の姿において愛しなくてはならない。そうでなければ、人間の感情は服従の永続的な源となりうるのに十分な深さをもつことはできないのである。

ある人びとが、暗示、宣伝あるいは外国のテコ入れによってではなく、自然に、心の底から、その人びとにしかない過去の奥底から、その人びとが古くから渇望してきたものに動かされて、愛することのできるなにかが必要なのである。

牛乳といっしょにごく自然に飲めるような愛、若い人びとをして、その心のもっともひそやかなところで、まったき服従の生活を当然その延長線上にもちうるような忠誠の盟約を、だんぜん意を決して結ばせうる愛が、必要なのである。

社会生活のさまざまの形態は、その社会に住む人びとにとってもっともわかりやすく、人びとの慣習、伝統、愛着にもっともよく符合した象徴的言語で、たえず人びとに、この忠誠さがもつ聖なる性格、この忠誠さが由来する自由な同意、そこから生じるもろもろの厳しい義務を想起させるように計算されていなければならない。

この見地からみると、フランスでは、共和制、普通選挙、独立した組合運動はまったく欠くことのできないものである。しかし、現実にこれらが十分であると言うには程遠い状態である。なぜなら、これらのものは善くも悪くもないようなものになってしまったからであり、しかも、それらは、破壊されてしまった後で、かなり長い時間的間隔をおいてはじめて、再び人びとの興味をひきはじめたものだからである。

植民地問題についていえば、これまでに示された指摘が正しいものであるとするならば、われわれは、植民地に関するすべての問題を、これまでとはまったく異った光のもとに提起するように迫られているのである。そうしなければ、いつわりとなるほどに、それは厳しいものである。

生活の諸形態の変革、社会問題における創造、創意工夫のほとばしり、がなければ、自由、平等、友愛は見いだされないであろう。

しかし、われわれは疲れすぎているので、創意工夫のほとばしりはありえないように思われるのである。

総体的にみて、人びとは、奇跡による治癒しかないと思われる段階の、精神の病いに達している。

奇跡による、と言ったのは、つまり不可能というのではないが、ある諸条件がそろった時にのみ可能である、という意味である。

恩寵に向かってたましいが開かれるための諸条件とは、機械的操作のための諸条件とは別種のものである。しかし、たましいのための諸条件は、機械的操作のための諸条件以上に、より厳密に決定される。いかなるごまかし、欺瞞もあってはならないことは言うまでもない。なぜなら、そういうものがあれば、諸条件が整わなくなるからである。

正義のために戦うことは容易なことではない。どの陣営がもっとも不正でない陣営であるかを識別し、その陣営に参加して武器をとり、敵方の武器の前に身をさらすことだけでは十分ではない。もちろん、そのことは言葉で表現しうる以上に立派なことである。しかし、敵と面と向かえば、だれでもまさにこれと同じことを行うからである。

その上に、正義の精神を心に宿すことが必要なのである。正義の精神とは、愛の狂気の、最高の完璧な精髄以外のものではない。

愛の狂気は、戦いを含むあらゆる種類の行動の動機として、偉大さ、栄光、さらには名誉よりも、より強くあわれみの情をとるのである。

愛の狂気は、あわれみの情のためにならどんなものでも放棄させる。キリストについて聖パウロが言ったように、自らを無にせざるをえなくするのである。(7)

不当に蒙った苦痛の真只中にあっても、愛の狂気は、この世のあらゆる被造物を不正の餌食にさらそうとするあの普遍の律法を、甘受することに同意させるのである。同意することによってたましいは苦痛を和らげられる。同意には、それが生じたたましいの中で、悪を善に、不正を正義に変化させるという奇跡的な力がある。同意することによって、卑しい思いをすることもなく、激昂することもなく、苦悩はうやうやしく受容され、崇高なものとなるのである。

愛の狂気には、どのような人間の境遇においても例外なく、地上のあらゆる場所で、美と幸福と完全さの、この世におけるこわれやすいいくつかの可能性を識別し、はぐくみ育てようとする傾向がある。同時にまた、宗教的な心づかいをこめて、これらの可能性をすべて保護することを希望する傾向もある。これらの可能性がないようなところでは、かつて存在した可能性のもっともかすかな萌芽すら、やさしくもう一度暖め直すことを希望する傾向があるのである。

愛の狂気は、心の中の怒りや勇気が生じるところよりもはるかに深い場所に、怒りや勇気がその力をくみとる場所にまで、敵にたいする優しいあわれみの情を滲透せしめるのである。

愛の狂気は、自らがどういうものであるかを説明しようとはしない。しかし、それは、その言葉づかい、調子、話しかたによって、あらゆる思考、あらゆる言葉、あらゆる行為を通じ、いかなる状況の下であれ例外なく、抗し難い力をもって光り輝くのである。そして、それが光り輝くことができないような思考、言葉、行為を不可能なものにしてしまう。

それは真にひとつの狂気である。愛の狂気は、この世に存在するもの、たとえば大義であれ「教会」であれ祖国であれ、そのようなものにいったん自分の心をあたえたならば、普通の人では冒すことのできない危険の中へも飛びこんで行くのである。

愛の狂気がああいう結果へとキリストを導いて行ったのであるが、それとてとにかく、愛の狂気についてなんらかの参考となるものではない。

しかし、われわれはその危険を恐れる必要はない。愛の狂気はわれわれの内部に住んではいない。もし、愛の狂気がわれわれの内部に住んでいるものであるならば、それは感じられるはずであろう。われわれは分別のある人間である。なぜなら、この世の大事業にたずさわる人びとにとって、分別があるということがよいことは確かであるらしいからである。

しかし、もし宇宙の秩序が賢明な秩序であるならば、地上的な常識という見地からみても、愛の狂気だけが道理にかなったものであるような瞬間が、時には起りうるはずである。このような瞬間とは、まさしく今日のように、愛が不足しているために人類が気狂いになっている瞬間でしかありえないのである。

今日、はたして愛の狂気が、心身ともに飢えた不幸な群衆に、より次元の低い源泉からもたらされる霊感よりも、かれらにとってより消化しやすい食べ物をあたえることはできないのであろうか。

その上、あるがままのわれわれ、われわれは正義の陣営においてわれわれが占めなければならない場所に、はたして確かにいるのであろうか。

臨時政府の正当性

正当性《レジイテイミテ》とは、人間の精神がそこにいかなる概念をも付加することができない、美しい言葉のひとつである。しかし、この言葉は、いかなる人間の生みだす概念よりも、言葉として、はるかに大きな力をもっている。

もし、こういう言葉のひとつを人間の考え出した概念によって定義しようとすれば、言葉はその力をすっかり失い、悪の原因となるのである。

真理、正義という言葉もこのような言葉である。神という言葉《モ》はその最たるものである。これらの言葉は生きている。「神の言葉は生きている、活動的である、それはいかなる両刃の剣よりも鋭く、人の思いと心とを識別する。(1)」

「真理とは何か(2)」というポンテオ・ピラトの質問に答えることができなくとも、われわれがいかなる虚偽であれ虚偽よりも、いかなる真理であれ真理の方を好むというのは絶対に確かなことであるに違いない。あらゆる事柄にたいして、ひとつの例外もなく、無条件に、決定的に、逆もどりすることなく、永遠に向かって、われわれがこのような選択をしたならば、われわれの思考は、われわれが注意を傾注するたびごとに、より真理に近づくのである。以上のことはまったく確かなことである。

反対に、異端取調べのための宗教裁判所を直接の結果として生んだあの正統派カトリックの思想が行ったように、もしわれわれが真理をある確立された意見の体系と同じものだと考えるならば、われわれは暗闇の中に突入していくのである。どのような意見の体系が選ばれようとも、これは同じことである。

正当性についても事情はまったく同じである。この美しい言葉には、人間の意図、願望、希望を方向づける権能があり、その権能があるからこそ、すばらしい力が宿っているのである。しかし、もしわれわれが、この言葉を人間の理解や統治の形態によって定義づけようとすれば、禍を生みだすのである。

ある王は正当な王たりうる。ある議会制政府の首班も正当な首班たりうる。ある王が正当でない王であることもある。また、ある議会制政府の首班も、たとえもっとも規則にかなった形式が遵守されたとしても、正当でない首班であることもあるのである。

もしある国家元首が、なによりもまず正当な元首であることを希望し、国民のほぼ大部分が、かれを正当な元首だとみなし、かれが正当であることを望んでいると感じるならば、かれは、国を正当的に治めていることになる。

政治制度の諸形態の目的は、まず、その国の元首と国民が、かれらの見解を発表できるようにすることである。政治制度は、恋人たちのあいだに交わされる恋文、指輪の交換、その他の思い出と似たようなものである。ところによっては、女性がもし金の結婚指輪をはめていなければ、かの女は自分が本当に妻であるとは思わないような場所がある。とはいえ、夫婦の結合を成就するものは結婚指輪ではない。しかし、そう考えている女性でも、やはり結婚指輪をはめなければならないのである。

政治制度は、本質的にある象徴的言語を構成する。言語は決して勝手気儘なものではなく、慣習でもない。それどころか、言語はまるで植物のように伸びひろがっていく。

今日、フランス問題があのように苦悩にみちたものとなっているのは、フランス人たちの心に語りかけうる言語がないからなのである。

正当性の観念は、フランス人のもとでは、これまで決して強固ではなかった。王制は、十四世紀末で正当であることをやめた。(3) 立憲議会《コンスティチュアント》は、その直後に戦争と恐怖政治《ラ・テラール》の独裁とが続いた。ついで、一連の権力簒奪のみが継起した。一八七一年の腐臭たちこめる墓地に生まれた第三共和制には、まことにもろい正当性のかすかな光しかなかった。第三共和制がもっていたそのかすかな正当性の光もいつしか消えてしまった。

一九三七年(4)以降は、事実において、単に体制が適法性から遠ざかって行ったばかりではなく――このことは大して重要ではあるまい。なぜなら、イギリス政府もまた適法性から遠ざかっているし、イギリスのいかなる歴代首相もウィンストン・チャーチル以上に正当ではなかったのだから――正当性の観念がしだいしだいに消滅して行った。ほとんどのフランス人はダラディエ(5)の権力奪取を認めてはいなかった。しかし、およそフランス人の中のだれひとりとして、その権力奪取に憤激したものはいなかった。なぜなら、われわれが簒奪行為に憤激するのは、正当性の観念をもっているからなのである。

ただ、人びとは陰気な態度で、「なにが起ころうと大したことがあろうか。われわれには失うべきものはなにひとつないのだから。」と言いはじめたのである。人びとはただそう言っているだけではなかった。そう考えていたのである。一九四〇年六月(6)およびそれに続く数週間に、人びとはそういう気持を示したのである。

一九四〇年六月は、にせの選良たちがもくろんだ陰謀ではなかった。それは、国民全体の滅亡であり、権利放棄であった。

七月、第三共和制に幕をおろさせた不幸な芝居がヴィシーで行われた。このようにして共和制は廃止されたが、そのことは、破壊されたその制度に職業上結びついていた人びととのごく少数のグループをのぞけば、フランス人の心に、後悔、苦悩、怒りのいかなる影も生ぜしめることはなかった。人びとはまた、廃止のあとにどのような制度が続くのかということにも興味を示さなかった。人びとはまったく無関心であった。ずっと後になって、はじめて、ペタンの伝説が少しばかりの活気をとりもどしたにすぎなかったのである。

このように、正当性とは、敵によってであれ、内部で仕組まれた陰謀によってであれ、フランス国民から奪われた宝物というのではなかった。全体的にみて、選良たちから勤勉な大衆にいたるフランス国民は、手をひらき、この宝物が地上に落ちるにまかせ、どこへ転がって行くのか見とどけようとすらしなかった。通行人たちがこの宝石(7)を足蹴にした。

このような条件の中で、ドゴール将軍と正当性との関係はどのようなものから成り立っているのであろうか。

それはこうなのである。つまり、この宝物が地上に落ちてだれからも軽蔑されているのを見て、ドゴール将軍がそれを拾い、整理し、この宝物の所持者が返してほしいと申しでる状態になる日まで、自分がこの宝物の保護者となることを公に明らかにしたのである。

その時、即座に、またそれ以後にも、だれひとりとしてこの受託者の役割をかれがになうことに異議を差しはさまなかった。ただ、敵側と気脈を通じていた罪深い人たちだけは別であったが、敵と通じていたという事実のゆえに、かれらの言葉は、物の数にもはいらなかった。このような場合、異議がないということは、確認したということである。

もし、ある人が、父親が捕虜となり母親がドイツにつれ去られたひとりの子供を引きとることにし、新聞紙上をかりて、自分は子供の両親が探しにやってくる日まで、子供を自分の家で育てるつもりだということを発表し、そして数年間、この家族の親戚も友人もだれひとりとしてそれに異議を差しはさまず、子供が立派な扱いを受けているのであるならば、この人が一時的に子供の後見役たりうることは正当なことである。子供をこの人から取りあげ、その子を貧民救済所に放り込むというのは、ばかげた犯罪行為であろう。

ドゴールの立場をよしとするいくつかの宣言がフランスでつぎつぎと発表されてきたのは、このような状況の中にひそむ本能的な感情によるものであった。これらの宣言は、ある種の客観的正当性を承認している。だが、諸宣言がそのような客観的正当性を確立したのではない。諸宣言は、本来、いかなる正当性にせよ確立できるほど強力なものではないのである。レジスタンスのもろもろの運動には、フランスに元首を与える権限はまったくない。フランスからロンドンにやってきたフランス人たちには、かれらがいかなる権限を委任されていたにせよ、だからといってドゴール将軍に一層多くの正当性をあたえる資格はないのである。

われわれの運動は、真理の中に、また真理によってしか、生命を見出すことはできないのである。いつわり、錯誤は運動にとって致命的である。真理は単純であり、数語でまとめることのできるものである。

一九四〇年夏、フランス国民は正当性を大切にしようという気持をすっかり失ってしまった。だからドゴール将軍は、廃品として捨てられたこの正当性を拾い、自分がその保管者になった。ドゴール将軍はみずから率先してそれを行ったのである。将軍のこのような率先遂行にたいして、だれも異議を差しはさまなかった。このように率先遂行したけれどもどこからも異議をうけなかったということが、フランス国民がそれを将軍に要求する日まで、将軍をして、フランスの正当性の真の受託者たらしめたのである。

一体、いつフランス国民はその正当性を要求するような状態になるのであろうか。それは領土が解放された時ではない。技術的に選挙が可能となる時期でもない。そういう時期だと考えることは、重大な、致命的な錯誤となるであろう。

敵側の行為によって数年間中断された政体を継続するという場合ならば、そういう時期が正当性を要求する時期であるとして認められるかもしれない。しかし、フランスの場合、事情はまったく別である。フランスは、ひとつの政体を放棄してしまったのである。なぜなら、その政体がもはやごくわずかの愛着すら国民にいだかせなくなっていたからである。フランスはある種の死を経験したのである。だから、フランスはこんご新しい生命を創造しなければならないであろう。

パン、バター、ぶどう酒、煙草があった時代にたいして、やがて人びとが胸にいだくようになる、ほろ苦い感傷は、まさになんの役にも立たないものとみなされなければならない。

どのような議会でもよいから、選挙されなければならないというのではない。選ばれなければならないのは立憲議会であろう。フランスにおいては、かつて国民憲法議会《アサンブレ・コンスティチュアント》なるものがあった。つまり、一七八九年のことである。しかしわれわれは、一八四八年(8)の流産も、一八七五年(9)の《共和主義者のいない共和制》も、立憲的創造であったとみなすことはできない。

一七八九年の議会は、数カ月間フランス全土を震駭させた思想の熱狂状態の中で、いわば植物のように成長したのである。自由な討論のグループがいくつもいくつも急速に広がって行った。『権利《カイエ・ドゥ・》要求帖《ルヴァンディカシオン》』の編集が、それらグループの存在理由となっていた。いかなる党派的規律も、いかなる宣伝も有害な働きをしなかった。多くの人びとが真に正義と真理を探索していた。それは真の思考のほとばしりであった。

このようなほとばしりの自然な結実が議会であった。数カ月間、議会は憲法起草のために、議会を成立せしめたあの噴出の状態を維持し続けたのである。

もし、フランスが一七九二年(10)、戦争という罪深い狂気の中に投げこまれなかったならば、その結果はどうなっていたであろうか、ということはだれにも分らない。第一帝政によって創設された高等中《リ》学《セ》校と非常に異り、その上はるかに高度な中央高等工業学校《エコール・サントラル》は、当時のフランスの創造的才能がどのような仕事をなしえたか、ということを示しているのである。

われわれが新しい立憲議会をもつのは、敵がいなくなってから、議会が選定される以前の数カ月間、フランス国民が、全体として、ものを考えはじめた場合のみに限られるであろう。そしてまた、選ばれた人びとは、すべての人びとと協力しながらものを考えるという長い努力の過程で注目された人びとであり、破廉恥な宣伝によって大衆の注意をひいた人びとでない場合のみに限られるであろう。

この場合、選ばれた人びとが必ずしも知識人ばかりではないこともありうるであろう。正義について考える場合には、労働者の、あるいは農民の英知は、高等師範生《ノルマリアン》、工科大学生《ポリテクニック》、政治科学院生《シアンス・ポリティク》の英知より、より十分に必要なものを揃えているのである。

選ばれる人びとをどのように選ぶかといえば、それは新しいフランスを創造するために払われるすべての人びとの努力の結果として行われる、ということだけが必要であるし、一度選ばれたならば、かれらがそれまで払っていたあの同じ努力を重ねつつ、ものを考えるというのでなければならない。

こういう具合にではなく、もし今まで通り、国民が宣伝活動によって自分を売りつけようとする人びとのあいだから代表者を選ぶことに甘んじるならば、立憲議会は生まれないであろう。かりに議会が生まれ、その議会が議決した法律文を集め、それに憲法という名称を付すことがあるかもしれない。しかし、こういう具合にして始められた体制は正当なものではないであろう。

都合のよい作り話がなにを主張しようとも、主権は委託されるものではない。もし国民が代表を通じて自分の権利を行使しないならば、——しかも、それは選挙の形態よりも、選ぶ人間と選ばれる人間との間の感情的なつながり如何によるのであるが——国民はまったく代表されていないことになり、政治権力の全体は簒奪されていることになるのである。

フランスは、多少ともこの種の立憲的選挙を行いうるようになった時でなければ、失ったあの正当性を自らの掌中にとりもどすことができるものとみなされえないのは当然のことである。フランスが蒙った最近の不幸は、思考にたいするひとつの刺激であり、従って、その刺激の力は、フランスが解放された直後、最高点に達するであろう。だが、やはり、ある程度の落着き、調和、平静さも必要である。

そこで正当性を保管するのは、二年、あるいは三年というのが妥当な期間であるように思われる。この二年間——二年間という数字が正しいものと認めるとして——正当性の受託者が、それを預り、保護するというのは適当なことである。しかしこの受託者は、国を統治しなければならないであろう。かれは直ちに経済的応急策を施さなければならない羽目に陥るであろう。なぜなら、数世紀にわたる国の運命がそれにかかっているからである。植民地の問題もおそらく直ちに提起されるであろう。敵側に奉仕したとみられる多数のフランス人の生死も、確かに、いつにかれの決断にかかってくるであろう。

このようなもろもろの責任の中で、ドゴール将軍を支えうるものはなにであろうか。フランス人をして、かれの手にこれらの責任を委ねることに同意するよう説得しうるものはなにであろうか。かれが、率先垂範して正当性を預かるという行為に出たからということだけでは、もはや十分とはいえないであろう。

フランス領土の解放に先立つ時期に、しだいしだいに、フランス国民が自由な判断にもとづきかれに服従したならば、かれは補足的な正当性を獲得することになろう。ただし、本当に服従したならば、ということである。かれの権威を認める諸宣言、それらは言葉であって、行為において示された服従ではない。

ドイツ人に反対する戦いにフランス人を駆り立てるものは、かれの権威ではなく、ドイツ人がフランス人の中にかきたてる憎悪である。かれの権威は、こういう戦いを思いつかせ、それを方向づけ、戦いの戦術的な形態を決めるにあたっては影響をおよぼしうるかもしれない。しかし、それは単にかれの個人的な権威、国家委員会《コミテ・ナショナル》の成員の権威であり、正当性との関連において重要な位置にある事務《ビュロー》局《テクニク》の権威ではまったくないのである。

フランス国内に権威をおよぼすための物質的手段がすべて英国人の掌中にあるため、われわれが英国人たちのあいだに、実際いらいらした気持を起こさせるような調子で、ドゴール将軍の正当性を宣言するたびごとに、実は、宣言しているその正当性そのものさえもが損われているのである。

しかし、国家委員会とフランスとの諸関係が可能なかぎり満足すべきものであると想定し、臨時政府があらたに解放された領土に組織されたとしても、臨時政府が引き受けなければならないあの恐るべきもろもろの責任に応えうるほどの正当性を、当の臨時政府がもつことは、やはり非常に困難なことであろう。

一時的に国民を代表するものがあっても、この場合、それが有効な働きを示すことはないであろう。なぜなら、その代表するもの自体、何らの正当性を内包してはいないだろうからである。

一八七五年の憲法が、正当性の規範としてフランス国民から多少とも認められていたかぎりは、選ばれた議会《パルルマン》は正当なものであった。議会が正当なものであったのは、選ばれたからというのでなく、憲法と合致していたからである。一八七五年の体制が屍となった以上、票決をも含めてその体制が内包していた諸制度から、すべての正当性が消失してしまった。正当性には固有の力があるのであるが、票決にはそういう力はなにもない。

不幸と希望のために半ば狂った人たちによって、あわただしく指名された騒ぞうしい一群の人びとが、正当的に、遠い将来にわたる見通しのもとで、国の経済的社会的方向、植民地の構造、多くのフランス人の生死を決定する、というようなことが真面目に信じられるであろうか。

もし、臨時の議会が正当性をもたないとし、臨時の政府にも正当性が非常に乏しいとすれば、この両者を合わせても、それぞれ単独の場合よりも正当性は少くなるであろう。

こういうことは、算術家を驚かせるかもしれないが、そういうものなのである。

臨時政府は別のところにその正当性を求めなければなるまい。

正当性というものがもっている、われわれの眼に見える力がすべて消滅してしまったので、正当性はその源にさかのぼって力を汲みとる以外にはない。

正当性とはどのようなものであるかを、しっかりと考えなければならない。あたかもまったく新しいものであるかのように、正当性とはなにか、ということを根本的に考えてみることが必要である。多分、それはつらいことかもしれないが、破局に陥りたくなければ、今日、われわれはそれを免れることはできないのである。

もし、統治する人間が、正義と公共の幸福を守るために統治者となったとして、国民が、その統治者がその通りであることを確信し、その上、その人のその通りの状態が続くことは間違いないと思うもっともな理由をもつならば、そしてまた、国民がこういう確信をもちつづけるあいだしか、自分は権力を維持したくない、とこの統治者が考えるとすれば、そこには正当な政府が生まれる。

もちろん、ある限界がここでは問題となる。

正当性を明示する政治組織は、どれもすべて二重のメカニズムから成り立っている。ひとつは、権力を保持しているひとりの人間、あるいは複数の人間をして、正当性に愛着をいだかせる状態におくように仕向けるものである。もうひとつは、正当性から離脱することを、恐怖によって防止するか、あるいは罰によって抑圧するように作られた罰則的メカニズムである。もし、この二重のメカニズムが効果的にその機能を働かせるならば、国民が安心していても、それはもっともな根拠に根ざしているといえるのである。

王にとっては、教育、聖別式、宮廷の礼儀作法、儀式が第一の目的に応じている。そのようなものが欠けた場合にくだされる刑罰は、王朝の継続そのものによって明らかとなる。ある王は、自分の治世が国民の記憶の中に残るということ、年代記作者たちがかれを判断するということ、自分の息子や孫や子孫たちが、場合によっては、かれのことを誇りに思ったり、恥ずかしく思ったりするだろうということを知っている。王にとって子孫は、古典詩人の場合と同じように、具体的な実在なのである。

事実においては、王朝制のもとで、この二重のメカニズムは極めて不完全な働きかたをしている。それは簡単に動かなくなったり、一度動かなくなれば、修復できないことが、実によくあるのである。

議会制度のもとでは、票決がこの第一の目的に応じている。その効力は、選択——ほとんど偶然に実施される——という事実そのものの中にあるのではなく、被選挙者の心の中に芽生えてくる感情、つまり自分が選ばれた、その結果自分には責任があるという感情の中にあるのである。要するに、議会によって選ばれた首相にとっても同様のことがいえるのである。

選ばれた者にとっては委託を受けた期限が、首班にとっては両院にたいする責任が、罰則的なメカニズムの役割を果していた。自分の職務を濫用する内閣の首班や代議士は、前者は自分が倒されるかもしれないと恐れ、後者は再選されないかもしれないと恐れることができたのである。

実際には、久しい以前から、この二つのメカニズムのどちらも、もはやその機能を果さなくなっていた。尊厳のない正当性は存在しない。商業的な宣伝を活用する方法がとられ、そのため、選挙運動は一種の売春行為となっていた。選挙は笑劇《ファルス》のようなものとなり、そこでは、選挙される人にも、選挙する人にも、あらゆるものが正当でないという印象を与えるように結びついていった。政府を形成する前に行われる議会工作についても、同様のことがいえるのである。

議員、大臣、首相などの機能が、実は、職業であった。しかも、その道の玄人の数は、自由に処理しうるポストの数をそれほど大幅に凌駕してはいなかった。そこで、当事者たちはそういう状態が続くように注意した。この事実が、罰則的なメカニズムの働きをまったく停止してしまったのである。倒された首班、大臣であろうと、任期が切れて再選されなかった代議士であろうと、たとえその周囲に醜聞があっても、近い将来、政治の舞台へ堂々と再登場するまっとうな機会を、だれもがもっていたからである。

しかし、たとえ、組織に内在するこの二重のメカニズムが十全に機能を果していたとしても、それはきわめて不十分であった。課せられる罰は、起こりうるあやまちと比べれば、ばかばかしいものであった。

おそらく、汚職、収賄または背任にたいして、法規には用意された刑罰があるであろう。しかし、不正、残忍な行為にたいしてはなにもないのである。

たとえば、性別、年齢の別なくあらゆるユダヤ人に死の宣告をくだす法案を上程することが、もし、フランス人のある代議士にとって愉快なことであり、その他の代議士にとってはそれに賛成投票することが愉快なことであったとしても、いかなる法令文もかれらを罰するわけにはいかなかったであろう。選挙人はもはやそのような代議士を望んではいなかったはずだと言えるであろうか。そうは断言できないようである。その罪そのものについて言えば、それはつまらぬものかもしれない。だが、事実、そのようなことが起こらなかったと言えるであろうか。これほどだれの眼にも明らかでなくとも、ほぼ同程度に残酷な手段がとられなかったと断言しうるであろうか。例えば、植民地の、外国人の、非行少年あるいは不幸な少年たちの、貧乏人の、つまりこの種の人びとにたいする扱いにおいて。


正当性とは、一義的な概念ではない。それは正義から派生したものである。権力に関連していえば、なによりもまず、正義は権力と責任とのあいだの均衡を要求する。責任は、罰という形でしか表現されえない。

他人の運命を掌中に握っている人はだれでも、たえず罪をおかす可能性を秘めている。もし、かれが自戒することなくその道を進めば、犯罪者に加えられる懲罰こそかれにふさわしいものとなるのである。

飢えているため畑から一本の人蔘を引き抜いた貧乏人は、その肉体において罰せられる。もし、こういうことが何度も起これば、徒刑囚収容所よりもはるかに条件の悪いギアナのある場所[11]に一生涯送りこまれるのである。残酷さから、無感覚さから、憎しみから、不注意から、あるいは偏見から、ひとりの人間の、数百の、数千の、あるいは数百万の人間の死や決定的な不幸を、不当にもひきおこした政府の首班は、おそらくその在任中に打倒されるであろう。しかし、それでもかれは肉体的な苦痛を蒙ることはないのである。

これは正義の恐ろしい崩壊である。不正ということは、たんに貧者にとって非道であるというだけではない。首班にとって、不正はなおさらひどいのである。なぜなら、ひょっとすれば、多くの悪をなしかねまじき人間である首班に、善悪両面からの強い誘惑との戦いを、たったひとりでやらせるというのは残酷なことだからである。正しいあわれみの心があればそれが必ずかれのたましいの善を望む部分を助け、たましいの悪の部分を懲罰への恐れに従わせるであろう。

もし、社会的な力の段階に応じて、その段階ごとに、懲罰の段階が増加して行くような仕組みならば、国民は正義と正当性について安心して任せられるという気持を抱いて生きて行けるであろう。善にたいしても悪にたいしてもほとんどなにもしえない人は、たとえなにをしようとも、人間に暴力をふるうことを差しひかえるかぎり、ほとんど苦しまなければならないということはない。ところが、善にたいしても悪にたいしても多くのことをなしうる地位を占めることに同意する人は、もしかれが悪をなした場合、その名誉、その肉体、その全運命を賭して大いに苦しまなければならないのである。

そこに真の社会的均衡がある。その均衡を左右するものは、ひとえに裁判制度である。

しかし、もしそこに適当な正当性の原理があるならば、混乱した時世にあっては、何倍か好都合である。なぜなら、混乱した時世にあっても、われわれは残酷なもろもろの責任を避けることはできないし、しかも、正当性の見なれたあらゆる形態は、すべて消失してしまっているからである。

以下は結論である。

ドゴール将軍がいだいている、正当なものでありたいというあの願望に、疑念をいだいている人はごくわずかである。将軍の言葉には、真面目な名誉を重んじる調子があり、それが聞く人を説得する。もし、今からフランス領土が解放される日まで、将軍にたいするこの信頼が続き、しかもそれが増加するならば、しかも将軍の権威がだんだんと認められて行き、人びとが実際に将軍に服従するならば、国際関係が過度に紛糾しないかぎり、それだけで十分に、解放された領土の権力を掌握するという行為を容易にし、しかもその行為を潔白なものとなしうるであろう。

二年間という期間、権力を実際に行使するためには、一層多くの正当性を将軍は獲得しなければならない。

たとえば、つぎのような一連の方策をとることによって、将軍は一層多くの正当性をうることができるであろう。

勝利をおさめる以前から、将軍は一七八九年の宣言がつねに果し切れなかったあの機能を果しうるような基本的な宣言を、できれば発表しておくことである。この宣言は、この国の生命を鼓舞することを使命とする。従って宣言の末尾には、いかなる性質の権限であれ、人間の運命にかかわるようなものであるならば、その権限を内に含む職務を執行する者はだれでも、その宣言を行動の規範とすることを厳粛に誓約しなければならないこと、しかもいちじるしくその宣言の精神から離れた場合には処罰されるということを取り決めた条項がおかれることである。

この宣言は、勝利をおさめる以前から、フランスに秘密の裡に伝播され、検討され、討議されるのである。

この宣言は、解放直後に国民投票にかけられる。この宣言は受け入れられるものと仮定しよう。受け入れられるということは、ほぼ確かであると思われる。もしこの宣言が立派なものであれば、――いや、たとい立派なものでなくても。

ドゴール将軍は、ひたすらその宣言の精神に従って行動することを宣誓する。将軍は、フランスが自ら自分の運命を作りあげることができる状態になるために必要な――たとえば二年間という――期間、権力を委託物として保持するつもりであることを宣言する。将軍は立憲議会を準備することを約束する。

しかし、これまで述べたことすべては大したことではない。つぎに述べることが本質的な点である。つまり、将軍とその主たる協力者の各人は、かれらの臨時政府当局が行うあらゆる行為を、例外なくある法廷にゆだねて、その正邪を判定させることを誓約するのである。その法廷は、立法議会によって指名され、議員以外の中から人選されたものから成り、基本的宣言の精神に従い判断をくだすべきことを義務とし、死刑を含めていかなる刑罰をも宣しうる資格をもつものとする。

この誓約が効力を発揮するために、ドゴール将軍は、将軍の賛成者によって組織されたグループのようなものをフランス国内に創設させないという約束をつけ加えなければならない。さもなければ裁判は明らかに茶番となるおそれがある。

このように考えてみると、一時的な権力を行使したために、後日、政治生命を放棄しなければならぬことも十分ありうるように思われる。もろもろの恐ろしい条件の中では、後日の政治生命を顧慮することが、一時的な権力を行使する上でまったく欠くことのできない純潔さを損うこともありうるからである。

それゆえ、ひとたびフランスが均衡を再発見したならば、その国土で試練を生き抜いたひとりのフランス人によって、フランスが指導されるということが、フランスにとって望ましいのである。国が奴隷の状態に陥っていた時に、その名誉を救ったということ、そして、解放直後の恐るべき危機の中でその国を救うということ、それはどのような政治生命よりもはるかに立派なことである。

これまで素描してきたさまざまの方策を適用すれば、例外的状況の中の臨時首班として所有しうる最高度の正当性が、ドゴール将軍に与えられるであろう。個々人の意志表示がなくとも、基本的宣言をよしとする国民投票が行われれば、それは、フランスでも外国でも、信頼のしるしとして理解されるであろう。

地方の行政が直ちに民主的なものにならなくてはならないので、ドゴール将軍が自分の周囲に第二段階で選ばれた諮問議会をもつことが好都合であろう。この議会は、いかなる時にも、将軍から権力を剝奪する権限を持たないものでなければならず、従って、この議会は将軍にたいする信頼も不信も表明する必要はない。しかし、もしその議会が政府と効果的に協力するならば、そのことが、実は、相互の信頼を示すことになるであろう。

近い将来、政府がどのような方策をとり、どのような方策を省いたかを報告するということ、およびそれらの方策に自分の名誉、運命、肉体、生命を賭けるということを厳かに誓約したことは、ドゴール将軍が自分の精神にとって可能なかぎりの注意を、かれの仕事に傾注するだろうということをフランス国民に保証するのである。

われわれがある人の誠実さを信じる時——ドゴール将軍が権限を引き受ける時、もし大多数のフランス国民がかれの誠実さに信頼を寄せているのでなければ、将軍が権限をその身に引き受けることは罪を犯すことになるのだが——われわれは、その人の注意力が衰えて行くことだけを心配すればよいのである。

人間の本性は、——それが完全な状態で確立された人びとは別として——すべての人にあっては、純粋な善を志向する気持が、注意力にたいしてきわめて脆弱な刺戟物であるというように作られているものである。より下劣な、より雑然とした動機の方が、人間の本性にたいして、はるかに強い力をもっている。だからこそ、たましいの完全に純粋な部分に外側から物質的な援助の手をさしのべ、つねにその部分が注意を統御する最高のものとなるように仕向けなければならないのである。

船を操舵する際、船長の職業的意識が疑われたことはいまだかつてなかった。かれらが自分たちの肉体を船に結びつけていることは周知の通りである。それは十二分の保証である、と考えられるかもしれない。しかし、航海の技術的諸問題は非常に複雑である。そのため、肉体的にはきわめて不便な条件の中で、集中度のきわめて高い、しかも長時間にわたる注意を払うように、努めなければならないことがしばしばである。それゆえ、船が沈没する時には、自発的な犠牲という形で、伝統的に何世紀も前から課せられてきた死という刑罰によって、船長の職業意識に関する保証が補われているのである。

最近はこの伝統もなかば消失してしまった。それは、おそらく科学と技術の進歩によって、航海術の諸問題が、今までと比べて、はるかに複雑でなくなったからであろう。

注意力というものを哲学的に分析する必要がなくとも、国民は、この種の保証の便利さを実に明瞭に感じとっている。指導者の失敗を、ともかく国民は自分の健康、幸福、生命で贖わなければならないことを知っていれば、どうしてこの種の保証を喜ばないでいられるであろうか。ここで行われている示唆にとって唯一の難点は、誓約は善意にもとづいて行われているという確信を、国民がいだくように仕向けることである。それは、準備の問題、環境の問題、調子の問題である。

もしそれに成功すれば、民衆の感受性はその最良のものの中で、非常に生き生きと、非常に深く、いついつまでも感動するであろう。新しい事態、それは別の時代であれば不便なことだと思われるかもしれないが、ひたすら有利にのみ展開するであろう。目下のフランスはその生命にもう一度活を入れるために、ショックを必要としている。そして、このショックは純粋な善の注入によってひき起こされなければならないのである。

人間にたいする義務宣言のための試論

信仰告白

この世の外側に、つまり空間と時間の外側に、人間の精神的世界の外側に、人間の諸能力が到達しうるあらゆる領域の外側に、ひとつの実在が存在する。

この実在にたいして、人間の心の中心につねに位置し、この世のいかなるものも決してその対象となることのない絶対的善を希求するあの要求が応えるのである。

この世の中のことのみ人間が考えるとき、かならずつきあたる不条理、解決不能の矛盾を通して、その実在はこの世でもはっきりとその姿を見せる。

この世の現実が事実の唯一の基礎であるのと同じように、そのもうひとつの実在は善の唯一の基礎である。

この世に存在しうるあらゆる善、あらゆる真理、あらゆる正義、あらゆる合理性、あらゆる秩序、あらゆる場合における人間の行為の義務への従属、これらのものがこの世に舞いおりてくるのは、ほかでもなくその実在からなのである。

善がその実在から舞いおりてくるための唯一の仲介物となるものは、人間の中でその実在にたいする注意力と愛とをもつ人びとである。

その実在があらゆる人間の能力の遠く及ばないところに位置しているとはいえ、人間は、この実在へ自己の注意力と愛を向けることができる。

どのような人間であれ、その人にこのような力が欠けていると想定するいかなる根拠もない。

このような力とは、それが活動している場合にのみこの世に実在しうるものである。そして、その力が活動するための唯一の条件は同意である。

この同意は明確な言葉で表現されうる。しかしまた、心の内部においてすら、それが明確に表現されえないこともあるし、たとえ実際にたましいの中では同意が行われていても、はっきりした形で意識に現われないということもありうるのである。逆に、言葉で表現されていても、実は同意がなされていないという場合もしばしばある。明確な形で表現されていようといまいと、唯一の、しかも十分な条件とは、実際に同意が行われるということである。

この世の外側、あらゆる人間の能力の及ばないところに位置するあの実在に向かって、本当に自分の注意力と愛を向けることに同意する人は、それに成功することができる。

この場合、遅かれ早かれ、かれの頭上に善が舞いおり、それがかれを通してかれの周囲に光を広げるのである。

心の中にある絶対的善を希求する気持と、潜在的にであれ、この世の外側へ注意力と愛を向け、そこから善を受けとめる力とは、もうひとつのあの実在に例外なくあらゆる人間を結びつける絆である。

そのもうひとつの実在を認める人ならばだれでも、したがってこの絆の存在をも認める。この絆があるからこそ、例外なくすべての人間を聖なるものとみなし、これに尊敬の念を払わなければならないのだと考えられるのである。

このこと以外に、あらゆる人間にひとしく尊敬の念を払うべき理由はない。人間がどのような形の信仰、あるいは無信仰を選ぼうとも、このように聖なるものにたいする尊敬の念をいだこうとする心の持主だけが、この世の現実以外のもうひとつ別のあの実在を本当に認めるのである。事実、このような尊敬の念と縁のない人間は、あのもうひとつ別の実在とも無縁である。

この世の現実は、差別からなり立っている。この世では、等しくないさまざまのものが、さまざまに人間の注意力を呼びさます。周囲の状況のちょっとした偶然の結果として、またはなにかその人に魅力があるということで、ある人びとの人格が、周囲の人びとの注目を浴びることがある。状況が異ったり、魅力がないために、ほかの人びとは無名のままであり続ける。かれらは人びとから注意されない。あるいは、たとえ人びとの注意がかれらに向けられても、その注意は、かれらが集団の中のひとりであることを識別するにすぎないのである。

注意力が完全にこの世のことにのみ向けられている時、それはこのようなさまざまの不平等の結果に完全に従属するものであり、注意力がそのことを識別しなければしないだけ、これら不平等の結果からのがれにくくなるのである。

事実上のこのような不平等の中にあって、尊敬の念は、すべての人の中にある同一のものに向けられるのでなければ、万人にたいして平等ではありえない。この世に位置するものに人間を結びつけるすべての関係の中では、いかなる例外もなく、人間はそれぞれ異っている。もうひとつ別のあの実在につながる絆という存在以外には、すべての人びとの中で同一のものはない。

人間とは、中心に善への希求をもち、その周囲に精神的な素材と肉体的な素材とが配置されているものだ、と考えられうるかぎり、あらゆる人間は絶対的に同一である。

この世の外側に向けられた注意力のみが、実は、人間性の本質的な構造と真につながりをもつのである。その注意力のみが、いかなる人間においてであれ、その人の頭上に光を投げかける不変の能力を所有するのである。

この能力をもつ人ならばだれであろうと、その人が理解していようといまいと、実のところ、この世の外側に向けられた注意力をもつのである。

人間をあのもうひとつの実在に結びつける絆は、その実在と同じように、あらゆる人間の能力の及びがたいところに存在する。その絆の存在が認められるやいなや、それは人間に尊敬の念をいだかせるのであるが、どうしてそういう気持になるのか、人間にはわからないのである。

この尊敬の念を直接的に表現するものは、いかなる種類のものもこの世には見当らない。表現されないものは存在しないのである。だが、この尊敬の念については、間接的表現の可能性がある。

この世と無縁のあの実在に人間を結びつける絆によって人間に吹きこまれるこの尊敬の念は、人間の中の、この世の現実の中に位置する部分、において示されるのである。

この世の現実は必然である。人間の中のこの世に位置する部分とは、必然にゆだねられた部分、欲望の悲惨さに従属する部分である。

人間にたいしていだく尊敬の念を間接的に表現する唯一の可能性が存在する。それは、この世の人間の欲求、たましいと肉体の地上的な欲求によって与えられるのである。

その唯一の可能性とは、人間の本性において、人間の本質ですらある善への希求と感受性とのあいだに確立されたある関係に根ざしている。いかなる人間であれ、その人の内部にこのような関係が存在しないと信じる根拠はなにもない。

他人の行為あるいは不作為のために、ひとりの人間の生命が破壊されたり、傷を受けて切断されたり、たましいや肉体が毀損する時、さきに述べた関係があるため、単に感受性ばかりではなく善への渇望までが打撃を蒙るのである。その時、人間が自己の内部に蔵している聖なるものにたいして、冒瀆が行われたのである。

反対に、もし人間が単なる自然力のメカニズムに従って死んだり負傷したりするのであれば、あるいはまた、いかなる悪を加えようとする気もさらさらないのに、他人の感受性を傷つけているように思われる人びとが、もし、傷つけられている人自身が認めているある必然に従ったままであることがわかるような場合ならば、感受性はそれだけでも活動しうるものである。

人間にたいする尊敬の念を間接的に表現する可能性、それが義務の基礎である。義務の目的は、たとえどのような人間のであれ、人間のたましいと肉体の地上での欲求をみたしてやることである。それぞれの欲求に、ひとつの義務がこたえる。それぞれの義務に、ひとつの欲求がこたえるのである。人事百般の出来事に関わりのある義務は、これ以外の種類のものではない。

もし、これ以外の種類の義務があると思われる場合には、それは、それらの義務がいつわりのものであるか、それとも間違って先に述べた種類のものとして分類されていないかである。

同時に、この世と無縁のあの実在のほうに真に向けられている注意力と愛をもつ人ならばだれでも、どのような人であれひとりの人間が、この地上において生命が破壊されるか切断されそうなほどたましいと肉体を毀損されているならば、つねに公私の生活において、救済の手段を講じなければならないという唯一の永遠に変らない義務に動かされて、その人間の責任の果せるかぎり、また力の及ぶかぎりの救済の手をさしのべなければならないことを認めるのである。

どこまでが力の限界であり責任の範囲であるかという、その極限はつぎの場合にのみ正当である。つまり、そこまでがその極限であるという必然性を、被害を蒙っている人びとに知らせるために、いかなるいつわりもなく、かれらがそれを認めることに同意しうるように、可能なかぎりのことが行われた場合にかぎられるのである。

状況がどのように好転しようとも、人間がこの普遍的な義務から免除されることは決してない。ある人にたいして、あるいはある種の人びとにたいして、そのような義務を果さなくてもよいように思われる状況下でも、ますますその義務は否応なく課せられるのである。

この義務にたいする思いは、あらゆる人びとのあいだを、極めて異った形で、しかも時にははっきりと、時にはぼんやりとした形で循環する。人びとはどちらかといえば強く、自分たちの行動の規範としてこの義務を受け入れることに同意するか、あるいは拒否する傾向をもつ。

義務を受け入れることに同意する時、いつわりの気持がまじっていることがもっとも多い。同意にいつわりがない場合でも、その実践にあやまりがないとは限らない。義務を拒否することは人を罪の中におとしいれる。

社会の中にある善と悪の割合は、一方では同意と拒否の割合に依存し、他方では同意する人びととと拒否する人びととのあいだの力の配分に依存している。

この義務にたいして、経験に根ざした、全的な、いつわりのない同意を与えなかった人の手に委ねられた力は、いかなる性質のものであれ、まちがっておかれた力である。

この義務を拒否することを選んだ人が、大小、公私の別を問わずその掌中に人間の運命が委ねられているようなある職務を遂行するということは、それ自体、罪深い活動なのである。その人間の考えかたを知っていて、そのような職務の遂行を許可する人は、すべて共犯者である。

すべて人びとを教唆して罪を犯させることをその公式の主義とするような国家は、国全体が罪の中に位置していたのである。そのような国家には正当性のどのような痕跡も残されてはいない。

まずなにより、このような罪のあらゆる形態に反対することを目的とした主義に支えられていない国家は、十分な正当性をもつには至らないのである。

このような罪を防止するためになんの工夫もなされていないような法体系には、法の本質が欠けている。このような罪のいくつかの形態を防止するための方策を予め準備していても、その他の形態を防止するための方策をもたない法体系は、一部分しか法としての性格をもたないのである。

その成員がこのような罪を犯しているか、あるいはその部下たちがこのような罪を犯すのを認めているような政府は、その職務を裏切っているのである。

いかなる種類の集団、制度、集団生活様式も、その正常な機能が内在的にこのような罪を犯すようにできているか、あるいは罪を犯す方向に人間を誘導するようにできているならば、正当性をもたないものとなり、改革されるか廃止される運命をまぬかれなくなる。

ある人間が世論の方向づけに力をもっていれば、その力が大きくとも小さくとも、あるいはとるに足らぬものであろうとも、もし、その人がこのような罪が犯されていることを認めた場合に、いつもその罪を非難することをさしひかえたり、またもし、罪を非難しなくともよいように罪を認めることを時に拒否することがあるならば、その人はこのような罪の共犯者である。

自由に表現ができるのに世論がこのような罪が実際に行われていることを非難しなかったり、言論の自由が廃止されていても、内密に流布されている意見にこのような罪にたいする非難が含まれていないような場合には、国はこのような罪から潔白であるとはいえないのである。

公けの生活の目的は、各人が万人にたいしておわねばならない義務によって結ばれることに真に同意し、その義務を明確に知っている人びとの手に、可能なかぎり最大の範囲にわたって、あらゆる形の力を手渡すことである。

法とはこのような結果を招来しうる恒久的な規定の全体である。

義務を知るということは二重の意味を持つ。それは原理の認識と適用の認識とである。

適用の領域はこの世における人間の欲求によって構成されているので、欲求とはなんであるかを考え、可能なかぎり正確に、この地上においてたましいと肉体が欲求しているものを識別し、選り分け、列挙する仕事を知性が果さなければならない。

この試論はいつでも訂正されうる。

義務に関する提言

人間にたいする義務を具体的に想定し、さらにそれをいくつかの義務に細分化するためには、この地上で人びとの肉体とたましいがなにを欲求しているかを想定すれば十分である。ひとつひとつの欲求は、それぞれひとつの義務の対象である。

ひとりの人間の欲求は聖なるものである。それらを満足させることを、国家理性《レゾン・デタ》にも、当該者の財産、国籍、人種、皮膚の色、道徳的価値、それ以外のものにたいする考慮にも、いかなる条件にも、隷属させることはできない。

ある特定の人間の欲求を満足させる場合に考えられる唯一の正当な限界とは、必然性と他人の欲求によって決定されるものである。その限界は、万人の欲求が同程度に注意深くみまもられている場合にのみ正当性をもつ。

人間にたいする基本的義務は、人間が本質的に必要としているものはなんであるかを列挙することによって、具体的ないくつかの義務に細分化される。ひとつびとつの欲求はひとつの義務の対象であり、ひとつびとつの義務は、ひとつの欲求を対象とする。

ここで問題なのは、地上における欲求だけである。なぜなら、人間はそういうものしか満足させることができないからである。肉体の欲求と同程度にたましいの欲求が問題なのである。たましいはいくつかの欲求をいだいている。それらが満足させられない場合には、たましいは飢えて切断された肉体の状態と相似た状態にあるのである。

人間の肉体はとくに食物、暖、睡眠、衛生、休息、訓練、純粋な空気を必要としている。

たましいが必要としているものは、分類すれば、大部分、たがいに均衡しあい、たがいに補い合う一対の対立物であると考えることができる。

人間のたましいは、平等と身分上の階層を必要としている。

平等とは、万人が必要としているものに等しい注意が払われるべきであるという原理を公に認めることであり、それが制度や慣習の中で効果的に表現されることである。身分上の階層は責任の所在を示す段階である。人びとの注意力は、高い処に向けられ、そこにいつまでもいつづける傾向があるので、平等と身分上の階層を実際に両立せしめるためには、社会的ないくつかの規定が必要である。

人間のたましいは同意された服従と、自由を必要とする。

同意された服従とは、ある権威にたいして、それが正当なものであるからという理由にもとづき、人びとがあたえる服従のことである。このような同意された服従は、征服やクーデタによって樹立された政治権力にたいしてはありえないし、金銭に根ざした経済的権力についてもありえない。自由とは、自然のさまざまの力が及ぼす直接的な制約や、正当なものとして受け入れられた権威によってきめられた境界内での選択力である。この境界線内に残された空間は、自由が作りごととならない程には大きくなければならないが、罪悪とは無関係のものの上にのみ広がったものでなくてはならないし、しかも罪のいくつかの形態が決して合法的なものとならないようにしなければならない。

人間のたましいは、真理と表現の自由を必要とする。

真理への希求は、万人が物質的にせよ精神的にせよむりやり移植されたりしないで、精神の開発を行うことが可能であることをぜひとも必要とする。思考の領域では、真理にたいする特別の配慮以外の配慮から生じる物質的、精神的ないかなる圧迫も加えられないことがどうしても必要である。ということは、どのようなものであろうと、例外なく絶対的に、宣伝を禁止するということなのである。また真理への希求は、錯誤やいつわりに陥らないよう保護されていることを要求する。そうすれば、物質的な、避けることのできる、公然と認められたあらゆる虚偽を、罰しうる罪にかえることができるからである。また真理への希求は、思考の領域で毒あるものから公共の健康が守られることを要求するのである。

しかし、知性が活動するためには、いかなる権威も知性の働きを制限することなく、自由に表現することができることを必要とする。従って、純粋に知的な探求の領域がなければならない。それははっきりと他から区別された場所でなければならないが、だれでも近づくことができるところでなければならず、そこにはいかなる権威も介入してはならないのである。

人間のたましいは、個人的な所有物と集団的な所有物とを必要とする。

個人的な所有物とは、ある金額を所有するというものでは決してなく、家、畑、家具、道具のように、たましいがたましい自身の、しかも肉体の延長とみなしているような具体的なものを自分のものとすることによって成立つものである。このようなものとして理解された個人的な所有物は、自由と同じように譲渡不能なものであることを、正義は強く要求するのである。

集団的な所有物とは、法律的な権利証書によって定義されるものではなく、あるいくつかの物質的な対象を自己の延長物、結晶化、とみなすような人間的環境の観念によって定義されるものである。このような観念は、いくつかの客観的条件がみたされてはじめて可能となるのである。

個人的な所有物も集団的な所有物ももたないことをその特徴とする社会階級が存在するとすれば、それは奴隷制度と同じように恥ずべきものである。

人間のたましいは懲罰と名誉とを必要とする。

ある罪を犯したために善の外側におかれた人ならだれでも、苦しみを媒介として善の中へ再統合されることを希求している。苦しみは、いつの日にかたましいがその自由な判断にもとづき、自分に苦しみが課せられたのは正しかったと認めるような具合に、課せられなくてはならない。善の中へ、このように再統合されることが懲罰の意味である。罪のない人、あるいは罪をあがない終った人はだれであれ、その人の名誉がいかなる他人の名誉とも同等のものとして認められることが必要である。

人間のたましいは、公に役立つ共通の仕事に秩序正しく参加することを希求する。この参加の中で、人間のたましいは、自分自身の自発性を希求している。

人間のたましいは、安全と危険とを希求する。暴力、飢餓、その他極度の苦痛を恐れることはたましいのある病気である。いかなる危険もないためにひきおこされる倦怠もまた、たましいの病気である。

なにものにもまして、人間のたましいはいくつかの自然な環境の中に根づき、その環境を通じて宇宙と交渉をもつことを必要としている。

言語、文化、共通の歴史、職業、場所によって定義される環境や祖国は、自然な環境のいくつかの例である。

結果的にみて、人間を根こそぎにするあらゆるもの、あるいは人間が根づくことを妨げるあらゆるものは犯罪である。

人間のさまざまの希求がどこかで満たされていることを認める基準、それは、友愛、喜び、美、幸福が開花していることである。挫折、悲しみ、醜悪の存在するところには、癒すべき窮乏が支配しているのである。

実践的な適用

この宣言がこの国の生活の実践面での霊感の泉となるためのまず第一の条件は、この宣言がそういう意図のもとに国民から受け入れられることである。

第二の条件は、——政治的、行政的、法律的、経済的、技術的、精神的その他——いかなる性質の権力であれ、それを行使する人、あるいは行使したいと思っている人ならばだれでも、この宣言を自分の行動の実践規範とすることを誓約しなければならない、ということである。

この場合、義務の平等にして普遍的な性格が、特別な権力に含まれた特別な責任によって、ある程度修正される。それゆえ、先に述べた誓約の書式には次の文章が書き加えられなければならないであろう。つまり、「わたしに依存している人びとが希求しているものに、これまでより以上に注意力を傾けつつ……」と。

言葉の上にせよ事実の上にもせよ、このような誓約にそむくことは、原理的には常に罰せられるべきものでなければならない。しかし、このような違約が起きた場合、その大部分を罰しうるような制度、慣習が出現するためには、今後数世代の時間を必要とするであろう。

この宣言に同意するということには、このような制度、慣習を、できる限り早く出現させるために絶えず努力を重ねるということが含まれているのである。

新憲法草案に関する考察

つぎのようないくつかの喜ばしい改良点がみられる。

――憲法改正のためには国民投票を行うこと。

――司法権独立のための試みがなされていること。（きわめて臆病な、不十分なものではあるが）

――法案提出権をもつ国家諮問会議を設けたこと。

――選挙後二年以上にわたって議会が政府を交代させるならば議会を解散すること。

――とくにつぎの点、すなわち、国民は基本的宣言に忠実であることを誓約し、もし違約する場合には処罰を受けるということ。（しかし、この誓約の義務をここで述べている以上に広い範囲に広げること、――つまり、違約を定義づけなければならないこと――だがこの誓約の中に国家の共和政体を含まないようにしなければならないであろう。なぜならこれは同次元の問題ではないからである。）

しかし以上のことすべてはさほど進んだ改良とはみられないであろう……。

「主権は国民に存する。」この文章をどのように検討しようとも、そこになんらかの意味を見つけることはむつかしいとわたしは思う。この文章は事実の確認であろうか。これまで知られている歴史の中にも、推測されうるかぎりの先史時代にも、主権者である国民なるものは存在しなかった。だとすれば、われわれは望ましいと思われることを確認したがるのであろうか。しかし国民が主権者であることは望ましいことではなく、ただ正義のみが主権をもつことが望ましいのである。印度のある神話がつぎのような話を伝えている。自分の姿をお示しになりたいと思われた神は主権をおつくりになった。「しかし、それによって神の姿がはっきり示されはしなかった。」ついで神は社会の下層階級をおつくりになった。「しかし、あいかわらず神の姿は示されなかった。」そこで神はより高い形態、つまり正義をおつくりになった。「正義は主権の中の主権である。それゆえ正義の立場に立てば、弱い人間でも、ちょうど王のご命令によるのと同じように、非常に強力な人間にたいしても打撃を与えることができるのである。」(ともかく、この印度の神話の伝えるものは一七八九年の用語より美しい。)

事実において主権者であるもの、それは力であり、しかもその力はつねに国民のある小部分の人びとの掌中に握られている。主権者でなければならないもの、それは正義である。共和制その他のあらゆる政体の唯一の目的は——もしそれらの政体が合法的であると仮定して——力がともすれば陥りがちな抑圧を限定することである。抑圧が行われている時、抑圧されているのは国民ではない。それはひとりの人間、ひとりびとりの個々の人間なのである。国民というようなものは存在しないのである。存在しない国民がどうして主権者たりえようか。このような空虚な公式は、これまであまりに多くの悪を重ねてきたので、われわれは現在これらの諸公式にたいして寛大でありえないくらいである。

主権は国民の中に長くは存在しない。なぜなら、主権は議会に《委託される》のだからである。委託されたあとは主権は議会の中に存在する。不思議なことは、国民がその主権を議会に委託することは合法的であるが、議会が今度はその主権をだれかに委託することは禁じられているということである。その理由は、主権がつねに変らぬ不思議な自然の命令により議員という職業の属性となっている、と人びとが考えているからである。

だから誠実であろうとすれば、書き出しの文章を次のように書きはじめざるをえなくなるであろう。「政治的主権は、選ばれた国民からなる議会に存する……」などと。

一七八九年の宣言に従えばそれがなくてはまったく憲法にあらずとされている三権分立の名残が、ここには見当らないのである。あらゆる権力が議会に属している。司法官のためにとられた配慮はほとんど物の数ではない。さらに現行の体系において司法官が一権力を構成しているとするのはいつわりである。司法権は存在しない。裁判官たちには、実際のところ、きわめて僅かな個人的評価を加える余地しかなく、自動的に法を執行するのみである。王制、二つの帝制、議会制などに由来する諸条令文、すなわち一七八九年の宣言の精神あるいは宣言の文意となんの関係もない条令文の雑多な混合物によって、司法官たちはひたすら法を執行することのみを命ぜられているのである。

司法権が存在しないということのもっともよい証拠、それは戦争がはじまる直前のダラディエが司法権をまるで自分がそれをつくったかのように扱うことができたということである。かれが外国人にたいして作成した政令、法律によれば、退去命令をたてに警察または知事によって逮捕された外国人にたいして、裁判所はいかなる場合にも執行猶予や情状酌量を与えることなく懲役六ヵ月の刑を宣告すべきことが予め規定されていた。こうして警察は、いまや記録機械以外にはなりえなくなった司法官たちを仲介にして、人びとに六ヵ月の刑を宣告していたのである。ひとりとして司法官はこれに抗議しなかった。それは、自分たちがこの役割を果すように作られていると感じていたからである。

司法権が存在しうるのは次の二つの場合にかぎられる。(1)、司法官が霊的な教育を受ける場合、(2)、基本的宣言にもとづく公平なさばきが、裁判の正常な形であると一般に認められている場合。

この草案では、選挙または行政に関する職務についてのみ、宣言に忠実であるという誓約が行われることが規定されている。しかし、工場の経営者は宣言に忠実であることを誓わなくてもよいのだろうか。司法官は、ジャーナリストは、その他の人びとは、どうであろうか。人間をいじめたり、だましたりすることのできる人はだれでも、そういうことをしないという誓約をしなければならないはずである。

しかし、宣言が十分な権威をもつためには、宣言は人民投票によって受け入れられねばならない。

この草案では、宣言に関連してとられた誓約を犯した場合のことは明確にされていない。政治上の(どうしてこの形容詞を用いるのであろうか)正義を守る高等裁判所はあまりうまく構成されていない。高等裁判所は議会の議長によって任命される。なぜであろうか。「多数党の代表者、反対党の代表者」という言葉は何を意味しているのであろうか。それは、もっとも勝手気儘な、もっとも正当的でない形態のもとに、正式の資格で、公平さの拠点となるべき場所の中に、政治的情熱を導入することである。もし、三人の人間が多数党の代表者という資格でそこにいるとすれば、その人たちはそういう資格で発言しなければならないように信じ、自分たちの良心の唯一の光に従って発言すべきだとは思わないだろう。なぜ、そこに三名の大学人が入っているのであろうか。エレクトロンについてなにかを発見したり、ラテン語文法の細部についてなにかを発見したということが、判断の、公平さの、道徳性の保証になりうるであろうか。狭い専門的な仕事、従って霊的生活との関係がまったくない仕事の上に築かれた名声に、霊的なある価値を付与することは現代のもっともばかばかしい偏見のひとつである。

議会は首相と共和国大統領とを同時に選ぶ。大統領は「政治的差異をこえて、国民的共同体の恒久的な利益」をどういう具合に代表するのだろうか、とわれわれは自問するのである。大統領が任期を十年として選ばれるという事実からは、任期の終る頃には今や効力を失った政治的情熱のある状態を大統領が十年前にさかのぼって反映してみせるというだけの結果になる。確かなことは大統領が四分の三の票数で選ばれているということである。その結果、恥ずべき取り引きがとくに生じるであろう。

その上、本草案による大統領の権限と第三共和制の大統領がもっていた権限とのあいだに差異はあるが、その差異は体制の構造を修正するために十分なものではない。

「多数党」と「反対党」という存在は、公に体制の本質的な機構であるとしてはっきりと認められているものである。しかし、これはアメリカ式体系や、労働党の出現前のイギリス式体系のような二大政党制の場合にしか意味をもたない。しかも、これが活動するためには、二つの党が、情熱をいだかず、狂信に陥らず、いろいろな原理を援用しないで、本質的にスポーツ精神をもって、対立し合うのでなければならないのである。それゆえ、これはとくにアングロ・サクソン的体系であり、その上アングロ・サクソンの諸国で日々損われつつあるものであり、フランスに設立することができないものである。

そこで「多数党」と「反対党」とは、首相に賛成の投票をした人びとと反対の投票をした人びとを示すわけである。しかし、もしX…さんがZ…さんには国を治める資格があると信じるが、Y…さんはそう思わないとすれば、その結果、かれらは平和と戦争、企業合同《トラスト》、労働の条件、教育等について別の考え方をすることになるのであろうか。もしわたしが、某氏は首相という役割にふさわしい高みにはいないと思うならば、その某氏が権力を行使するのを見とどけた上で、わたしが意見を変えるということは許されないであろうか。このような場合、反対党の代表としてわたしに託された職務を放棄しなければならないであろうか。

「多数党」と「反対党」という言葉は、首相の選挙がもっぱら党派問題であるかぎりにおいてのみ意味をもつのである。なぜなら、もし選挙で勝利を収めた連合勢力の中の最大多数党の党首が自動的に首相に指名されるからである（レオン・ブルム(1)の場合がそうであったように。）

公の生活を諸党派が完全に差押えるということが、われわれに最大の禍をもたらしてきたものである。だから、それを憲法の条文の中にすえ、公的に認めるとすれば奇怪なことであろう。

その意図は少数派の権利を守ることである。しかし、われわれが多数党と反対党という概念を固定化するという事実に立脚して考えてみると、われわれは全体主義的体制を準備していることになる。

だれかをある委員会の一員として指名する場合、その正当な理由はたったひとつしかない。それはその人が判断力と知識、あるいはそれらを獲得する能力をもち、さらにその人が公益と正義を望んでいると考えるからである。これ以外のいかなる理由も悪いものである。

人間の理解力は——たとえもっとも賢明な人びとにあっても——公の生活の大問題を解くには惨めなくらいに貧弱である。にもかかわらず、人びとは人間の理解力を曇らせることしかできないようないくつかの状況を人工的に作りだそうと努力するのである。なにかの政治的な問題を前にして、「理性と正義と公益とにもっとも合致した解決はなんであるか」と自問しなければならぬということ、そのことは人間の精神に可能なかぎりの、いやはるかにそれ以上のありとあらゆる注意力をぜひとも必要とするのである。

さらにもしある人間が、「この問題にたいしてとるべき態度に関連して、多数党の（あるいは反対党の）代表者として、いかなる義務をわたしはになうべきであろうか」と自問しなければならないようなら、その人は万事に窮してしまう。本来、同じひとりの人間がこの二つの問題を同時に自らに提出することはできないのである。もし、第二番目の問題を自らに提出するとすれば、その第二の問題しか提出されないのである。

ひたすら公益のみに心を配る人びとは、公益を確保することができるかもしれないし、できないかもしれない。しかし、反対に、誰もが公益に注意を向けないようなところでは、公益にかなうものはなにひとつなされないであろう。

なにかの機構《メカニズム》に従えば必ず公益にかなうかといえば、そうでもない。公益にかなうためには、つよく、ひたすら公益のためにのみ没頭する姿勢が絶対に不可欠な条件である。ある憲法は、公益に心を配る人びとを権力の座につかせるためにもっとも適したもろもろの処置を配合することを、ひたすらその目的としている。

もしある国が滅亡に瀕しているとした場合、それがもっとも厳密に議会主義的な経路を経ての結果であるとしても、それがこの国にとってどのような慰めとなるのか疑問である。

多数党と反対党とに公式の存在を与える憲法は、それがために、公益への配慮から政治的行動にでることにたいしては障害となる。

さらにこの憲法草案に従えば、反対党は党首をもたねばならず、その党首だけが発議権をもつということになるのである……従って、もし政府がこの反対党の党首と妥協すれば、政府はやりたいことはなんでもすることができるのである。

ひとつの逆説的な結果、それは、政府はその与党の見解を無視しても罰せられることもないということである。もちろん、政府が与党の奴隷とならないことはよいことである。けれども、与党に反対して政治を行うことを奨励するのは、少しばかり行き過ぎであろう。

議会は、合計して年間一ヵ月から二ヵ月のあいだ開かれることになっている。これは主権の委託をうけた機関としては奇妙なことである。このような条件のもとでは、会期はほんのうわべだけのものとなり、実際には、政治的なかけひきが一年中党派のあいだでひそかに行われるであろうことは明白である。

おそらく一年中開かれているいくつかの委員会があることは確かである。しかし、それらの委員会相互には公式の関係はなにもない。党派間のかくれたつながりがあるだけである。

法律に関しては（諸委員会および国家諮問会議が政府に草案を提出することはできるとしても）、政府が発議権を独占している。議会は、提出された法案を、そのまま受け入れるか拒否するかしかできない。言いかえれば、政府は議会の側の拒否権づきで立法権を行使するのである。奇妙な逆転といわねばなるまい。

（最高行政裁判所——責任のない機関である——の立法部門に、法案を《決定的に起草する》仕事が与えられているのはいかなる権限によるのか、はっきりしない。)

立法活動と政府の活動とのあいだに、今日ではもはやいかなる区別ももうけられていないことは確かである。

結論として、ここに素描された憲法は一八七五年憲法よりもよくないように思われるのである。——そこまで言うのは言い過ぎであろうけれども。

そこには創意工夫の努力が欠けている。

この難関を切り抜けるためには、司法権、立法権、行政権とは何であるか、(この順序は、これらがあるべき真の階層秩序的な順序であるが。) ついでこれらがどのように調整されうるものであるか、それぞれにはどのような任命方式、管理方式がふさわしいか、これらの問題をまず考える努力をわれわれは傾注しなくてはならない。

「政治的主権は国民の中に存する」というかわりに、「合法性とは国民が服従している諸権威の総体にたいして国民が自由に同意を示すことによって成り立つ」ということをわたしは提案しようと思う。こちらの方が、少くともなにかを意味しているようにわたしには思われるのである。

新憲法のためのいくつかの重要観念

1 政府の首班がどのように任命されるかが重要なのではなくて、首班の権限がどのように制限されているか、その権限の行使がどのように管理されているか、不慮の場合首班はどのように罰せられるのかということが重要なのである。

あらゆる種類の権限——政治的、行政的、司法的、軍事的、経済的等の——どのような権限であろうと、すべての権限について、このことは妥当する。

政府の首班は立法権にたいして≪責任ある≫ものであってはならない。過失を犯した場合、首班は打倒されるのではなくて、裁かれるのでなければならない。

2 立法活動は一国の生命にとって本質的なものは何であるかを考えることにある。国民はいくつかの渇望を抱いているが、それらを明確な観念で表わすことができない。国民を≪代表する≫（この言葉は何を意味しうるのであろうか）ためにではなく、国民にかわって考えるために、国民がいくらかの人間を任命するのでなければならない。

そのためには、国民がいくらかの人間を指命しなければならないのであって、党派がそれを行ってはならない。党派はものを考えない。党派は国民以上にものを考えない。

政府が処理できる政令と、本質的なものはなんであるかについて思考する努力の結果を表明している法律との間には、厳密な区別をつけなければならない。

政府は政令を発する。法律に関する発議権は政府にふさわしいものではない。その発議権は立法家、司法官にのみふさわしいものである。

政令を発し、日々行政を行う政府が、もし意識的に、しかも計画的にと思われても致し方のないようなやり方で、立法の精神を犯す場合には、その政府の成員は打倒されるのではなく、刑法上の処罰を受けるのである。（もし違犯が無意識なものであるならば、警告を受ける。）

立法家たちが注意をこめてなにを考えるかといえば、それはつぎのようなものである。つまり、所有権——一国の生活において占める金銭の機能——新聞の機能——労働に当然払われるべき尊敬の念の定義、等である。

法律とは、かなり広範囲にわたる普遍的性格をもち、一方では政府が日々の行政を行う上での手引の役割を果すように定められた文章のことである。

法律は、具体的諸事実の領域への基本的宣言の投影以外のものであっては決してならない。

特殊裁判所は、諸法律と基本的宣言とが一致するよう監視しなければならない。もしこの裁判所がある法律を非難したとして、立法議会がその判断に従うことを拒否するならば、賛否両論が広く公衆に理解できるようになされた後で、最後は国民投票にかけられるのである。その結果、国民が非ありと判断した人びとにたいしては、（少くとも職務執行の資格の剥奪というような）制裁が加えられるのである。

立法議会の成員の職務はつぎのような三重のものである。

1　国民の欲求、渇望、もの言わぬ思いを知ること。

2　それらを法律という形の明確な観念で表現すること。

3　現在ある政府、司法官が立法の精神からどのように着想をえているか、またそれを規則正しく国民に伝達しているか否かを監視すること。

この三重の職務の尊厳は、選挙運動とは両立しない。なぜなら選挙運動は売春行為に属するからである。

議会の構成員には、その尊厳の一部をになうことが要請されなくてはならない。そのためには、今日の社会がもっているあの群棲的であると同時に砂漠のような性格をもたない社会が必要となる。もし青年の集団化、教育事業等が進み、地方の生活が発展するならば、選良たちはそれぞれの郷土において、宣伝による堕落をうけることもなく、その名を知られるようになるであろう。

裁判官たちは法律的教育より以上に、霊的、知的、歴史的、社会的な教育を受けなければならない（いわゆる法律的領域は重要でない問題にのみ限られるべきである）。裁判官たちの数は今よりもはるかに多数でなければならない。裁判官たちはつねに公平に裁かねばならない。法律はかれらにとって案内者としての役割のみを果すべきである。これまでに行われた判例についても同様のことが言える。

しかし、きわめて厳しい罰則をともなった裁判官たちを裁くための特別な法廷があってよいであろう。

立法家たちもまた、かれらの仲間からかれら自身によって選ばれた人びとによって構成される裁判所に、かれらからみて立法の精神を侵害したと思われる裁判官を召喚することができるであろう。

立法と司法とのあいだの重大な争いは、つねに国民投票——国民が非ありと判断した側につねに罰を課すような国民投票——によって裁断されるべきであろう。

司法権の権限は簡単に定義される。つまり、基本的宣言と、その単なる注釈である法律から想をえて、司法官たちは、悪いものをすべて処罰する責務をもつのである。そして、とくに、国に悪をなすすべてのものを、である。嘘をつくジャーナリスト、労働者をいじめる経営者は、人間共通の権利をおかした犯罪者である。裁判官たちは、だれからであろうとある問題の解決を迫られることもありうるし、かれら自らに問題を提起する場合もありうる。

私的な発議は、国の生活において、またあらゆる領域において、できるかぎりもっとも広い場所を占める。しかし、もし私的な発議が公益に向けられていない場合には、いつでも処罰をともなう抑制が加えられなければならない。

もろもろの規範は、この仕事を特別に担当する人びとからなる小グループによって、あらゆる特殊な場合を考慮して綿密に作りあげられなければならないし、それらは三権が一致する対象とならなければならない。(ただしこの領域では立法権が優勢でなければならない。)

政府は厳密に最少限のことに専心する。つまり、私的な発議に委ねることがまったくできないようなすべてのことを取扱うのである。

立法権は、政府がこの最少限の仕事だけを限定して行うように監視する。

わたしはつぎのような型の憲法を想像するのである。(しかし、そのような憲法は、真の司法官がひとたび養成されてから、一世代あるいは二世代を経た後でなければ適用されないであろう。それゆえ、過渡的形態が必要なのであるが。)

司法官たちは、その内部の高級司法官の中から共和国大統領を選ぶ。大統領はとくにその権限内に司法権を監視する権利をもつ。大統領は終身任命制とする。

大統領は首班を指名する――たとえば任期を五年として。大統領は三ヵ月目に首班にその能力なしとして解任する権利をもつ。この猶予期間が過ぎれば、大統領をふくめてだれも首班を更迭することはできない。ただし、大統領および立法議会の成員ならばだれでも、最高裁判所へ首班を召喚することはできる。

国民は、(例えば)五年ごとに立法議会の成員を選定する。任期が更新されない人びとはすべて自動的にある裁判にかけられる。そこではかれらがどのように行動したかが調べられ、かれらにたいする評価が公に発表される。かれらには、立法の仕事の外に、自分たちを国民と公の生活の中心にある機構とのあいだの紐帯とする情報活動を行うという二重の役割があるからである。

立法権と司法権とのあいだの重大な争いは、すべて国民投票によって仲裁されることになる。

立法権と政府とのあいだの重大な争いは、すべて司法権によって仲裁されることになる。

(政府と司法権とのあいだの争いは、万一の場合には、立法権によって仲裁される)。

二十年ごとに国民は、国民投票によって、公的の生活が満足すべきものである――人間のやることは不完全だから相対的にということではあるが——と考えるかどうかを表明することが求められる。国民投票は、それに先立って長期間にわたる反省と討論の時間が設けられ、そこではあらゆる宣伝はかたく禁じられる。もしそれに違反すれば、もっとも重大な懲罰が課せられる仕組になっているのである。

もし国民が否《ノン》という答を出した場合には、共和国大統領は自動的にその地位から失墜し、死ぬまで自動的に公権が剝奪された状態におかれる。その公権剝奪の様式は別に定められるであろう。とくに、数ヵ月の猶予期間中ならば、死刑を宣告しうる特別の権限をもつ特殊法廷の前で、大統領がその在任期間中に犯した過失についてだれでも大統領を告発することができるのである。

首班は、任期の五年を終えると——もし大過なくその任期を終了したとして——自動的に最高裁判所に出頭し、五年間の政治について報告を行う。最高裁判所はあらゆる資料を知ることができ、あらゆる証人を喚問することができる。また首班の政治にたいし、どのような評価でも与えることができるのである。

以上のことすべては、一見、絵空事のようにみえるかもしれないが、実はそうではない。

もっとも困難なことは、以上のような慣行が定着しうる以前の、過渡的体制を構想することであろう。

この戦争は宗教戦争である

しばしば、人びとは宗教問題を抹殺することを夢みてきた。それはルクレティウス(1)の夢であった。「人びとになんと多くの罪を宗教はすすめることができたのであろうか。」百科全書派の人びとは(2)その夢に達しえたと思った。かれらの影響は、実際、あらゆる大陸を越えあらゆる国ぐにで看取されるまでになった。

しかしながら今日、全宇宙を舞台とする、前代未聞の宗教的なある悲劇《ドラマ》の影響をうけて、その心の内奥で日々苦しみ悩んでいないような人は、おそらく唯ひとりとしてこの世に存在しないであろう。

人間が宗教問題を避けることができないのは、善と悪の対立が人間にとって堪えがたい重荷だからである。道徳はなにものかではあるが、そこでは人間はほっと一息つくこともできない。

アルビ派(3)のある伝承によれば、悪魔は、「神と共にいてはあなたがたは自由になれない。なぜなら善しか行えないからである。わたしに従うがよい、そうすればあなたがたは好きなように善や悪を行うことができるのだ。」と言って被造者たちを誘惑したと伝えている。経験はこの伝承の説くところと符合している。というのは、人間の無垢性は、快楽のもつ魅力によるよりも、はるかに知識や経験のもつ魅力に引きずられて、日々失われているからである。

人間は悪魔のあとに従った。人間は悪魔が約束したものを受けとった。しかし、善と悪という一対のものを所有した人間は、ちょうど手の中に燃えているおき火をつかんでしまった子供と同じ立場におかれるのである。子供はおき火を捨てたいと思うに違いない。けれどもそれが難しいことだということに、子供は気づくのである。

宗教問題を抹殺する境地に達するためには三つの方法がある。

最初の方法は不信仰による方法である。それは善と悪の対立という現実を否定することである。今世紀はこの方法を試みた。ブレイク(4)の「満たされない欲望を心の中にいだきつづけるよりは、揺り籠の中の嬰児を殺す方がましである」という恐ろしい言葉は、われわれ同時代人のあいだに大きな反響を呼び起こした。

ただ一言いえば、努力に方向づけを行うのは欲望ではなく、それは目的なのである。人間の本質とは方向づけられた努力である、とすら言ってよいであろう。たましいの思い、肉体の動き、それらは方向づけられた努力の外にあらわれた形であるにすぎない。方向づけがなくなれば、人間は、言葉の文字通りの医学的な意味において、狂人となる。それゆえ、すべてのものの価値があい等しいという原理に根ざしたこの方法は、狂人を生みだすのである。この方法が人間にいかなる束縛をも課すわけではないのに、この方法に従うと、独房に収容され、する仕事がないのが最大の苦痛であるという不幸な人びとの倦怠によく似た倦怠の中へと、人間はあわただしくおちこんでしまうのである。

ヨーロッパはもうひとつの戦争〔第一次大戦〕以来、この倦怠の中におちこんでしまった。そのため、ヨーロッパは強制収容所から逃げ出すための、いかなる努力もほとんど払わなかったのである。

繁栄の中であり余るほどの手段を用い、人びとはこのような倦怠を遊びで紛らわせようとしている。その遊びとは、自分たちのやっている遊戯を信じている子供たちの遊びではなく、自由を奪われた成熟した大人の遊びである。

しかし、不幸の中では、力だけでは十分に欲求を満たすわけにはいかない。自分の力をどのように使うべきかを知るという問題は、もはや提出されない。人間はもはや自分の希望だけを操縦して行くよりほかに仕方がない。不幸な人びとの希望を、遊びの対象とすることはできない。そのとき空虚感は堪えがたいものとなる。すべてのものの価値が相等しいという原理を提示する理論は、おぞましいものとして拒否されるのである。

こういう状態がヨーロッパに生じた状態なのである。諸国民は、不幸がかれらをとらえるにつれて、つぎからつぎへとこの身の毛のよだつような戦慄を経験したのである。

第二の方法は偶像崇拝である。これは宗教的な方法である。ただし、宗教という言葉を、フランスの社会学者たちが用いているような意味において、さまざまの神の名のもとに社会的現実を礼拝することだとするならば、という条件づきである。これは、プラトンが「巨大な動物」の崇拝と比較したところのものである。

この方法は、相反する善悪という一対のものが、その内部に入りこむ権利をもたないような社会的な領域を限定することである。そのような領域の一部分としての人間は、もはやこの一対のものに服従しないことになるのである。

この方法はしばしば用いられる。学者や芸術家は、しばしばあらゆる義務から解放された人間であると自ら信じ、学問や芸術を美徳や悪徳の入りこまない閉じた空間としてしまった。それはまた、時には兵士や司祭についても同様のことが言えるであろう。都市の掠奪や宗教裁判所も同じように説明されるであろう。一般的に、このように自分だけは別であるとして他と区別するやり方が、何世紀ものあいだ、一見怪物らしからぬ人間たちをして、多くの残虐非道を行わしめたのである。

しかしこの方法は、それが部分的である場合には欠陥を露呈する。学者は、父親、夫、市民としては、善悪という一対のものから解放されないのである。解放が全面的に行われるためには、善悪の対立が排除されている地帯が、だれでもそこに完全に入りうるような地帯であることが必要である。

一国民がこの役割を演じることがある。それは古代世界におけるローマとイスラエルの場合であった。ひとりのローマ人が、ローマ人という資格以外の資格では存在しなくなってしまってからは、かれは善も悪も超越していたのである。ローマ人は拡大というまったく動物的な律法にのみ支配されていた。ローマ人は絶対的な主人として諸民族を支配することしか考える必要はなかった。自分たちに服従する人びとを多少なりともいたわり、傲然と反抗する人びとを粉砕したのである。どのような手段が用いられようと、それが役に立つかどうかという見地から以外は、ローマ人は無関心であった。

教会もまた同じような役割を演じることがある。中世において宗教裁判所が現れたことは、おそらく全体主義の流れがキリスト教世界の中にしのびこんでしまったことを示しているであろう。幸いなことにはこの全体主義の流れは勝利を収めなかった。しかし、この流れは中世が生みだしつつあったキリスト教文明を流産させてしまったのかもしれないのである。

今日では、諸国民だけが、直接的にではないが、一個の国民政党とそれをとりまくいくつかの組織を媒介として、このような機能を行使している。一党しか存在しない国ぐにでは、その党の成員はその党の成員であるという以外の資格を決定的に放棄してしまったので、もはやなにをしても罪にならないのである。その党員は、皿を割る女中のように不器用なこともある。しかしかれがなにをしようとも、いかなる悪も行なうはずがないのである。なぜなら、かれは何にもましてある集団の成員だからである。党、国家はいかなる悪も行うはずがないのである。

その党員がもし突然血と肉をもった人間、あるいはたましいをもった人間、要するに集団の一部分以外のものにまいもどるとしたら、その時こそ、あの保護、あの甲冑を失ってしまう。しかし、善悪を超越するという特権はきわめて貴重なものであるから、永遠にその特権を選んでしまった多くの男女は、愛、友情、肉体的苦痛や死を前にしても、頑固にその態度を変えようとしないのである。

かれらはそのことに苦しむ。しかし、それとひきかえにかれらは弱者を苦しめることに愉しみを感じている、といって驚いてはならない。かれらはあの絶対的な免許状の実在を、自分自身に実験的に証明してみせる必要があるのである。なぜなら、なにをしても許されるというあの特権を、かれらは高い犠牲をはらって獲得したのだからである。

善と悪にたいする無関心と同様に、このような偶像崇拝も一種の狂気に導く。しかし、これらは非常に異る二つの狂気である。ドイツは、ヨーロッパの他のいかなる国よりも進んだ段階において第一の狂気にとりつかれてしまっていた。それだけにドイツの反動は烈しかった。しかしこの二つの狂気のうちの第二番目の狂気の中へと絶望的にふたたびとびこむことによって、ドイツは第一の狂気をもそのまま多量にもち続けた。この二つの狂気の結合が、ここ数年来世界を戦慄させ恐怖のどん底に追いやるものを生みだしたのである。

しかし、われわれ二十世紀のすべての人間にとって、ドイツはひとつの鏡であることを見忘れてはならない。そこにわれわれが気づいているあのおぞましいもの、それは他でもなくわれわれ自身の姿であり、ただそれが誇張されているだけである。このように考えることが、戦いのエネルギーからなにかを奪い去ることになってはならない。むしろ反対であるべきである。

偶像崇拝は道徳を低下させる。しかし、幸いなことに、偶像崇拝は一時的なものである。なぜなら偶像はいずれ亡びるものだからである。ローマはついには掠奪され、今度はローマが奴隷の状態に陥ったのである。民話には、だれも害を加えることのできない巨人の話がたくさんある。なぜ、だれも害を加えることができないかといえば、それは、遠くはなれた湖に住み、竜に守られている一匹の魚の卵の中に、巨人たちが自分たちのたましいをかくしていたからである。しかし、ある日、ひとりの若者がこの秘密をつかみ、その卵を奪って巨人を殺す。巨人が殺されたのは、巨人がたましいを軽率にもこの世の地上のどこかにかくしていたからである。若いナチ親衛隊員もこれと同じ軽率の罪を犯している。安全であるためには、そのたましいをどこかにかくさなければならない。

たましいをどこかにかくすためにはどうすればよいか、ということが第三番目の方法となる。それは神秘学である。神秘学とは善と悪とが対立している領域を越えて行くことであり、それはたましいを絶対的善に結びつけることによってなされる。絶対的善とは、たとえそれが範例であり原理であろうとも、悪と対立するもの、悪と相関的関係にあるものとしての善以外のものである。

そういう具合にたましいを絶対的善に結びつけることは、現実に行われている操作なのである。娘が夫か愛人をもてば、かの女はもはや処女でないのと同じように、たましいが、そのような結合をしてしまったあとでは、それは永遠に今までとはちがったものになってしまったのである。

これは、被造者たちが悪魔のあとに従った場合に生じたものとは逆のひとつの変貌である。したがって、これは熱が変じて運動となる以上に離しい、不可能かもしれないような作用、エネルギー散逸の法則に反する作用である。しかし、不可能なことが神には可能である。ある意味では不可能なことだけが神には可能なのである。神は可能なことを物質のメカニズムと被造者たちの自律性におまかせになったのである。

この変貌がどのような経過をたどり、どのような結果を生むかということが、古代世界においてはエジプト人、ギリシア人、インド人、シナ人、および、おそらくは他の多くの人びとによって、また中世においてはいくつかの仏教宗派、イスラム教徒、キリスト教徒たちによって、体験的に、しかもできるかぎり細かく研究されたのであった。ところが数世紀以前から、どの国においてもこれらのことが多少とも忘れられている。

このような変貌は、その性質のしからしむるところとして、ある一民族によってその変貌のすべてが行われることを期待することはできない。しかし、ある一民族全体の全生活に、まったく神秘学に向かって方向づけられた宗教がしみこんでいることはありうる。この方向づけ、それのみが宗教を偶像崇拝から区別するのである。

フランスの社会学学派が宗教を社会的に説明しているが、それは大まかなところ正しい。かれらの説明に不足しているものは、ごくごく小さな部分である。その無限小の部分とは芥子だね、畑の中の真珠、[5]ねり粉の中のパン種、食べものの中の塩である。その無限小の部分とは、神、つまりいかなるものより無限に大なるものである。

たましいの生活におけると同じように一民族の生活においても、この無限小のものを中心にすえることだけが問題である。この無限小の部分と直接のつながりをもたないすべてのものは、美を媒介としてその無限小の部分がしみこんだようなものでなければならない。それは、つね日頃人びとの耳目がまったく単純で純粋な美でみたされていた驚くべき時代、つまり中世のロマネスク時代において完成まで今一歩のところに接近していたのであった。

人間にたいしてこの世の美が開かれているような労働の体制と、この世の美が閉ざされているような労働の体制とのあいだには無限小の美が存在する。しかしこの無限小の美は、実在するものである。それが欠けているところでは、想像上のものでその代りをすることはできない。

もし、こういう言葉の使用がゆるされるならば、いたるところ、しかもつねに、ごく最近まで、労働の体制は同業組合的であった。奴隷制度、農奴制度、プロレタリア階級、といったような社会制度が、器官の中に巣食った癌のように、同業組合的組織の中につけ加えられていた。数世紀前から、この癌は器官そのものにとって代ってしまった。

ファシズムが同業組合的方式を前面に押しだす時、ファシズムは、平和について語る時と同じ真摯な態度をとる。その上、今日協同組合主義と呼ばれるもののどれひとつとして、かつての同業組合と共通のものはないのである。反ファシズムの運動も、いつかはこの方式を採用するかもしれない。また、そういう幕にかくれて、ファシズムは全体主義的な形の国家資本主義におちいるかもしれないのである。真の同業組合体制は、霊的な準備のととのわないような環境では生長しないであろう。経済恐慌という形で、ドイツに不幸が訪れた。この不幸はドイツを激しくつき動かして、空疎な無関心の態度を放棄させ、熱狂的な偶像崇拝へと押しやったのである。征服という形で、フランスに不幸が訪れた。国民的な偶像崇拝は征服された民族には可能なことではなかった。

善と悪との対立を取りのぞくための三つの方法は、そのいずれをとってみても、奴隷たちや隷属化された民族が近づくことのできる方法ではない。他方、日々、もろもろの苦痛や屈辱が、恐怖や憎悪という形で内なる悪を目覚めさせる外なる悪を、しいたげられた人びとの心の中へ送りこんでいるのである。かれらは悪を忘れることも悪から逃れることもできない。かくして、この地上でもっともよく地獄に似た世界の中に、かれらは生存しているのである。

しかし、これら三つの方法が同じように近づきがたいものだというのではない。二つの方法は不可能である。超自然的な方法はただ難しいだけで、不可能というのではない。こころの貧しさによってのみその方法に近づくことができるのである。(6) こころの貧しさという徳が、金持の人間にとって富の穢れからのがれるために欠くことのできないものであればあるほど、悲惨な人びとが悲惨の中で腐敗し切らないためには、その美徳はなくてはならないものなのである。この方法は金持の人間、悲惨な人間、そのどちらにとっても難しい。隷属化され抑圧されたヨーロッパは、解放の時がやってきても、もしこころの貧しさというあの徳が、そのあいだに根をもつようになるのでなければ、よりよい時代を迎えることにはならないだろう。

文明についていえば、真の選りぬきの人びとが大衆に霊感を吹きこまなければ、大衆は何も創造できない。今日必要なことは、選りぬきの人びとが悲惨な大衆のあいだにこころの貧しさというあの徳の火をともすことである。そのためには、まず、選りぬきの人びとひとりびとりが、たんにこころにおいてというばかりではなく、事実においても貧しい人びとでなければならない。毎日かれらはそのたましいと肉体において、悲惨と苦痛と屈辱とを体験しなければならないのである。

必要なのは新しいフランチェスコ派修道会(7)なのではない。僧服とか僧院とかは障害になる。これらの人びとは、いかなるものをもあいだに介在させることなく大衆の中にはいり、大衆に触れるべきである。そして、悲惨さに堪えるばかりでなく、それより以上に困難なことは、これらの人びとがいかなる報いをも自らに与えようとしてはならないということである。帰化人が帰化を受け入れてくれた国の市民にたいしていだくのと同じ謙虚な気持で、かれらは誠実に、周囲の大衆と接しなければならないのである。

もしこの戦争がひとつの宗教的な劇《ドラマ》であるということが理解されていれば、どの民族がこのドラマの役者であり、どの民族がこのドラマの受身の犠牲者であるかを、何年も前から予見することができたはずである。宗教を生きる糧としなかった民族は、このドラマにおいて受身の犠牲者にしかなりえなかった。これはほぼ全ヨーロッパにあてはまる。しかし、ドイツは偶像崇拝を生きる糧としていた。ロシアはもうひとつ別の偶像崇拝を糧としていた。おそらく、その偶像崇拝のもとで、今なお否定されたはずの過去の名残りがざわめいていることであろう。英国は世紀病にむしばまれているとはいえ、この国の歴史には連続があり、その伝統の中には力強い生命力が躍動しているので、いくつかの根は、不思議な光が滲透しているこの国の過去の中から、今でも活力を汲みとっているほどなのである。

両手にピストルを誇示してふりまわす野蛮人の前に、素手で立ち向かったたったひとりの子供のように、英国がドイツに対決した瞬間があった。このような状況下の子供は、大したことはできない。しかし、確かなことは、この子供が冷静に野蛮人の眼に見入るならば、野蛮人もしばらくためらうであろうということである。

こういう事態が、事実おこったのである。ドイツは、このためらいを自分自身にかくすために、また自分にアリバイを作るために、ロシアに襲いかかった。そして、力のかぎりをつくして、その地のもっともよいものを粉砕してしまった。ロシアの兵士たちによって流された血の波が、それ以前の事態をほとんどすべて忘れさせてしまった。だが、英国が沈黙を守りじっと動かないでいたあの瞬間は、不滅の想い出というより以上の価値をもつ。英仏海峡でドイツの軍団を食いとめたことは、この戦争の中で超自然の働きによってはじめてなされたことであろう。この超自然の働き、それはいつもそうであるように、否定的な、知覚できないほどの、無限に小さい、それでいて決定的なものであった。波は海面に遠くひろがるが、なにかがその波の震動をとめる。古代の人びとは、あるものに限界を定めたまうのは神である、ということを知っていた。

「われわれはもっとも強いのだから、勝つ」と書かれたポスターで、フランスの壁という壁が覆われていた時代があった。これは、この戦争中に吐かれたもっとも愚かな言葉であった。決定的な瞬間は、われわれの力がほとんど無に等しくなった瞬間であった。敵方の力が進攻を停止したのは、力は神のようなものではないのだから、自らその限界がくれば弱まるという理由にしたがったまでである。

戦争は他の大陸にも波及した。日本をつき動かしている偶像崇拝は、おそらく他のいかなる民族の偶像崇拝よりも激しいものであろうと思われる。アメリカ合衆国では民主主義を信じる気持がまだ生きていたが、一方、たとえばフランスでは、今次大戦前からですら、いやミュンヘン協定以前ですら、そういう気持はほとんど死滅していた。しかし、現代は偶像崇拝と信仰の時代であり、たんなる信条の時代ではない。アメリカにとって戦争はまだ最近のことであるが、戦場から離れているということで、戦争がアメリカ人にあたえる印象は和らげられている。しかし、アメリカでも、たとえ戦争の期間がどのように短くとも、戦争の打撃をうけて、おそらく間違いなく深刻な変化が生じるであろう。

ヨーロッパは、あいかわらずこの悲劇の中心に位置している。キリストによってこの地上に点ぜられた火、おそらくはプロメテウスの火と同じ火から点じられたいくつかの燃える炭火が英国には残っていたのである。それだけあれば、最悪の状態を防ぐのに十分であった。しかし、われわれはほっと一息ついたにすぎなかった。もし、これらの残り火から、ヨーロッパ大陸でぱちぱちと音をたてている火花から、ヨーロッパを照らすことのできる焔が生れなければ、われわれは死滅の道をたどるのである。

もしわれわれが、アメリカ合衆国の金銭と工場によってのみ解放されるならば、いずれふたたび、われわれは、現にわれわれが耐えている隷属関係にひとしい、もうひとつ別の隷属関係の中におちこむであろう。ヨーロッパは他大陸から、あるいは火星からやってきた遊牧民によって征服されたのではないということを忘れてはならない。もし、そうであるならば、そういう遊牧民たちを追い出してしまえば事はたりるであろう。ヨーロッパは、その内部にもった病いに苦しんでいるのである。ヨーロッパはその病いを癒さなければならないのである。

ヨーロッパは、少くとも概して自力によって解放されるのでなかったならば、生き延びることはできないであろう。幸いなことに、ヨーロッパは、征服者たちの偶像崇拜のむこうをはるような、ある偶像崇拜に助けを求めることができない。というのは、奴隷化された諸国家は偶像とはなりえないからである。征服された国ぐには、征服者にたいしてただ宗教だけをもって立ち向かうことができるのである。

もし、一つの信仰がこの悲惨な大陸にあらわれるならば、勝利は早く、確実で、確固たるものとなるだろう。それは戦略的局面でも明白なことである。われわれの連絡は海上でなされる。従って、われわれは潜水艦によってわれわれの連絡が絶たれないようにしなければならない。敵方の連絡は、抑圧された人びとのあいだを通ってなされている。だから、もし真の信仰ののろし火がヨーロッパ全土に拡がるならば、敵方の連絡は不可能となるであろう。

爆撃機が最近はどこを爆撃しているかということも、生産の統計も、衣料や食料の約束も、真の信仰のほとばしりを準備することはできない。不幸な人びとにとって信仰へ向かう道はひとつしかない。それはこころの貧しさという徳をもつことである。しかし、それはかくされた真理である。なぜなら、こころの貧しさということは、一見したところ、隷属を受け入れることに相似ているからである。このころの貧しさということは、ほとんど無限に小さいものと同じものですらある。この同じ無限に小さいものは、またつねにいかなるものよりも無限に大きいものなのである。

不幸は、それ自体としては、こころの貧しさを教える学校ではない。不幸は、こころの貧しさを知るほとんど唯一の機会であるに過ぎない。不幸は、幸福ほどに移ろいやすいものではないにせよ、やはりそれは過ぎ去って行く。だから急がなければならない。

現在の機会をうまく利用しうるであろうか。

この問題は、軍事的には戦術的計画より以上に重要であり、経済的には統計や配分表より以上に、おそらく重要であろう。ヒトラーは、もしわれわれがかれから学びうるとすれば、真に現実的な政治はなによりもまず人びとの思いを考慮に入れることだ、ということをわれわれに教えてくれたのである。

ヒトラーは悪のために賭けている。かれが用いる素材は大衆というねり粉である。われわれは善のために賭ける。われわれの素材はパン種である。それぞれの働き方は、自ずから異ならなければならない。

反乱についての省察

フランスを道徳的に押しつぶしているもの、それはフランスがほとんど戦争に突入する以前に、戦争からとびでてしまったという事実である。一九四〇年五月(1)、フランス国民の大部分は、まだ戦闘者としての精神的な構えができていなかった。一ヵ月後、フランスは戦争の枠外にでていた。ちょうどフランスは、眠っている間に頭を打ち砕かれ、恐ろしい悪夢の中で長いあいだ格闘したが、まだ目が覚めない人間のような状態にあったのである。

いろいろのことを考慮すれば、フランスはおそらく他のいかなる国よりも多く、戦争の結果に苦しんだのである。しかし、フランスには、戦争の苦痛を慰めてくれる戦争精神なるものがない。寒さにふるえ、飢えに苦しんでいるひとりのフランス人は、「これが戦争というものだ!」と自分に言いきかせることができない。なぜなら、この戦争が自分の戦争でないからである。事実においてフランスが交戦状態にはいった時、精神においてフランスは戦争状態に入っていなかった。フランスがその精神において戦争状態に入った時、フランスはもはや事実において交戦状態から抜けだしていた。思考と現実とのあいだのこの距離が、フランスにとっては致命的な重要性をもっていたし、今でもなおもっている。この距離のために、現在の試練が、それがいかに悲痛なものであろうとも、非現実的なもの、悪夢、「ばかげた戦争」のように映ずるのである。
もし「民族革命《レヴォルシオン・ナショナル》」と呼ばれたものが、まったくの無にとどまるとすれば、それはたんに指導者たちの腐敗や、政府が国民を裏切る状態にあったという事実のみによるのではない。はじめの頃には、正直な、勇気ある若い人びとは、この企てに（とくに青年運動に）、フランスを再建しようという気持で参加したのである。もし、この国の覚悟が違ったものであったならば、あの運動は真に大衆の心をゆさぶり、運動の主唱者であった政府をも一掃し、われわれの国家を真にフランスらしい方向に向けることができたであろう。しかし、改革の精神は、この国全体が陥っていた夢のような、非現実的な、受動的な期待の状態とは両立しうるものではなかったのである。

もしこの国が、勝利の瞬間においてもなおこのような状態にあり、外からの解放を受け入れるようであるなら、もっとも立派なもっとも実際的ですらある改革計画であっても、それらの計画に生命を吹きこむ精神が欠けているために、死文と化すおそれがある。なぜなら、吹きこまれる生命はフランス民族によってのみもたらされるものだからである。

計画《プラン》なるものは、それ自体では、実施できるものでも、実施できないものでもない。同じ一枚の建築家のデッサンでも、もし鉄筋コンクリートであればすばらしいものとなるが、木造建築にすれば、ばかばかしくて見られないようなものになることもありうる。ある計画が、もし国民の中にひそむ潜在的ななにかにこたえていて、まずそのなにかがほとばしりでるのに適した方式がその計画に含まれている場合には、計画は実行可能となるのである。

一九四〇年六月以前は、フランス人にはとりわけある考え方が欠けていた。現在、フランス人にはとりわけ物質的手段が欠けている。今やフランスは戦争精神を身につけかけている。ところが敵は、そういうフランスの武装を解除してしまったのである。

ところで、事実、フランスには、そして広く一般に被占領国では、もし大々的に軍事的な探索がなされたならば、軍事的見地から見て、おそらく石油より以上の重要性をもちうるようなエネルギー源が見つかるであろう。

そのエネルギー源とは、抑圧にたいする人びとの恐怖に外ならない。

そこには、勝ち進むドイツを前にして、ただひとり英国が立ちはだかっていた一九四〇年夏の、このもっとも重要な瞬間における決定的要素があったのである。しかし、それ以後の時期におけると同じように、それに先立つ時期においては、言葉の古典的な意味において、人びとは、まったく軍事的な方法を通じてのみ、この戦争を遂行してきたのである。

ところが、クラウゼヴィッツ(2)は、ほとんど反乱と区別しがたいようなある戦争形態を予見していた。かれは、十八世紀の職業的軍隊が、大革命によって国民軍に変貌したフランスの軍隊を前にすると無力であったように、いつかは軍隊が、いわゆる軍事的行動に全民衆の集団的蜂起が加わるような敵が現れれば、無力な存在と化すであろう、と考えていたのである。

既にこのような現象は前の大戦〔第一次大戦〕中に小規模ながら起っていた。つまりあの大戦中、T・E・ローレンス(3)は、戦争と結びついた反乱の戦略を細かく研究したあとで、よく訓練の行きとどいた、一部分はドイツ人によって指揮されたトルコの軍隊にたいして、アラビア人を蜂起させたのである。

状況は、かれにとって有利であった。なぜなら、ドイツ人は奇襲を前にして反応が鈍かったし、不意をつかれて無防備だったからである。

かれは目標を次のように定義していた。つまり、占領軍をして数百平方米の土地しか所有せしめないようにし、そこに戦闘体制下のかれの兵士を配置すること、要するに、そのようにして占領を無効にすることであった。そのためには、敵方の連絡を遮断するための一連のゲリラ活動、ひそかに準備された電撃的行動、奇襲によって成功を収める行動、それらと宣伝活動とを結びつけることであった。世界中に広がった今次大戦において、もっとも決定的なことは、戦闘でも、生産高でもなくて、意志の疎通である、ということがしだいに明らかとなった。自分たちの側の連絡が保たれ、敵側の連絡を妨げている陣営が、たとえ一時的に重大な軍事的失敗を蒙ろうとも、勝利者となるのである。

われわれの側の連絡は、海上の危険にさらされている。敵方の連絡は、その大部分が、ドイツによって隷属化されドイツに敵意をいだいている人びとが住む領土上で行われている。ドイツの友好国、同盟国と自称する国ぐにについても、これは同じことである。ドイツ領内ですら、被征服国から送られてきた、憎悪の心をいだいた奴隷たちでいっぱいである。

連絡の問題に加えて、ドイツの生産も同じような条件下で行われている。

要するに、塗炭の苦しみをなめたおかげで、緒戦の時期には敵がほとんど一方的にもっていたもの、つまり、死が確実な場合でも、もし必要ならば危険をおかしてもよいと考える無視しえない数の人間を、今やわれわれがもっているのである。おそらく、今度は、われわれの側にしかそういう人間はいないであろう。なぜなら、そういう心構えをもった敵側の人びとは、たぶん、その大部分は倒れてしまったであろうし、同じだけの数の人びとがかれらにとって代るとは思えないからである。両陣営の士気におよぼす影響からみて、もし、このことが利用されさえしたならば、そこには、はかり知れないある重大な要素がひそんでいるのである。

最近、スマッツ将軍(4)は連合国側の連絡を守るために、潜水艦対策を練る最高会議《コンセイユ・スュプレーム》を設置させた。「戦うフランス《フランス・コンバタント》」(5)も、進んでこれと対応する行動をとり、反乱を指導する最高会議、つまり英国人を議長とし、ドイツによって占領されているあらゆる地域の代表者を構成員とする会議を設置するよう、英国政府に提案することはできないものであろうか。

このようにして、ヨーロッパ全土――ドイツ領土をも含めて――にわたってサボタージュと組織の破壊とが行われれば、この戦争の全般的な戦術の中で、ふたたびヨーロッパに舞い戻ってきたらしい戦争という舞台の前面の位置を、そういう行動が占めるであろう。

このような行動は、種々さまざまの形態をとることができる。そのいくつかのものは、戦いを押し進める過程でまったく新しい創意にあふれたものとなりうるであろう。例えば、もしある計画を進行させる上で欠くことのできないいく人かの人間が、どのような人間であるかがわかっていれば、かれらをつぎつぎに呼び寄せ、逃げるにせよ、どこか田舎にかくれるにせよ、病気を装うにせよ、かれらを説得することもできるであろう。鉄道網についても同様のことが言える。とくに、これまでは抑圧する側から利用されてきた現代技術の諸手段を、かれらと同程度に利用するためのいくつかの方法が、考案されなければならないのである。さまざまの方法によって、まるでレプラのように、まるで致命的で特効薬のない病気のように、敵によって占領された全地域に組織破壊の行動が少しづつ広がって行き、その結果、ドイツの状況が、日ならずして、ドイツが自国の国境内にとじこめられていた場合よりも、はるかに悪化するようにし向けることができなくてはならないのである。

しかし、そのための第一の条件、それはこの行動が完全に秩序あるものであること、ついで、それが全般的戦術の中で前面の位置を占めることである。

このようにすれば、単に反乱の精神の中に閉じこめられたエネルギーが十分に利用されるばかりでなく、まさにこのように利用されることによって、信じられないほどにエネルギーが増加されるであろう。

印刷された言葉、ラジオで流される言葉を通しての宣伝はなくてはならないものであるが、その宣伝が行動と結びつくのでなければ、完全な効果を発揮することはできない。言葉と行動、この二つが結び合わされれば、どちらもその有効性を発揮するのである。

このような行動は、かぎりなく貴い多くの人命を犠牲にするであろうが、この行動のおよぼす影響は大きく、行動によって失われるかもしれない英雄たちより数多くの英雄たちを出現させるであろう。この行動は、それが行われる国にたいしてある教育的影響をおよぼすものである。その影響は、戦争遂行のためにも、また戦後のためにも役立つものであり、失われた犠牲を補ってあまりあるものとなるであろう。

現に行われている地下活動は確かにこの方向で動いている。しかし、それはまだ非常に不十分な範囲内でのことである。サボタージュ行為には、一般大衆の感受性に反響をよぶにいたるほどの強力さも、重要さもなかった。ドイツ人を殺害するという行為は、フランスでは他の場所におけるほど広がってはいないのであるが、それは道徳的な面で恐るべき危険を含んでいるし、戦闘行為としてというより、むしろ憎悪の盲目的な暴発のようなものと思われるのである。

非合法下で活躍している新聞は大いに賞讃に値する。いくにんかの人間が、敵の面前で、死を覚悟して抑圧にたいして否《ノン》ということはたしかに立派なことであり、必要なことでもある。しかし、こういう行動をとるために、エネルギーと勇気が使われすぎたのではないか、という疑問がのこるのである。なぜなら、世論に働きかけるという行動については、ロンドンのラジオ放送が比較できないほど大きな活動を、はるかに少い費用で、果してきたからである。地下新聞がとどかなかった多くの場所では、ロンドン放送によってのみ抵抗精神が培われてきたのであった。その上、地下新聞の仕事は、そこに働く人びとを最悪の危険にさらしているにもかかわらず、結局はやはり、行動への発言、呼びかけにすぎないのである。行動への呼びかけが欠くことのできないものであるとしても、それらの呼びかけに行動そのものがともない、敵側に具体的な物質的損害をあたえることがともなわなければ、最高度の説得力をもつことはできないのである。行動そのものが、行動への呼びかけの中のもっとも強力なもの、もっとも抗しがたい刺戟剤なのである。

今後は危険も生命を犠牲に供することもいとわないが、宣伝より以上に具体的ななにかのために自重して目下は待機しているという人びとがいる。もし運動が、敵側にもっとも大きな損害を効果的にあたえるための努力を傾注するという方向に進むならば、その人びとは運動に参加するであろう。この人びとは、直ちに地下運動に飛びこんだ人たちに比べれば、より穏和な性質の持主であり、より慎重な人びとであるから、もしそれらの人びとが勝利をかちとる前に姿をあらわすようにしむけることができたならば、かれらは、戦後の、国の再編成という仕事の中で、とくに貴重な役割を果すことになるであろう。その他多くの人びとは、これまでは国の不幸にも宣伝にも、たましいの底まで動かされることはなかったけれども、もし、有効で広範な行動が拡大して行けば、火のように燃えてくるかもしれない人たちなのである。この種の行動は、このように現在の地下運動がもっている力にはるかにまさる力を、ごく短期間に、自由にしうるようになるであろう。

ほどなく、国民の大部分も心をゆり動かされるようになるであろう。それと平行して、占領軍の士気が崩壊するであろう。このような予測は、もちろん全被占領地域に適用されることができるものである。伝播の波は、イタリアへ、スペインへ、中央ヨーロッパへと拡がって行くことすらありうるであろう。

現在、われわれはいくつかの勝利を収めているが、その当然な結果として、人びとは時の経過に期待するようになり、いくらか精神的緊張にゆるみができてきている。しかし、現在はまた、逆に、くりかえし倦怠を打ちくだき、倦怠を無力化し、倦怠を絶望におとしいれるために、あらゆるエネルギーと創意工夫の努力を最大限につみかさねるべき時である。占領された地域では、苦痛が長く続き、しかもその痛みの鋭さがしだいに増加する一方、ついに事実によって立証された希望とが重なって、まさにいまや、もろもろのエネルギーのほとばしりと、英雄主義の伝播にもっとも好都合な精神的環境を生みだしているのである。

もし、この瞬間をとらえるならば、きわめて近い将来、一九四〇年春の状況が、逆に敵の陣営に生じるかもしれないのである。

例えば、被占領地域やドイツ領土内でも、敵の組織をくつがえすために、地下に潜行してはいるものの、広くひろがった、強力な、組織的活動がある期間にわたって行われたあとで、ある日、連合軍がドイツ領土にでも上陸を敢行する、といった場面を想像することができるのである。それと同じ時期、おそらく、ドイツ人を除くヨーロッパの全民族は、もしかれらの手に天の高みから武器が舞いおりてきさえすれば、いやたとえ武器が手に入らなくても、かれらのあいだに散在し、奇襲をうけて身動きのできなくなったドイツ軍を抗しがたい力で全滅させるであろう。そして、恐怖、裏切り、潜在的な市民戦争、あるいは公然と火ぶたの切られた市民戦争、要するに、ヨーロッパがドイツ軍にたいして対決の姿勢でのぞんだことによって生じるあらゆる現象が、ドイツ領内に広がって行くのである。そのドイツ領内では、希望をいだいて蜂起したすべての異国人たちが、いたるところで混乱を広めて行くことであろう。

以上のことすべては、少くとも、きわめてありうべきことである。なぜなら、戦争の全般的行動の中で諸国民を前面に押し立てつつ、反乱の精神を組織的かつ有効に利用すれば、征服された諸国民の士気を非常に高揚し、征服民族の士気を大いに低下させることになるので、連合国軍がドイツ領内に進駐するというようなめざましい事件がひとつでもおこれば、それだけで十分に敵を瓦解せしめうるのである。

つねに考えておかなければならない二つの真理がある。そのひとつは、主として今次の戦争のような場合にはなおさらなのであるが、戦争の帰趨を決定する士気の問題である。もうひとつは、士気をふるいたたせるものも、逆に士気を沮喪させるものも、それは言葉ではなく、言葉と結びついたある種の行為であるということである。

しかし、ヨーロッパで、とくにフランスで反乱の潜在力を戦略的に利用するということは、勝利をかちとるためというより、むしろ戦後処理のために、より重要性をもつものである。確かなこととはいえないが、反乱の潜在力を利用しなくても、おそらく勝利を収めることはできるであろう。しかし、戦後処理のためには、反乱の潜在力を利用することが、重要な、決定的な要素なのである。

フランス領土が解放されることは肝要なことである。だが、それだけではいかなる問題も解決することはできない。領土が解放されるということは、諸問題が提出されるための必須の条件である。もし、ドイツが決定的な勝利を収めるならば、いかなる問題ももはや提出されないであろう。なぜなら、奴隷にとって問題はないからである。ひとたびドイツ人が立ち去ってしまえば、もっとも悲劇的な問題が現れてくるであろう。言ってみれば、フランスはきわめて危険な病状にあったところを不意に追いはぎに襲われ、縛られた病人のようなものである。縛られた縄が切られても、病気を治癒する仕事が残されている。しかし、この比喩にはやや不備なところがある。というのは、治療は解放される前からでも始められなければならないものであるし、その上、解放がどのような仕方で行われるかによって、病気が一層悪化するか、快癒へ向かうはじまりとなるかが決定されるからである。

現在ドイツの軍隊によって隷属状態におかれているフランスが、かりにアメリカの金銭によってであれ、ソヴィエトの兵士たちによってであれ、解放されるとすれば、前者の場合ならば経済的な半従属という形で、後者の場合ならば共産主義という形で、今までほどに歴然たる形ではなくても、やはり同じように人間の品位をおとさせるような隷属状態に、フランスはおちいるかもしれないのである。他方、欝積した苦しみ、憎しみ、暴動への衝動がふくれあがって、もしそれが戦争行動の中で効果的に解消されない場合には、残酷で無益な市民間の争いを生みだすということはほとんど避けられないであろう。

際立った裏切り行為が厳粛な懲罰をうけることが望ましいことであればあるほど、戦争中、中衛または後衛に位置していて、敗戦後に姿を現わした人びとのあやまちを忘れることが望ましい。そうしなければ、フランスは、憎悪と恐怖がうずまき、人間を堕落させる恐ろしい雰囲気の中で数年間を過ごすことになるであろう。それを防ぐ唯一の方法、それはある偉大な行動をとることである。その行動とは、フランスが解放される以前からこの国をひきまわし、償いえないほどに妥協をしたのではない人びとには、この国と和解しそして自分自身の良心の安らぎをえたということを許し、かれらが再び武器をとって勇敢に同胞愛《フラテルニテ》に燃えて立ちあがるということで、過去の臆病さをぬぐい去らせるような行動である。

半植民地的隷属と市民戦争という二重の恐ろしい危険を前にして、フランスは、その領土が解放されればただちに、緊急に指導者たちを必要とするであろう。ところが指導者がいないのである。フランスで重要な役割を演じ、戦前、戦中、あるいは敗戦後に名前を知られたすべての人びとは、かつて重要人物であったというその事実によって排除される。フランスは、病人が自分の吐いたものにいだくのと同じ嫌悪の情を、フランス自身の身近な過去にたいしていだいているからである。

ドゴール将軍は、フランス人の大部分にとっては、たんなる指導者ではなくある象徴である。指導者と象徴という二つの言葉は、かならずしもその差異を示しているとはかぎらないけれども、非常に異った二つのものなのである。ある意味では、ドゴール将軍は象徴であるよりはるかに立派なものである。それは、これまでフランスがもっとも必要としたものである。しかし、ひとたび領土が解放されるや、もっとも差迫った危険に対処するために、ある権威が、欠くことのできないものとなるであろう。

一方においてドゴール将軍とフランスでの地下運動との関係、他方においてこの地下運動とフランス国民の大部分との関係、これらの諸関係には、これからの恐ろしい試練の過程において維持しなければならない極度の緊張にみあうほどの耐久力は備わっていないのである。真に戦争の本質的部分のひとつともいえる共同の闘いを経験することによって、これらの諸関係は鋼鉄よりもさらに強固なものとなるであろう。同時に、フランス、英国、北アフリカにひろがるひとつの枠が、つまりフランスを指導する人たちのユニイクな組織が形成されるであろうし、その組織の成員たちは、行動という事実を通して、フランス国民からも外国人からも認められ、勝利によって不動の信頼をかちうることになるであろう。

なによりもまず戦争を、いやほとんど戦争のみを考えている（もっともなことだと思うけれども）英国人たちの手に、連絡手段が握られている現状では、フランスとフランス国民委員会《コミテ・ナシヨナル》とのあいだの接触が困難であるということは、双方の士気にとってほとんど致命的な危険となっているのであるが、この危険を脱するための唯一の途は、フランスにおける反乱を戦争の本質的一部分であるとみなすような戦術面での修正がなされることである。

そうなれば、船舶や飛行機の必要な量がフランスにおける反乱に割り当てられ、フランスと英国に在住するフランス人とのあいだに往来が確立されうるであろうし、交流が行われるであろう。それは双方に換気の効果をおよぼすであろうし、その換気作用は、文字通り、双方に生命を吹きこむであろう。

同時に、フランスで危険にさらされすぎている同胞のために、ある保護組織が確立されることがのぞましい。逃亡がまじめに組織化されれば、それによって、ゲシュタポに監視されてもはや有効に動けなくなっている人びとが、フランス国外に出て兵士となることができるようになるであろう。このことから推して、ここで素描した反乱を組織することによって、目下の事態より以上にフランス人の生命が多く失われることは多分あるまいと思われるのである。おそらく、フランス人がいま以上に多く死ぬことはないであろうし、しかも仆れた人びとは、その死によって、たんに精神的にというばかりか、精神的にも同時に物質的にも、祖国の解放を準備することになるであろう。われわれの同盟軍についていえば、われわれの払う犠牲がかれらの人的、物質的、時間的犠牲の節約となり、従ってかれらはわれわれにたいし、異議をはさむ余地のない負債を背負うことになるであろう。

他方、ダルラン事件(6)に類似した活動はすべて不可能になるであろう。なぜなら、敵がそこにいるかぎり、フランス人の反乱が、フランスにおいてであれ、ロンドンにおいてであれ、自動的に、もっとも勇敢な、もっとも烈しい人びとの手にゆだねられるように、もし反乱が戦術面での本質的な歯車となるならば、連合国が、フランスの腐敗した部分あるいは半ば腐敗した部分と交渉することは、軍事的に言って不可能となるからである。あることが軍事的に不可能だということは、道徳的に不可能だということより以上に確実な障害である。名誉と美徳を具体的に戦略的要素とすることより以上に、名誉と美徳を事実において勝利者とするより確実な方法はないのである。

フランスが共通の行動の中に、少くとも、ある生命、あるたましい、ある統一を再発見しはじめた以上、そういう具合に軍事的行動ができないということは、フランスが勝利を収めた後にも、尾を引くであろう。その毒が、過去の政治生活の中で今日存続している唯一のものであるところの意見の分裂――じつは、一九三四年と一九三六年の憎悪(7)ですら、まだ広い範囲にわたって存続しているのであるが、――は、精神の健康をとりもどすことによって清算され、こまかい政治的な権謀術数にとって都合のよい土壌はもはやなくなるであろう。

さらに、その影響のおよぶところが、フランスの運命をはるかに越えるようなある問題が存在する。ロシアでは、ドイツの全体主義が、それと似通っているばかりか現実にそれをモデルとしたある全体主義とぶつかり合ったのである。アメリカでは、ドイツは金銭の力とぶつかり合っている。ちょうど、≪強い≫という言葉が≪裕福である≫ことを意味するという註釈つきで、「われわれは最強であるから勝つ」というスローガンが壁にはりめぐらされていた時代のフランス人たちと同じように、アメリカ人たちはこの金銭の力に希望を託しているのである。

英国の抵抗はこれとはちがった性質のものであった。しかし、一九四〇年夏の英国の英雄的行為は否定的なものであった。つまり、それは、降服しないということであって、勝利を収めるということではなかった。それは目をみはらせるようなものではなかった。そのため、当時の想い出は、いまや各民族の記憶からほとんど消え去ってしまおうとしている。

最近数年間の行動において、ヨーロッパはたんに自由を失ったばかりでなく、名誉と信仰まで失ってしまった。金銭の力と第二の専制政治とが手を結ぶことによって、この専制政治の武力が制圧されさえすれば、それでヨーロッパは失ったものを回復すると人びとは信じているのであろうか。この場合、フランスとヨーロッパは解放されるだろうけれども、虚弱な体質はなおらないであろう。そのような未来は、思弁家、もっとも厚顔無恥な共産主義者たちにとってのみ望ましいものである。真の保守主義者たち、真の改革家たちは、どちらも未来が別の形になることに関心をもっている。なぜなら、屍の中には、保存すべきものはなにもないし、改革すべきいかなる素材もないからである。

要するに、今度の戦争において、狂信と金銭とが唯一の活動した要素であったかどうかを知ること、または、あらゆる形態のもとでの名誉、信仰、キリスト教的霊性が効果的にその任務を果したかどうかを知ることが問題である。いま、効果的にという言葉を用いたが、ここで問題になっているのは戦争なのだから、つまり、それは軍事的にという意味である。以上のことは、もっとも実現されなければならない、もっとも高い価値である。

実践的には、こういう方向へ向けられた反乱の戦術面での最大の困難は、地下運動と、国民をひっぱって行くことのできる公の行動とのあいだにある矛盾を解決することである。しかし、この矛盾も、もし注意深く研究されれば、おそらく解決不可能ではないであろう。

たとえば、一方において、反乱を総括する最高委員会の創設をも公表し、他方において、事がすめばおおまかに、えられた結果がどのように偉大であるかを公表することはおそらく可能であろう。また、上部によってのみ結ばれているいくつかの小グループ（たとえば五人の）編成による実践、つまりドイツの共産主義者たちや、フランスの地下運動がずっと前から試みてきた実践、それを行うならば、最少の損失においてかなりの量の人びとを行動の中に導き入れることができるであろう。反乱が戦争の本質的一部分となるやいなや、損失を出さないようにするというのではなく、軍事行動において許されていると目される割合に、損失をとどめさえすればよくなるのである。

地下運動が拡大すれば、運動の中に入ってくる裏切者、疑わしい人間、弱い人間の数がふえるために、その危険も増大する。しかし、地下運動がさらに拡大すれば、運動に加わる人間の数は逆に安全の一要因となる。なぜなら、敵側の政治警察の兵員の数には限界があるからであり、政治警察というような仕事の性質上、その兵員が随意に増員されうることはありえないからである。それ故、ある点から以後は、この政治警察員をきりきりまいさせ、へとへとにし、絶望におとし入れ、かれらを士気沮喪と混乱の状態におち入らせることは可能である。そうなれば、かれらは骨抜きも同然である。このようにして、非常につらい、非常に残酷な一時期を経て地下運動が拡大されれば、かなり短期間のうちに現状よりもはるかに有利な状況がひらけてくるかもしれないのである。秘密警察《ゲシュタポ》がヨーロッパ全域を引きうけているため、たしかに過労におちいっているらしい徴候がみられるので、このような希望は、ますます当然のこととなってきている。その間の消息を知るためには、一九三三年以降のドイツにおける反ヒトラー集団の労働条件と、被占領地域における地下運動の労働条件を比較してみるだけで十分である。この両者の相違は、主として民族的要因でもって説明がつくとしても、それはまた、たしかに一部分は警察的抑圧の効果が減じたことによって説明がつくのである。

「戦うフランス《フランス・コンバタント》」から出されている、反乱を統括する最高会議設置の提案が、もしそれが効力をもつようになれば、連合国の中でのフランスの地位は大いに改善されるであろう。フランスが存在していることを世界に想起させることが必要なのである。なぜなら、世界はフランスを忘れかけているからである。あるアメリカ人にとって、フランスはわれわれフランス人にとって大洋洲《オセアニア》のある島とほぼ同じくらいの重要性しかもっていない。こういうことは極端なケースであろうが、程度の差こそあれ、こういう精神状態はかなり広汎にひろがっている。今こそフランスが華々しくなにかを率先垂範すべき時であろう。

他方、フランス国外にいるフランス人にとって、さまざまの政治事件がどのような局面を迎えようとも、この種の率先垂範を示すことができれば、ロンドンのフランス国民委員会がこれまでにはたした活動は、さらに特別の重みを加えることになるであろう。

多くの時代を経た今日、あわただしく継起する事件の渦中では、象徴のはたす機能はもはや十分とは言いがたい。

地下運動はフランスに起った。戦闘は北アフリカで行われている。誰にするかという人間の問題は別問題として、ある具体的で特殊な機能が、外観上は打ち敗られた形の大義名分を最後の瞬間にためらうことなく選んだ人びとがより集って構成している集りに、いわば物質的な存在をあたえにやってくることが望ましいのである。緒戦の頃、およびそれ以後のかなり長い期間ならば、人びとがこういう選択を行ったという事実、しかもかれらがフランスをしてそこに参加せしめるように連日呼びかけたという事実だけで十分であった。こういう態度がもつ道徳的意味、その証言の価値は、当時は決定的であったからである。今日、幸いにも、軍事的にみてわれわれは実行の時代に入った。この証言に、それにふさわしいほどの重要性をもつ具体的機能がつけ加えられることが望ましいのである。

連合軍の総戦略と、その戦略の重要な一部分ともいうべきフランスにおける反乱の運動とのあいだの絆となること、同時に、フランス領土外に出ればこれまで以上に有用な働きを示しうるあらゆる人びとを組織的にフランスから脱出させるということ、こういう機能がもしできれば、それは望ましい重要性をになうことになるであろう。

要するに、フランスの統一と同じように、近い将来において、ある種のヨーロッパの統一が行われることは、緊急の、死活にかかわる必要事とならなければならないのである。このような統一は勝利を収めた後には形成されないであろう。勝利後の時期は、歴史の示すように、意見の分裂に好都合な時期なのだからである。統一は勝利を収める以前、共通の戦を遂行している中でしか作りだされはしない。被占領地域における違ったいくつかの地下運動は、このような共通の戦ではないのである。その方法によってではなくとも、少くともその結果によって戦争の一部分とみなされうるような仕事の中での協力が必要なのである。

別な表現をすれば、フランスにとってばかりでなく、ヨーロッパ全体にとって、ドイツが敗北した後には、市民戦争がおこる危険がせまっている。もっと正確にいえば、一九三六年スペインではじまったヨーロッパの市民戦争は、ドイツ軍隊の敗北によって終結するのではなく、おそらくその残酷さをましつつ、継続するのではないかと思われるのである。

それを避けるためには、今からすぐに、上下の協力によって、ドイツによって征服された諸国家の最良の要素を団結させせなければならない。その協力関係の中へ、スペイン人、イタリヤ人、それにヒトラー主義に真剣に反抗しているドイツ人をも誘いこむことが望ましい。やがて、かれらは、かれらの故国で公の仕事の管理に参加し、一般に過度の苦痛のあとにおとずれる過度の残酷さに国民がおちいらないようにさせなければならないのである。ドイツの敗北のあとヨーロッパを揺るにちがいない憎悪の波は、一九四〇年の隷属の波とほぼ同じくらい大きな道徳的危険となるであろう。

もしヨーロッパ大陸が、たんに疲弊の極にあるからという理由で市民戦争を回避するならば、その同じ極度の疲弊のために、ヨーロッパはその固有の精神的伝統を失い、共産主義の、あるいはアメリカの影響に屈してしまう危険がある。この危険に対抗する唯一の手段、それは今からただちに英国と大陸とのあいだに打ちたてられる強固な友愛の精神である。英国人たちは、このことが緊急の必要事であることを理解しなければならない。なぜなら、英国人の中でももっとも知的な人びとならば、いかにアメリカ合衆国がアングロ・サクソンの世界の中心になりつつあるか、ということを知らないではすませなくなっているからである。すでにアメリカ合衆国は、カナダ自治領にたいして、抗しがたい牽引力をおよぼしつつある。もし、やがてアメリカの影響がヨーロッパ大陸を支配するようになれば、それは、英国にとって、精神的な一種の滅亡にひとしいものとなるであろう。

英国がこの危険をまぬかれうる途は、ただひとつ、ヨーロッパ大陸と協力して、解放のための共通の行動に参加することでしかない。そうすれば、ドルの軍事的重要性を二義的な位置においやることができるのである。英国の軍艦と飛行機の援助によって、ヨーロッパ大陸に反乱を起こさせる系統だった組織が完成すれば、おそらく、こういう結果を生みだすことができるであろう。この組織は、おそらく、想像以上の広範囲にわたって勝利を早めるであろう。

この組織が必要なことは、英国にとってもフランスにとっても同じように死活にかかわるほどのものなのである。この両国を距てている気質の相違、競争意識、相互理解の欠如がどのようなものであろうとも、この両国はともに、千余年を経た共通の源、つまり中世の全キリスト教国に広がっていた唯一の文明の中から、民族の養分を、民族の精神的生命を汲みとってきたのである。それゆえ、なによりも精神的な争いの時代である現代においては、これら両国の根本的利害は同一のものであるはずなのである。しかも、ヨーロッパが根本的に願っていることといえば、それは、団結したこの両国の指導下にヨーロッパがおかれることなのである。しかし、この指導体制は、いま、勝利を収める前に、打ちたてられなければならないのである。さもなければ、それは打ちたてられないであろう。

だからこそ、もし、反乱を戦略面で広範囲にわたって活用するということができれば、フランスがそれを率先遂行することが、きわめて大切なのである。フランス国民委員会の側からいえば、これは、おそらく影響のおよぶところはかりしれない行為となるであろう。

政党全廃に関する覚え書

この小論において、政党という言葉は、それがヨーロッパ大陸で用いられている意味において用いられている。アングロ・サクソン系の諸国では、この同じ言葉はまったく別の現実を指す。そのまったく別の現実は、英国の伝統の中に根をもち、移植不可能なものである。一世紀半にわたる経験がそのことを十分に示している。アングロ・サクソン系の政党には、ゲームの要素、スポーツの要素があり、それは、貴族が創設した制度にしか存在しえないものである。それにたいして、庶民が作り出して出発した制度では、すべてがまじめである。

政党という観念は、避けるべき悪としてというのでなければ、一七八九年のフランスの政治理念の中に入ってこなかった。しかし、ジャコバン派のクラブ(1)は存在した。それは、まず最初は、たんなる自由な討論の場にすぎなかったものである。それを悪化させたものは、いかなる種類の避けがたいメカニズムでもなかった。そのクラブが全体主義的な一党派に変貌したのは、ひたすら戦争と断頭台《ギロチン》の圧力によるものであった。

恐怖政治のもとでの各分派の抗争は、トムスキー(2)が、「権力の座にある一政党と、監獄につながれたその他すべての政党」というようにみごとに定義した思想に支配されていた。このように、ヨーロッパ大陸では全体主義は政党の原罪なのである。

ヨーロッパの公生活の中に政党を定着させたものは、一方では恐怖政治の遺産であり、他方では英国の実例がおよぼした影響である。政党が存在しているという事実は、なんら政党を存続させる動機とはなりえない。善のみが、あるものを存在させる正当な動機なのである。政党の悪は一目瞭然である。検討すべき問題とは、悪に打ち勝ち、政党の存在を望ましいことだとするような善が、政党の中にあるかどうかという問題である。

しかし、つぎのようなことこそもっと問われなければなるまい。政党には善の無限小の部分すらあるであろうか。政党には純粋な状態の、あるいはほとんどそれに近いような状態の悪がひそんでいないであろうかと。

政党が悪の申し子であるならば、事実において、実際に、悪しか生みだしえないことは確かである。これはひとつの信仰箇条である。「よい木は決して悪い果実をつけないし、腐った木は美しい果実をつけることはない。(3)」

しかしまず、なにが善の規準であるかを認識しなければならない。

それは、真理、正義でしかありえない。そして公益はそのつぎである。

デモクラシー、最大多数の権力は善ではない。これらは、その是非は別として有効であると判断された、善のための手段である。もし、ヒトラーの代りにワイマール共和国が、もっとも厳密に議会主義的な、合法的な方法を通じて、ユダヤ人を強制収容所に送りこみ、巧妙にかれらを拷問し、死に至らしめることを決定していたとしても、拷問は現にそれがもっている合法性以上のものを、いささかでももちえなかったであろう。ところで、そういう事態は、まったく考えられないこと、というのではないのである。

正しいものだけが正当なのである。犯罪やいつわりは、いかなる場合でも正当なものではない。われわれの共和国の理想は、まったくルソーのいう一般意志の観念に由来する。しかし、この観念の意味は、たちまちのうちに失われてしまった。なぜなら、この観念は複雑であり、それは、高度の注意力を必要とするものだからである。

数章を別にすれば、ルソーの『社会契約論』ほどに、美しい、力強い、明徹、明解な本はほとんどない。この本と同程度の影響力をもつ本はなかったといわれている。しかし、実際には、まるでこの本がまったく読まれなかったかのごとくに、すべてが進行してきたし、今でもなおすべてがそのように進行しているのである。

ルソーは二つの明白な事実から出発していた。そのひとつは、理性は正義と汚れなき有用性を識別し、選択するということ、およびあらゆる罪は情熱をその動機としているということである。もうひとつの明白な事実は、情熱は各人によって異なること実にはなはだしいのに反して、理性はだれにおいても同一であるということである。従って、ある一般問題について、もし、各人がたったひとりで熟慮し、ある意見を表明し、ついで、さまざまの意見が相互に比較検討されれば、おそらく、集められた意見は、各人の意見の正しい、もっともな部分において一致し、不正と錯誤が犯されている部分では一致しないであろう。

満場一致が真理をふくむ、ということが認められるのは、ひたすらこの種の推論によるのである。

真理はひとつである。正義はひとつである。錯誤、不正は無限に変化しうる。だから、いつわりと罪とが人びとを無限に分散させるのにたいして、正しいもの、真なるものの中では、人びとは収斂する。結合は物質的な力であるから、この世において真理と正義を、罪や錯誤より以上に物質的に強力なものとするための手段を見つけることを期待しうるのである。

そのためには適当なメカニズムがなければならない。もし、デモクラシーがそのようなメカニズムを構成しているのであれば、デモクラシーはよいものである。そうでないなら悪いものである。

一国民全体に共通したある不正な欲望は、ルソーの眼には、ひとりの人間の不正な欲望より、いささかでもすぐれたものとは映じなかった。

――そう考えたかれは正しかったのである。

ルソーは、一国民全体に共通した欲望は、特殊なもろもろの情熱が相互的な中和作用と相殺作用をおこなう結果、事実においては、たいていの場合、正義と一致すると考えていたのにすぎなかった。ルソーが、国民の欲望を一個人の欲望より高く買っていた唯一の理由はこれであった。

それは、ある量の水がたえず動きまわり衝突をくり返す分子の集りであっても、完全な平衡と休止の状態を保つようなものだ。水は、物体の姿を非難しようのない正確さでうつしだしてみせる。水は、水平面を完全に示す。水は、水の中に沈められた物体の比重をまちがいなく知らせてくれるのである。

もし、情熱によって罪やいつわりを犯す危険のある情熱的な個人が集って、水中の分子と同じように、真実の、正しい国民が構成されているのであれば、その国民が主権者となることはよいことである。民主主義的憲法も、まず、それが国民の中にこのような平衡状態をつくりだし、ついで国民の欲望が実現されるようにさえするならば、よいものである。

一七八九年の真の精神は、あるものを、それを国民が欲しているから正しいと考えるのではなく、いくつかの条件さえととのえば、国民の欲望は、他のいかなる欲望よりも、正義にかなうものとなる機会が多い、と考えるところにあったのである。

一般意志の観念を適用しうるためには、いくつかの不可欠の条件がある。そのうちの二つの条件は、とくに注意されなければならない。

そのひとつは、国民が自分たちの欲望を意識し、それを表明する場合、そこには、いかなる種類の集団的情熱も介在させてはならないということである。

まったく明らかなことであるが、集団的情熱が現われるやいなや、ルソーの推論も、その力を失うのである。ルソーはそのことをよく知っていた。集団的情熱は、いかなる個人的情熱よりも、無限に強力な、罪といつわりへの推進力である。この場合、これらの悪い推進力は、中和するどころか、相互に千乗倍されるのである。その圧力は、真の聖者ならばともかく、普通人にとってはほとんど抗しがたいものである。

荒々しい、激烈な流れにかき乱される水は、もはや物体を反映せず、もはや水平面を保たず、もはや物体の比重をも示さなくなる。水がたったひとつの流れによって運ばれようと、たがいに衝突しあい、渦巻を生ぜしめる五つあるいは六つの流れによって運ばれようとも、それはあまり重要なことではない。この二つのどちらの場合でも、水は同じようにかき乱されているのである。

もし、たったひとつの集団的情熱が一国民全体をとらえるならば、その国全体は一致して罪を犯すことになる。もし、二つ、四つ、五つ、あるいは十の集団的情熱が、国民にとりつくとすれば、国民はいくつかの犯罪者の集団に分割されるのである。しだいに分散して行くもろもろの情熱は、大衆《マス》の中にとけこんだ数かぎりのない個人的情熱の場合のようには中和されない。中和が行われうるためには、その数は少なすぎるし、それでいて個々の情熱の力は強すぎるのである。争いがそれらの情熱を一層激化させる。情熱は、まさに地獄のような物音、たとえ一瞬たりとも、正義と真理の声（いつも、ほとんど聞きとれないものであるが）に耳を傾けることすらできなくするような物音をあげて衝突し合うのである。

ある国に集団的情熱がみなぎっている時には、どんな特殊な意志であろうと、それが一般意志以上に、あるいは一般意志の戯画とみられるもの以上に、正義と理性に近いものとなる可能性があるものである。

第二の条件は、公生活の諸問題について、国民は自己の欲望を表明しなければならないのであって、たんに人間の選出を行えばそれでよいというのではないということである。無責任な集団を選ぶことなど論外である。なぜなら、一般意志はそのような選出とはなんの関係もないからである。

それ以外の体制を構想することができなかったために、代議制が採用されたのではあるが、一七八九年の精神の中で、一般意志がある表現をとりえたのは、そこに選挙以外のあるものが存在していたからである。全国にわたっていきいきと脈うっていたもののすべてが——当時この国は生命に溢れていたのである——「諸要求帳」という機関を通して、ある思想を表現しようと努めていたのである。代表者たちは、その大部分が、このように共に考えるという作業の過程で、名を知られるようになった人びとである。それゆえ、かれらは熱意を失わなかった。かれらは、国中がかれらの言葉に注目し、かれらの言葉が国の渇望を正確に表現しているかどうかを、厳重に監視していることを感じていた。しばらくのあいだ――ほんの短期間であったが――かれらは、真に、公の思想を表現するたんなる機関にすぎなかった。

こういう事態は、もはや二度と起こらなかったのである。

この二つの条件について述べただけで、かすかながらでもデモクラシーに相似たものすら、これまでわれわれはなにひとつ知らなかったということになる。われわれがデモクラシーと名づけているものにおいては、公生活のなにかの問題について意見を表明する機会も、手段も、国民は決してもたないのである。個人的利害におさまらないあらゆる問題は、すべて集団的情熱に委託される。なぜなら、集団的情熱は、組織的に、公式に、奨励されているからである。

デモクラシーとか共和制という言葉をたんに使用するという場合でも、できる限りの注意力をこめて、つぎに述べるような二つの問題を検討しなければならない。

フランス国民を構成する人びとが、実際に、公生活の重要問題について、時々、自分たちの見解を表明することができるようにするにはどうすればよいか。

国民に質問が発せられている時、いかなる集団的情熱も国民の中を往来しないようにするには、どうすればよいか。

この二点について考慮しなければ、共和制の正当性について発言することは無駄である。

解決策を思いつくことはやさしいことではない。しかし、明らかなことは、注意深く検討してみると、いかなる解決策も、まず、政党の廃止を前提とするものとなる、ということである。

真理、正義、公益という基準に従い、政党を評価するためには、まず、政党の根本的性格を識別することから出発するのが妥当である。

三つの根本的性格を列挙することができる。

政党は集団的情熱をつくりだす機械である。

政党は、その成員である人びと各個人の思想に、集団的な圧力を行使するようにつくられている組織体である。

あらゆる政党の第一の目的であって、結局のところ唯一の目的であるものとは、自己の勢力を拡張することであり、しかも際限なくそれを行うことである。

この三重の性格から推して、あらゆる政党は、その胚種においてもその目的とするところにおいても、全体主義的である。事実において政党が全体主義的でないのは、それは、その政党をとりまく政党が、その党と同じように全体主義的であるからに過ぎない。

この三つの性格は、政党生活に近づいたことのある人にとっては誰にでも明らかな、事実上の真理である。

第三番目の性格は、集団的なものが考える人間を支配しているところでは、いたるところで生じている或る現象の特殊なケースである。それは目的と手段とのあいだの関係の逆転である。どこでも例外なく、一般に目的と考えられているあらゆるものは、本来、定義上からも、本質的にも、もっとも明白に、手段にすぎないのである。このことについては、あらゆる領域にわたって、思いのままに、そういう実例を挙げることができるであろう。金銭、権力、国家、国家的偉大、経済生産、大学卒業証書、その他多くのものがそれである。

善のみが目的である。事実の領域に属するものはすべて、手段の範疇に属する。しかも、集団的な思考は、事実の領域を超えることはできない。集団的な思考は、動物的な思考である。その思考には、絶対的善にたいして、しかじかの手段をとるという錯誤を犯すのにちょうど十分なだけの、善の観念しかないのである。

政党についても同様のことが言えるのである。政党は、原則として、公益についてのある観念に役立たせるためのひとつの道具である。ある社会的範疇の利害に結びついている人びとについても、このことは同様である。なぜなら、それに従えば公益とそれらの利害とが調和するようにできているある種の公益観がいつでも存在するからである。しかしこの公益観は非常に漠然としている。例外なく、ほとんど程度の差もないほどに、このことは確かなことなのである。もっとも一貫性の欠けた政党も、もっとも厳密に組織された政党も、その教義が漠然としているという点では同じである。たとえどのように深く政治を研究した者であっても、だれも政党の主義主張について、(万一の場合には、自分の政党の主義主張について論述するというケースも含めて)精密で明快な論述を行うことはできないであろう。

人間は自分自身にたいして、そのことを認めることはほとんどない。たとえかれらがそれを認めても、「《政党の主義主張》は、本来、いかなる意味ももちえない、」ということを認めようとしないいために、ごく素朴に、人間の無力さのひとつのしるしを、そこに見ようとするであろう。たとえある人が生涯を思想問題について書き、研究したとしても、その人がある教えをもつことはきわめて稀でしかない。集団が教えをもつことは決してない。教えは、集団的な商品ではないのである。

確かに、キリスト教の教え、ヒンズー教の教え、ピュタゴラスの教え、等々について言及することはできる。その時、この教えという言葉によって指示されているものは、個人の教えでもなく、集団の教えでもない。それは、この両者の領域をはるかにこえる場所に位置しているあるものなのである。それは、ほかでもなく真理である。

政党の目的は、漠然とした非実在的なものである。もし、政党の目的が実在するものであるならば、それは極度の注意力を必要とするであろう。なぜなら、公益とはどういうものであるかを考えることは、容易なことではないからである。政党が存在していることは、触知しうるし、明らかなことである。しかも、いかなる努力を払わなくても人びとはその存在を認めうる。だから、事実において、政党がそれ自体にたいして、ほかならぬその目的となることが避けられないのである。

そこで偶像崇拝が生じる。なぜなら、自分が自分にとっての目的となり、なお正当であるのは、神のみだからである。

偶像崇拝への移行は簡単である。政党は公益のために存在し、政党がその公益観にたいして効果的に奉仕するために必要にして十分な条件は、政党が大幅な権力をもつことである、ということを公理として提出するのである。

しかし、権力の量が限定されたものである場合には、実際には、決して十分なものとはみなされない。とくに一度その権力を手に入れてしまうと、なおさらである。政党は、思考の欠如の結果、連続した無気力の状態におちいってしまうが、いつでもその原因を、政党は自分が自由に使いうる権力が不十分だからということにしている。たとえ、政党がその国の絶対的な支配者であろうとも、もろもろの国際的な必然性が窮屈な制限を課すのである。

このように、政党の本質的傾向は、国民にたいしてばかりではなく、地球全体にたいしても全体主義的である。それは、まさしくしかじかの党がいだいている公益観が、ある虚構、むなしい実体のないあるものだからであり、しかもその公益観が政党をして完璧な権力を追求させるからである。あらゆる実在は、本来的にある限界をふくむものである。まったく存在しないものは、決して制限をうけることはない。

だからこそ、全体主義体制といつわりのあいだには親近性と盟約が存在するのである。

確かに、多くの人びとは決して完璧な権力を思い浮べたりはしない。そういうことを考えると、かれらは恐ろしくなるにちがいない。完璧な権力を思い浮かべることは目くるめくことであり、それに耐えるためには一種の偉大さが必要である。従って、こういう人びとが政党と関係をもつ場合、かれらはその党の成長を願うことで満足している。しかし、かれらは、その成長が際限なく行われるもののように思っている。もし去年よりも三名のメンバーが増えるとか、あるいは募金運動で百フラン多く集まったかすると、かれらは満足している。しかし、かれらは、こういう状態が、同じ方向に際限なく続くことを願っている。いかなる場合にも、かれらは、自分たちの政党のメンバーが、選挙人が、資金が多すぎるような状態がおこりうるとは、思ってもみないのである。

革命的気質は全体性を構想させる。小市民的気質は、ゆるやかな、絶えまない、際限のない進歩のイメージの中に落ちつかせようとする。しかし、どちらの場合でも、党の物質的成長が唯一の基準となり、それとの関連において、あらゆるものにおける善悪の定義がなされる。まさに、党は、あたかも肥えさせるために牧場に入れられた動物のようなものとなり、周囲の世界はまるでその動物をふとらせるために創られたかのようなものとなるのである。

われわれは神と黄金神《マンモン》とに仕えることはできない。(4) もしわれわれが善以外の善の基準をもつならば、われわれは善の観念を失ってしまう。

党の成長が善の基準となるやいなや、人びとの思考に党の集団的圧力が加わることは避けられない。事実そういう圧力は加えられている。それは公然と示されている。それは、是認され、さらに宣言されている。慣れがわれわれをかくも無感覚にしたのでなかったならば、こういう状態はわれわれを戦慄せしめるであろう。

党は、たましいの中にある真理と正義の感覚を抹殺するように、公然と、正式につくられた組織である。

集団の圧力は宣伝を通じて大衆の上に加えられる。宣伝の容認されている目的は、説得することであって、光明を伝えることではない。宣伝はつねに人間の精神を隷属化する試みである、ということをヒトラーは実によく洞察していた。すべての政党は宣伝をおこなう。宣伝しない党は、その他の党が宣伝をおこなうという事実からみて、消滅するであろう。どの政党も宣伝をおこなっていることを認めている。大衆の教育を党が引きうけているとか、国民の判断力を党がつちかっているとか断言することほどに、いつわりの世界の中でずうずうしいものは他に例をみない。

確かに、政党は、自分たちの党へやってきた人びと、つまり同調者、青年、新たな入党者にたいする教育について言及することはある。しかし、この教育という言葉はいつわりである。ここで問題になっているのは、党員の思想を党がより厳格に支配するように準備するための訓練のことだからである。

ある党の――代議士、代議士選への候補者、あるいは単なる闘士でもよいが――ある党員が公に次のような誓約、つまり「いかなる政治問題、社会問題にせよ、それを検討する時はいつも、わたしがしかじかの党員であるという事実をきっぱりと忘れ、もっぱら公益と正義を識別することに専心することを約束する」という誓約をおこなうと仮定しよう。

この言葉はまったく歓迎されないであろう。かれの党派の人びと、およびそれ以外の多くの人びとですら、かれの背信をとがめるにちがいあるまい。もっとも敵意の少ない人びとですら、「それなら、どうしてかれは入党したのであろうか」と言うであろう。――かれらは、ある政党に入党するということは、一筋に公益と正義を追求することを断念することだと素朴に考えていることが、これでわかるのである。くだんの党員は党から除名されるか、さもなければ、少くとも、党の信任投票では敗れるであろう。選挙で落選することは確かであろう。

それどころか、こういう言葉が述べられることは可能ではない、とすら思われるのである。事実、わたしの思いちがいでなければ、こういうことは一度もなかったのである。かりに、一見したところこういう言葉に近い言葉が吐かれたとしても、それは、自分の党以外の党の支持をえて統治しようともくろむ人びとによってなされたことであるのにすぎなかった。従って、そういう言葉には、ある種の名誉にもとるものの響きがこもっていた。

これに反して、もし誰かが、「保守党員として——」とか「社会党員として——わたしはこう思う」と言うならば、人びとはそれをまったく自然な、当然の、名誉ある言葉だと思うのである。

確かに、このことは党についてだけ言えることではない。「フランス人として、わたしはこう思う……」とか、「カトリック教徒として、わたしはこう思う……」とか、われわれは顔をあからめることもなく言うのである。

フランスでヒトラー主義に相当する党派にたいするように、自分たちはドゴール主義と結びついていると称する小娘たちは、「真理は、幾何学においてすら相対的である」とつけ加えるのであった。かの女らは問題の中心点に触れていたわけである。

もし真理が存在しないならば、事実において人間がしかじかのものであるかぎり、しかじかの方法によってものを考えるということは正当なことである。ちょうど、人により、髪が黒色の毛であったり、褐色の毛であったり、赤毛、あるいは金髪であったりするように、人間はそういうものだから、しかじかの思想を表明するのである。それゆえ、思想は、髪の毛と同様に、肉体的な排泄作用の一過程から生じる産物なのである。

もしある真理が存在することを認めるならば、真理であるものしか考えることは許されない。あるものについて考える場合、事実において、たまたまフランス人だから、カトリック教徒だから、社会主義者だから、そう考えるというのではなく、明証性の抗しがたい光にみちびかれてそう考えるのであって、そう考える以外の考え方はできないというのでなければならないのである。

明証性が存在せず、疑いが残るのであれば、われわれが自由にしうる知識の状態では、問題が疑わしいのは明白である。たとえ、ある面において弱い蓋然性が存在するだけだとしても、弱い蓋然性が存在するということは明白である。その他のことについても同様のことが言える。あらゆる場合に、つねに内的な光は、その光に意見を求める人にたいして、明白な返事をあたえるものである。その返事の内容は多少なりとも断定的である。が、そのことは大して重要ではない。その内容はつねに修正しうるものである。しかし、それ以上の内的な光によるのでなければ、いかなる訂正も施されえないものである。

たとえ、党員であるひとりの人間がどんなことを考えるにせよ、ひたすらその内的な光にのみ忠実で、それ以外のものには忠実でないことを絶対的にまもると決心しているとしても、かれはその決意を党に知らせることはできない。なぜなら、そうすれば、かれはいつわりの状態の中で党とたいすることになるからである。

これは、公の仕事に効果的に参加するために、たまたまある党に所属せざるをえない羽目に陥ったという必然性のしからしめるところという形でしか、受け入れがたい状態である。しかし、この場合、このような必然性は悪である。だから、政党を全廃することによって、こういう状態に終止符を打たなければならないのである。

内的な光にひたすら忠実であるという決意をしなかった人間は、いつわりを、たましいの中心にすえることになる。内的な闇は、その罰なのである。

内的な自由と外的な規律とのあいだに区別をおくことによって、難関を切り抜けようとしても無駄であろう。なぜなら、その場合、あらゆる立候補者、あらゆる当選者は真理を述べるという特別な義務を背負わされている公衆に向かって、いつわりを述べなければならないからである。

もし、わたしが党の名において、真理と正義に反すると思われることがらをまさに口にしようとする場合には、わたしは予め通知をしてそのことを言うであろうか。もしそれをおこなわないなら、わたしは嘘をつくことになる。

党、公衆、自分自身――にたいする三つのいつわりの形式の中で、第一の形式は、他にくらべてもっとも悪くないものである。もし政党に所属しているということが、いかなる場合にもつねにいつわりを強制するというのであれば、政党の存在は、絶対的に、無条件的に悪である。

会合の通知状の中に、「X氏は(会合の目的となっている問題について)共産党員としての見解を開陳するであろう。Y氏は社会党員としての見解を、Z氏は急進党員としての見解を述べるであろう」、というような文面を見かけることがしばしばある。

こういう気の毒な人びとは、自分たちが述べなければならない見解を認識するために、どのようにふるまったのであろうか。かれらは誰に相談することができたのであろうか。どのような神に伺いをたてることができたのであろうか。集団には言葉《ラング》もペンもない。発表の諸機関はすべて個人である。社会主義者たちの集団はいかなる個人の中にも存在しない。急進主義者たちの集団もそうである。共産主義者たちの集団はスターリンの中にある。しかし、スターリンは遠くにいる。会合で発言する前にスターリンに電話をすることはできない。

いや、X、Y、Z氏は自分と相談したのである。しかし、かれらは正直な人たちだったので、まず特殊な精神状態に、つまり共産党、社会党、急進党、といった環境の中にひたるように、実にしばしばかれらが陥った精神状態と似た状態に、自分たちをおいてみるのであった。

このような状態の中に自分をおいた後で、もし、そういう精神状態から受ける反応のままに身をまかせるならば、それぞれ共産党員としての、社会党員としての、急進党員としての「見解」と一致した言葉が、自然に生みだされることになるのである。

もちろん、正義と真理を識別するために注意力を傾注するという努力を一切おこなわないという条件つきでの話である。もし、そのような努力を払うならば、——恐怖のあまり——「個人的見解」を表明する危険をおかすかもしれない。

なぜなら、今日、正義と真理にたいする緊張は、個人的見解の保証人であるとみなされているからである。

ポンテオ・ピラトがキリストに、「真理とはなにか」[5]と聞いた時、キリストはお答えにならなかった。キリストは前もってつぎのように答えておられたのである。「わたしは真理についてのあかしをするためにきたのである。」[6]と。

ひとつの答しかないのである。真理とは、ひたすら真理を、全的に、それだけをのぞんでいる、考える被造物の中に現れる思想である。

いつわり、錯誤——これは同義語であるが——とは、真理をのぞまない人びとや、真理をのぞみ、その上ほかのものをのぞむ人びとの思想である。たとえば、真理をのぞみ、その上既成のしかじかの思想と符合することをのぞむ人びとの思想である。

しかし、真理についてなにも知らないでいて、どうして真理をのぞむのであろうか。それはまったく不可思議なことである。いかなる観念にも結びつくことなく、激しい希求の気持をこめて心の内部で発せられ、人間には想いおよばない完璧さを表現する言葉――神、真理、正義――はたましいを高め、たましいに光を溢れさせる力をもつものである。

人間が光を受けとめるのは、虚心に真理をのぞみ、真理の内容をあらかじめ推測しないようにつとめることによってである。そうすれば、注意力のメカニズムだけが働くようになるのである。

一方では真理、正義、公益を識別しようとし、同時に他方ではあるグループの一員としてふさわしい態度を保持しようと気を配りつつ、公生活の恐ろしいほどに複雑な諸問題を調整することは不可能である。人間の注意力は、同時に二つの配慮を行うことはできない。事実において、一方に固執するものは、他方を放棄することになるのである。

しかし、正義と真理を放棄する人には、いかなる苦痛も待ちうけてはいない。これに反して、党の組織には、不服従にたいしてもっとも苦痛のはげしい罰則制度がもうけられている。罰則はほとんどあらゆるものにおよんでいる。――職業、感情、友情、評判、名誉の対外的な部分、時には家族の生活にすらおよぶのである。共産党はこういう組織を完全の域にまで押し進めたのであった。

心の中では屈しない人にあっても、罰則の存在が、その人の識別能力を狂わせることは避けがたい。なぜなら、その人が党の支配に反対して行動しようとしても、そういう反応の意志が、それ自体、真理と無縁の動機であり、用心しなければならないものだからである。しかし、その用心も同じく真理と無縁の動機であり、同じようなことが他のことについても言えるのである。真の注意力は、人間にとって非常に困難な、非常に激しい状態であるから、個人のどのような感受性の混乱であるにせよ、それだけで十分に障害となりうるのである。それゆえ、個人的な希望や恐怖のざわめきにたいして、人間が自分の中にもっている識別能力を、できるかぎり守るようにという絶対的な義務が生じるのである。

もしある人が、計算の結果偶数の答えがでるたびごとに鞭で打たれることを知りつつ、非常に複雑な数計算を行っているとすれば、かれの状況は実に困難なものである。たましいの肉体的部分の中にあるなにかが、いつも奇数の答がでるように、かれが最後の仕上げをするように仕向けるであろう。それに反抗しようと思えば、いらないところにまで、偶数をみつけかねないことになるであろう。このような動揺の中にとりこまれてしまうと、かれの注意力はもはや無傷のものとは言えなくなる。もし、計算が、かれの側で注意力をすべて傾注することを要求するほどに複雑なものであるならば、かれが計算ちがいをすることは避けられないことである。かれがどんなに理解力がすぐれていても、どんなに勇気があっても、真理を思う心がどんなに強くても、そのようなことはなんの役にも立たないであろう。

かれはなにをなすべきであろうか。答はきわめて簡単である。鞭でもってかれを脅かす人びとの手から逃げることができるのであれば、逃げるべきである。もし、かれがそういう人びとの手におちることを避けることができたのであれば、避けるべきであった。

まさに、政党についてもこれと同様のことが言えるのである。

ある国に政党が存在する場合には、その結果として、遅かれ早かれ政党に入り勝負をするのでなければ、公の問題に効果的に介入することができなくなるような、事実上の状態が生れるのである。公のことに関心をもつ人ならだれでも、そこに効果的に関わりたいと思う。そこで、公益に気を配ろうと思っている人びとは、そう考えることを放棄するか、別のものを志向するか、あるいは政党という圧延機を通るかしてしまうのである。この場合にも、さまざまの配慮が、人びとをとらえ、公益にたいする配慮を排除してしまうのである。

政党はすばらしい機構《メカニズム》である。それがあるおかげで、国の全域にわたって、だれもが公の問題について、善、正義、真理を識別しようとする努力に、自分の注意力を傾注しようとしなくなるのである。その結果――ごく少数の偶然の一致をのぞけば――公益、正義、真理に反する措置のみが決定され、実行されるのである。

悪魔に公生活の組織をゆだねるとしても、悪魔とて、これ以上に巧妙なものを想像することはできないであろう。

現実がこれほどまでに暗いものではなかったというのは、政党がまだすべてを食いつくしていなかったからである。しかし、本当に、現実はそれほどまでに暗いものでなかったと言えるだろうか。現実は、まさしくここで素描した絵と同じように暗いものではなかったであろうか。事件はそのことを示さなかっただろうか。

政党に固有の霊的、精神的な抑圧のメカニズムが、異端との戦の中でカトリック教会の手によって歴史の中に導入された、ということを認めなければならない。

回心の末、教会にはいる人――あるいは自分と熟慮を重ね、教会内にとどまる決心をした信者――は教義の中にいくらかの真理と善のあることに気づいたのである。しかし、教会の敷居をまたぐことによって、その人は、同時に、「破門を命ず《アナテマ・シット》」(7)の宣告をうけないこと、つまり、いわゆる「厳正な信仰の」全個条をひとまとめにして受けいれる、ということを公言したことになるのである。ところがその人は、これらの個条をまだ研究していなかった。たとえ、どんなに理解力があり、教養の深い人であろうと、一生をかけてもこの研究はしつくせるものではない。なぜなら、その研究には、断罪ひとつひとつの歴史的状況の研究がふくまれているからである。

自分が知らないような断定に、どのように同意するのであろうか。そこからもろもろの断定が発せられている権威に、無条件的に服従すれば、それで十分なのである。

だからこそ、聖トマスは、かれの断定が教会の権威によってのみ支持されることをのぞみ、その他の議論を排除するのである。なぜなら、かれの考えによれば、教会を受け入れる人びとにとって教会以上のものは必要ではないからであり、教会を拒否している人びとにたいしては、いかなる議論もかれらを説得するには至らないからである。

このようにして、明証性という内的な光、すなわち真理への希求にたいする答えとして天の高みから人間のたましいにあたえられるあの識別の能力は、人間の霊的な運命に関わりのあるあらゆる探求から排除されて、足し算というようないやしい仕事にあてられる、不良品として扱われるのである。思考の動機は、もはや真理にたいする無条件的な、限定されない願望でなくて、あらかじめ確立された教育と一致しようという願望なのである。

キリストによって創設された教会が、このように広範囲にわたって真理を求める精神を窒息させてきたということ——宗教裁判所が存在したにもかかわらず、教会がその圧迫を完全におこなわなかったのは、神秘学が安全なかくれ家を提供していたからであるが——それは悲劇的な皮肉《イロニー》である。このことはしばしば指摘されてきた。しかし、もうひとつの悲劇的なイロニーはあまり指摘されなかった。それは、宗教裁判の制度のもとでの精神の鎮圧に反対する反抗の運動が、精神の鎮圧という行為が生みだしたものと同じものを追求するという方向をとったことである。

この反抗の二重の産物である宗教改革とルネサンスのユマニスムは、三世紀にわたる成熟期間をおいて、一七八九年の精神を生ぜしめることに大きく貢献した。一七八九年の精神から、しばらくの期間を経て、諸政党のゲームの上に基礎をもつわれわれのデモクラシーが生れたのであるが、政党のひとつひとつは破門という脅迫の武器を身につけた世俗の小さな教会にほかならない。政党の影響は現代の精神生活全般にその病毒をおよぼすに至ったのである。

ある政党に加盟する人間は、その党の行動と宣伝の中に、かれにとって正しく、よいと思われるものがあることに、おそらく気づいたのであろう。しかし、かれは、公生活のあらゆる問題に関連する党の立場を研究したことは一度もなかった。党に入ることによって、かれは、自分の知らないもろもろの立場を受け入れるのである。それらの立場が少しずつかれに理解できてきても、かれはそれを検討もしないで認めるであろう。

これはまさしく、聖トマスが考えているようなカトリック正統派に属している人間の立場である。

もし、ある人が党員証を求める際に、「わたしは、しかじかの点については党の見解と一致している。その他の点については、わたしはまだ研究していない。だから、その研究をし終らないかぎり、わたしの意見を完全に留保する」と述べるとすれば、おそらくこの人は、後日またやってきてもらいましょう、ということになるであろう。

しかし、事実においては、きわめて稀な例をのぞけば、ある党に加入する人間は、後日、「王制主義者として、社会主義者として、わたしはこう思う……」という言葉で表現するような精神の姿勢をおとなしく受け入れるのである。それは実に心持よいのだ。なぜなら、考えないということより以上に心持よいものはなにもないからである。

政党の第三番目の性格、つまり政党が集団的情熱を生みだす機械であるということについては、それはあまりに歴然としているので、立証するにはおよばないほどである。集団的情熱は、政党が対外的な宣伝をしたり、党員各自の魂に圧力をおよぼすために、自由に使いうる唯一のエネルギーである。

党派の精神が、人間を盲目にし、正義にたいしてつんぼにし、立派な人びとをも無実な人びとにたいするもっとも残酷な攻撃にかり立てる。そういうものだということは認められている。認められてはいるものの、そういう精神を生みだす組織を廃止しようということは考えられていないのである。

もっとも、麻酔剤は禁止されている。

それでもなお、麻酔剤に溺れている人びとはいるのである。だが、もし国家が、消費者を勇気づけるための広告のはり紙までつけて、あらゆるたばこ販売店で、阿片やコカインの販売をはじめたならば、消費者の数はさらに増えるであろう。

結論はこうである。政党制度には、ほとんど混り気のない悪を構成する要素があるように思われるのである。政党は原理的に悪いものであり、実際的にもそのおよぼす結果は悪いものである。

政党を廃止することは、ほとんど純粋な善であろう。それは原理的にすぐれて正しいことであり、実際面でもよい結果しか生みだしえないように思われるのである。

立候補者たちは、選挙人を相手に、「わたしはこのようなレッテルをつけている」と言うのではなくて、――こう言っても、実際には、具体的な問題に関するかれらの具体的な態度について、厳密にはなにものも公衆に知らせることにはならないのである――「わたしは、かくかくしかじかの大問題については、かくかくしかじかのことを考えている」と言わなければならないのである。

当選者は、それぞれの意見の親近性により、自然な動きに従って、結集したり、離散したりすべきであろう。例えばわたしは、A氏とのあいだで植民地問題については意見の一致をみるが、農民の所有権については意見が異っている。B氏とのあいだでは、逆の関係にある。それゆえ、もし植民地の問題が議題にのぼる場合には、会議のはじまる前に、わたしはA氏のところへでかけて少し話をする。農民の所有権が議題ならば、B氏とのところへでかけて少し話をするのである。

人工的に結晶作用をおこして党を結成するということは、意見の真の親近性とは非常にかけはなれたものであったから、ある代議士が、あらゆる具体的問題にたいして、自分の党の仲間と意見が一致せず、他党の人間と意見の一致をみるというようなことが起りえたのである。

一九三二年のドイツでは、共産党員とナチ党員とが、街頭で意見を交わしてみたところ、かれらがあらゆる点で意見の一致をみたことを確認して、精神の眩惑におそわれたということが、なんとしばしばあったことであろう。

議会の外側に、多くの思想雑誌が存在するとすれば、当然その周囲にも人間の集りができるであろう。しかし、これらの人間の集りは、流動的な状態で維持されなければならない。この流動性こそ、党派と意見の親近性をもとに集る集団とを区別するものであり、そういう集りが悪い影響力をもたないように仕向けるものなのである。あるしかじかの雑誌を編集している人やその雑誌にしばしば書いている人びとと友人づきあいをしている場合、また自分もその雑誌に執筆しているような場合、その人はその雑誌を中心とする人間の集まりと接触している。そのことはその人にもわかっている。しかし、自分がその集りの一部分であるかどうかは、その人自身にもわかっていない。それは、そういう集まりには内部と外部との間に截然とした区別がないからである。はるか遠くはなれた位置に、この雑誌を読み、この雑誌の一、二の執筆者を知っている人びとがいる。それよりもはるか遠いところに、この雑誌から霊感を汲みとっている定期購読者たちがいる。それよりもなおはるか遠いところに、ときどきこの雑誌を読む人たちがいる。しかし、誰ひとりとして、「しかじかの雑誌につながるものとして、わたしはこう考える……」などとは思いもしないし、言いもしないであろう。

ある雑誌の協力者たちが選挙に打ってでる場合、その雑誌を援用することは禁じられなければならない。雑誌がかれらを推薦することも、直接的にせよ間接的にせよかれらの立候補を助けることも、そのことについて記述することすら、禁じられなければならない。

ある雑誌を中心とする《友人たち》を糾合して集団を作ることは、いかなるものであっても禁じられなければならないであろう。

ある雑誌が、その協力者たちにたいして、いかなるものであれ他の出版物に執筆することを妨げ、それに違反したならば絶交だといって脅かすのであれば、そういう事実が立証されしだい、このような雑誌は廃止されなければならない。

こういう措置には、協力することが不名誉であるような出版物(『グランゴワール』誌、『マリ＝クレール』誌のようなもの)(8)の刊行を不可能にする出版規制がふくまれるのである。

ある集りが、結晶作用をおこし、その成員の資格にある限定された資格を設けようとしようものなら、そのたびごとに、そういう事実が立証されたと思われるやいなや、その集まりにたいして刑法上の鎮圧が下されるべきであろう。

もちろん、非合法の政党が存在するということになる。しかし、非合法政党の党員はやましい気持をもつであろう。かれらは、もはや精神の隷属を公然と宣言することはできないであろう。かれらは、党の名においていかなる宣伝をすることもできないであろう。もはや党は、かれらを、利害、感情、義務の出口のない網の目の中に閉じこめておくことはできなくなるであろう。

法が公平、平等であり、民衆にとって容易に同化しうる公益という見地に根ざしているものである場合にはいつでも、法は、法が禁止しているあらゆるものを、弱める。法が存在するというただそれだけの事実からしても、その法の適用を確かなものにしようとする鎮圧の諸措置とは無関係に、法が禁止しているあらゆるものを弱めているのである。

法に内在するこのような尊厳は、久しく忘れられてはいるが、活用されなければならない、公生活の一要因である。

非合法政党という存在の中には、合法的政党の実体というはるかに高度の段階においてみうけられないような不都合は、いかなるものも存在しないように思われるのである。

全般的にみて、注意深く検討してみると、政党の廃止に附随する不都合は、いかなる種類のものも、いかなる点にもみられないように思われる。

奇妙な逆説によって、不都合のないこの種の諸措置が、実際には、決定される機会のもっとも少ないものなのである。「もし、そんなに簡単なものなら、どうして、ずっと前から行われてこなかったのだろうか」人びとはこういう疑問をもつのである。

しかし、一般的にいって、偉大なことは、簡単な、単純なものなのである。

こういう措置がとられたならば、その浄化の効力は公の問題をはるかにこえてひろがることであろう。なぜなら、党派的精神はあらゆるものを侵蝕するに至っていたからである。

公生活の行動を決定する諸制度は、権力の威光のゆえに、つねに一国の思考全般に影響をおよぼすのである。

その結果、いかなる領域においても、ある意見にたいして《賛成》か《反対》の立場をとることによってしか、もはや、考えることをほとんどしなくなったのである。ついで、賛成であるにせよ、反対であるにせよ、そのケースに従って議論を探索するのである。これは、まさしく、ある党へ加入する場合の姿勢を、置きかえたものにほかならない。

政党の中にも、いくつかの党派を認める民主主義者たちがいるのと同じように、世論の領域においいても、自分たちが賛成しない意見にも価値を認めている人びとがたくさんいる。

これは、真なるものといつわりのものの意味すら完全に見失ってしまったからである。

またある人びとは、ある立場をとってしまうと、自分と反対の立場にあるものはなにひとつ検討しようともしない。これは、全体主義的精神を置きかえたようなものである。

アインシュタインがフランスにやってきた時、学者たちをもふくめて、多少とも知的な環境にあるすべての人びとは、かれに賛成か反対かの二派に分かれてしまった。新しい科学思想が現われれば、どんな場合でも、科学者の集まりの中に、いずれも情けないほどに党派的精神によって活気づけられている賛成者と敵対者とが生みだされるのである。その上、このような集まりには、多少とも結晶しかけた状態の、さまざまの傾向、徒党がみられるのである。

芸術や文学においては、このことはなおさらはっきりとしている。キュビスムとシュールレアリスムは一種の党派であった。《モーラス派》(9)がいたと同じように《ジッド派》がいた。ある名称をもつためには、党派精神によって活気づけられている一群の讃美者にとりまかれていることは役に立つのである。

これと同じように、ある党派に結びつくことと、教会に属すること、あるいは反宗教的態度に執着すること、それらのあいだに大きな差異はなかった。人びとは、神にたいする信仰に賛成か反対か、キリスト教に賛成か反対か、等々というだけのことであった。その結果、宗教についても、活動家のことが話題になるようになったのである。

学校においてすら、子供たちに賛否どちらかの決心を迫るように仕向けることによってしか、子供の思考を刺戟する術をもはや知らないのである。大作家の文章を引用して、「あなたはこれに賛成ですか、反対ですか。あなたの議論を展開しなさい」と子供たちに言うのである。試験となるとこのかわいそうな子供たちは、三時間もかかって論文を書き終える前に、自分が賛成なのか否かを自問するのに五分以上の時間を費すこともできない状態である。したがって、子供たちにはつぎのように言ってやることの方が、ずっと容易なことであろう。「このテクストをよく考えなさい。そしてあなたの心に浮んだ意見を書きあらわしなさい。」と。

ほとんどいたるところで、——しばしば、純粋に技術的な諸問題についてすら——賛否どちらの側に加わるか、どちらの立場をとるかということが、考えるという義務にとって代ってしまった。そこにうごめいているものは、もろもろの政治的環境の中に根ざした癩病であり、それは、国中いたるところ、ほとんど思考の全般にわたって、ひろがってしまったのである。

まず政党を廃止することから出発しなければ、われわれを殺しつつあるこの癩病を癒すことができるとは思えないのである。

断章と覚え書

（とくにフランスにおける学生集団向けの）一つの教えの基礎についての素描

教えはなににたいしても十分なものではない。しかし、ただ、間違った教えにあざむかれないためというだけのためにも、少くともひとつの教えをもつことは、どうしても必要である。北極星をみたところで、それが漁夫に進むべき方向を語るわけでは決してないが、しかし、もし漁夫が北極星をみつける術を知らなければ、夜間航海はできないであろう。

さらに、もっともよい教えを構想し、理解し、受けいれることは簡単である。基礎的な真理は単純なものである。困難なのは、それをいかに適用するかである。もっと正確に言えば、適用が本能的に行われるように、真理を十分に自分の養分とし、真理を完全に吸収してしまうことが難しいのである。

しかし、第一の困難は言葉の中にある。真理はあらゆる人間の心の内奥にあるが、それはあまりに深く隠されているために、言葉で表現されることが難しい。言葉で表現されていない思考が、言葉で表現されていないということのために、行為の中で実現されないことがありうるほどに、人間は言葉を必要としている。それゆえ、人間がどう名付けてよいのかわからず途方に暮れてしまうようなあるものを欲している場合には、人間は別のものを欲しているのだと思いこませ、人間のエネルギーを、無関係な、悪いあるものに向けさせることができるくらいである。

それゆえ、人間に関わるあらゆる問題にたいして唯一の手引きとなりうるような教えを表現したものを探索し、それを発見することが有益である。

しかし、まず、それ以外のものを一掃することが有益なのである。

二、三世紀来、いくつかの教えが、人びとの心を獲得しようとして争ってきた。どの教えにも、あまりにも明白な不十分さがみうけられるにもかかわらず、それらが消滅しなかった理由は、最良の教えがそれらにとって代ることができなかったからに外ならない。

＊
＊＊

社会的正義。

正義を目的とする国家の機能がある！　それは司法上の機能である。

これは明らかなことであるのに忘れられている。

一方では裁判を行う機能、他方では救済（その問題点は集団的救済とか個人的救済とかではなく、愛につらぬかれた救済であること）。

この領域で指導権を握るのは権利ではない。

それはまた、義務の観念をともなわない欲求でもない。

法規は正義からその尊厳を奪った。

法律学校！

正義と救済を行う宗教的機能。

＊＊＊

平和には、威信もなければ詩もない。

正義にはそれがある。

＊＊＊

農民、それは自然の美。

労働者、それは力学の法則の美。

美のない職業を少くする、あるいはなくするよう努力すること。

＊＊＊

国家の司法上の機能は、宣伝とは両立しない。

従って、党派とも――

またナショナリズムとも。

題目＝国家の司法上の機能。

仲裁者的身分。

今日、いったいだれが司法上の機能と正義とのあいだに、ごく僅かの関係でもあると考えるほどに素朴だろうか。

エジプトの農夫の嘆き――老婆とフィリップ。鉛直線。

帝国主義とも両立しない。

地獄とは、餓鬼たちを服従の中に復権させることである。

司祭、牧師、組合主義者、農民たちによる法規の改正………、、、、この国の内部で、法規の改正を準備すること。

一七八九年におけると同様に、この国の内部で《要求帖《カイエ》》を。

法、それはなによりもまず司法上の規範でなければならない。(今日ではそれは行政上の法規にすぎない!)

第一に司法上の、

第二に立法上の、

第三に行政上の、軍事上の、そして警察上の法規。

現在は、この第三のものしか存在しない。

法律学校で、(1)正義の人であれと若い人びとを鼓舞激励することを、だれが支持するであろうか。

クーザンの三位一体。真――美――正義――これら三つの善の地上的形態が、それにとって代るべきこと。

＊
＊＊

第一原理として提示すること。

二世代後のために、立憲上の、立法上の原理を提示すること。

（たとえ、ひとりの人間の最低の食餌療法を決めたいと思っても、発熱して四十度の熱のある人が食べるものを基準とはしないものである。）

なにがうまく行かないのか、どこに欠点があるのかを知るための調査。

それと同様に国際的にも（国際裁判所）。

（はじめは、――新聞に公表された――通告から取りかかることができる。それが少しずつ法規となるのだ。）

つぎのことを忘れてはならない。つまり、多くの人びとが獲得した経験を利用すること。このような経験を同化するための、研修制度をともなった、自由な学校をつくること。

*
**

フランスにとって、救いと偉大の唯一の源泉は、不幸のどん底で――いま――フランスの精髄を再発見することである。それは、行動の中に、ただちに精髄との接触をとりもどす機会をもつためである。

行動が動機を真のものとする。

行動が新らしい動機を生じさせる。

分析。

大きい危険と大きい手段。

熱烈な、生きいきした人間の集りを結晶化し、――言葉を収集し、言葉を伝達する組織。

もう一度、根をもつこと。

＊
＊＊

仕事。

思考と欲求とを識別すること。

言葉によって――行動によって（思考しながら同時に実践的目標との関連における行動様式を考え出すこと）、――組織を通して（自然に生みだされるものをもとにし、その輪郭のみを明確にし、行動の場合と同様の二重の配慮をはらいつつ考え出すこと）、なにに実在をあたえるかを選択すること。

詩の制作（分析）と同じような、いくつかの計画に立脚した制作。

＊
＊＊

教育の方法、
懲罰――褒賞
暗示
表現
範例

行動（組織）

はじめにあげた二つの粗雑な方法——

現に行われているのは、ほとんどそれだけである。

＊
＊＊

人間にあって聖なるもの、それは無人格的なものへの適応性、無人格的なものへの通過の能力である。

ある人間の人格が傷つけられるたびごとに、その人間の内部にある無人格的なものが、その余波を受けて傷つけられる恐れがある。この余波を避けなければならない。

無人格的なものへの適応性は、人格が傷つけられなくても傷つけられることがある。例えば宣伝によって。そこに悪がある。

この適応性を窒息させるものが集団的なものである。

（存在しない）集団に向かって、人格を尊敬しなければならぬ、と説得するにはおよばない。

人格に向かって、集団的なものの中に埋没してはならぬと説くべきであり、人格の内部に無人格的なものを成熟させなければならない。

この成熟には沈黙と空間とが必要である。

同時に熱も。なぜなら、胸をしめつけるような苦しみをあたえる冷たさは、人間をして頭を下げて集団的なものの中に没入せしめるからである。

それゆえ、ひとりひとりの人間を熱でとりかこみ、その周囲に空間と沈黙をあたえるような集団生活が必要なのである。

現代生活はその逆のものである。たとえば、工場。

熱を強く求めること。

無人格的なものの中へ入って行けない集団。（集団《グループ》は足し算すらできない。）しかし、無人格的なもののしるし《マルク》を受けとめることはできる。

集団的生活そのものの上に、無人格的な色彩、つまり美を広げること。

権力、力、物力を押しつけることによって全体主義的国家が獲得する美のいつわりの模造品を、ではない。

そのような美ではなく、安定し、休息していて、永遠に変らぬ色彩でふちどられた美。

それこそ、宗教の特別な機能である。（なぜそうなのかを説明すること。）

キリスト教は、十三世紀の初頭まで、この機能を果してきた。十三世紀そのものの輝きは、それに先立つ時期の余光である。

宗教裁判所を確立することによって、キリスト教はもはや一党派にしかすぎない存在に身をおとした。それは、あらゆる党派がそうであるように、唯一の全体主義的体制となるか、党派間の争いというゲームの駒《ピオン》となるか、二つにひとつの選択だけを行う。

宗教裁判所は消滅した。しかし、その結果はいまも残る。キリスト教から離れて行った教会についても、このことは同様である。

内的な再生が行われた正統の観念が開花するのでないかぎり、その結果は、続くであろう。キリストは、「わたしは正統である」とは言わなかった。「わたしは真理である」と言ったのである。もしこの再生が行われるならば、キリスト教は、そのユニイクな社会的使命を遂行することができるであろう。その使命とは、白色人種の国ぐにで、例外なく、集団的生活のあらゆる行為の中心的霊感となる、ということである。

どうすれば、人間は無人格的なもののしるしを、集団に押しつけることができるのか。

* **

組合=もはや金銭を要求するのではなく、金銭以外の動機を要求すること、(しかし組合にはできない……)

動機としての金銭を制限すること――どういう具合に。

割当配給制度を利用しては。

給料の中に、仕事と関係のあるいくつかの無償の特典を加えること。――例えば――知識人には、――旅行、書籍、芝居、美術館、――農民、労働者には――等々。どの職業にもいくつかの特権があたえられることを!

特殊な通貨(その売買は処罰さるべき、不名誉きわまることにする)。金銭がもはやあらゆるものの等価物とならないことを!

成人学校《エコール・ダデュルト》。

無償の特権として、超過時間には手当が支給されること。

原則＝欲求に関わるものは、いかなるものも金銭に従属せしめないこと。

結論＝金銭がなくても、………だれも飢えることなく、寒さにふるえることもない。

だれであろうと、食べて働くことができる場所。

働かなくとも食べられ、しかも医療を受けつつ休息することができる場所。

はじめに述べた場所＝だれでも食べて働くことができるように、（職業的再教育をふくめて）再教育を目的として、自由意志で集った人たちが運営する同業者の仕事場。——そこへ行くための旅費は無料とする——託児所と学校（寄宿制度）を併存させる。

たましいの欲求——譲渡しえない財産——自由、服従——仕事（上述事項参照）——名誉、平等——根をもつこと（家庭の生活）。

＊
＊＊

歴史は資料に根ざしている。つまり、歴史は、犠牲者に関する殺人者たちの証言に根ざしている。

＊
＊＊

緒戦の頃、ロンドンのラジオ放送は、名誉を重んじた人間の精神をフランス人に向かって表現していた。いまは、ほかならぬ自分たちの不幸の精神性を、フランス人に向けて表現しなければならない。

＊＊＊

集団が個人の上におよぼす権力の行使は、いかなるものであれ、聖なるものによって限定されるべきである。

＊＊＊

儀式＝集団に結びついたいつわりの聖なるものが、個々の人間の内部で、いつわりの聖なるものよりも強力な、真の聖なるもののもつ感動によって、消し去られる過程。

恐ろしいほどに容易な地滑り。教会はひとつの集団である。キリストがいるから教会を信じるというのではなく、教会があるからキリストを信じる人びとは、偶像崇拝者である。

＊＊＊

キリスト教は世俗の生活から姿をかくしてしまったが……われわれはキリスト教の正体をみとどけている。

＊＊＊

科学とヒトラー――

歴史とヒトラー――

(尊厳のない、詩のない、個々の人間の徳の水準に堕した正義。)

………の象徴であるヒトラー………

ものを書く術を知っているわれわれすべては、より罪深い………

＊＊＊

一方において神に向かっていることにより、他方において時間の中で季節のリズムと結ばれていることにより、世界の美を反映している集団生活。

礼典と季節——

自然の中にひたされている祝祭。

＊＊＊

十字架がすべてである。十字架は神の摂理によって、われわれがそれを見あやまることがありえないように、空間の中に描かれている。

＊＊＊

木とその木の果実という基準は、あらかじめ正統の観念を否認するものである。

＊＊＊

科学は宇宙の秩序を知覚するための努力である。従って、それは人間の思考と永遠の英知との接触である。それは秘跡のようなにかである。

古代の諸民族――もちろん、ローマ人を除く――のもとでは、動かない物質は、必然に従うことによって、神にたいする服従の実例を示しているという考えが生きていた。この考え方に従えば、ほんのわずか精神を働かせるだけで、科学を宇宙の美の探究、芸術を宇宙の美の模倣、正義を人事百般のできごとの中に存在する宇宙の美の等価物、神への愛を宇宙の美の創造者であると理解することができるのである。

このようにすれば、数世紀来、見失われてきた統一が再現される。

労働とは、苦しみを通して宇宙の美との、いわば肉体的な接触である、ということをつけ加えなければなるまい。

単に物質の必然への従属が、われわれの服従のイメージであるばかりではなく、必然は恩寵の超自然的作用のイメージでもある。(光――てこ――循環運動〔車輪、星、ピュタゴラス〕)。

時間の回帰と永遠。集団生活が労働、少くとも農民的労働(種まき、養鶏……)に結ばれ、科学によって啓蒙され、芸術によって表現され、神に向けられるように、時間の回帰によって集団生活に永遠の色彩――礼典と季節――をあたえること。

われわれはそういう状態からほど遠い。

しかし、不幸はそういう状態の原形をつくる機会である。

不幸には超自然的知恵の宝庫がふくまれている(すぐれてキリスト教的な観念)。しかし、不幸について思考し、それを表現しなければならない。不幸に陥っている人びとの大部分は、表現の手段から除外されている。別な言葉で言えば、肉体が死を嫌うより以上に、思考は不幸を嫌うのである。フランスはロンドンに表現の手段をもつ。フランスに存在する不幸。思考と表現とは、ロンドンから移されてフランスの中に存在しなければならない。

＊＊

文化とはなにか。

注意力の形成。

幾歳月の流れの中で人類が積み重ねた精神性と詩の宝庫に参加すること。人間を知ること、善と悪とを具体的に知ること。

詩＝説明すること。宇宙の光景は最初の詩である。人間がそれによって宇宙を観想する注意力の形成。

白人種の子供たちにたいする初歩的な、科学的知識の教育の目的は、それ以外にはない。

たとえば、天文学。ギリシア人の天文学を教えること。

ついで、（例えば汽車や汽船の）相対的な運動の概念を教えたあとで、さらに正確ないくつかの測定が行なわれた結果、太陽が中心であることを想定する天体の運動法則をもっと簡単に公式化することができる、と考えられるようになったことを指摘すること。

まずつぎのように述べること。「地球は太陽の周囲をまわる。」――これは真理の代用品であるとして、カトリックの正統派が宗教裁判にかけた概念である。
あらゆる象徴との、あらゆる連合との——平衡。流体の中での均衡（船舶、飛行機）。
二つの概念——均衡とエネルギー——をめぐって。
算数＝正確さの概念。
幾何学＝必然性の概念（つまり不可能性）。

＊
＊＊

文化（精神性に接する部分における）。
注意力のいくつかのすぐれた資質の形成（それらを列挙すること——問題を提起すること、、、、、、……）
幾歳月のあいだ、世代から世代へと継承されてきた精神性の宝庫に参加すること。
人間の心を知ること。善と悪とを具体的に知ること。幾歳月のあいだ、世代から世代へと継承されてきた詩の宝庫に参加すること。宇宙を詩的に観想することができるような資質をはぐくむこと。ここにあるもの＝科学の諸要素。いくつかの概念をめぐって、決して詩の認識を分離しないこと。
数＝正確さ。
　関係。類推（比例数）
幾何学＝必然性（すなわち不可能性）
自然科学＝均衡
　エネルギー

天文学（ギリシアの）＝天体の中に世界の秩序を観想すること。

＊＊＊

しかし、絶対的に真実であることがらのみを述べること。決して間違ったこと、あるいはそれに近いものを述べないこと。

ゆめゆめ、記憶に仕事を課さないこと。

＊＊＊

「正しく用いられ、完全に理解された言葉のみが、天においてもこの地上においても、あらゆる願望の牝牛である。」

＊＊＊

シィブリ（スーフィー(2)十）
「近くにいることに慣れている人間が、あなたの側をはなれると辛抱しきれなくなる。
あなたの愛によって傷つけられた人間は、あなたの側にいることにすら耐えられなくなる。
たとえ、眼はあなたの姿を見なくとも、心はすでにあなたを見てしまった。」

＊＊＊

「わたしが病気なのに、あなたがたのだれひとりとしてわたしを見舞いにやってこないのはなぜか。あなたの奴隷が病気になっても、わたしは急いでかけつけて見舞うのに。わたしにとって、あなたの軽蔑の方が病気よりもつらい。あなたの奴隷の軽蔑もまた、わたしにとってはつらいものだ。」(十)

＊＊＊

「あなたの愛は失望、あなたの愛は憎しみ、あなたの結合は分割、あなたの平和は戦い。わたしは、あなたの愛ゆえに、人びとがさまよっている場所に立ち停ることを止めなかった。」「ああ、もしあなたがいなければ、わたしはどうなっているか、それがわかっていれば、わたしは生きてはいないだろう。わたしは、どのような具合に自分がもはやこの地上の人でなくなるか、それがわかっていれば、《わたしは生きてはいないだろう》という言葉すら吐かれないであろう。」

＊＊＊

「好きな場所にあなたの心を移しなさい。真の愛は《最初に愛された人》にたいするものでしかない。」(十)

＊＊＊

責苦と交感的魔術。車責の刑＝太陽の運行の模倣であろうか。絞首刑、そのそもそもの始りは、地軸のイメージである船のマストに、ぶらさげることであったのだろうか。同様に、磔刑は、マストに縛られた水夫であったのだろうか。

交感的魔術と呼ばれているものと風景鑑賞とは、同じ性質のものである。

宇宙の模倣は、古代の宗教祭祀と、そういう祭祀から派生した神話の大部分の基礎である。

そういうものすべての根底に、小宇宙の観念がある。受肉の観念。そのたましいが「世界霊魂」であるような人間を、模倣すべき実例として自らにあたえること。

キリスト教徒たちは、このようなキリストのたましいの観念をほとんど失った。

人間の思考の中で受肉した「宇宙」の秩序。それがわれわれの目的である。真理はそのようなものであると定義される。美もそうである。そして正義も。創造者である神の観念もそれである。宇宙の秩序と人間の思考とのあいだに起源をもつ共同体。

＊
＊＊

数に関する迷信。子供が何人いるかを言わない原始人たち。何点であったかを言わないゴルフをやる現代人。ニオベ(3)の歴史——おそらくは原罪史のひとつの解釈。冥想すべきこと。数の悪魔的使用と神のごとき使用とがある。

＊
＊＊

数の、従って数学の、神のごとき使用、または悪魔的使用。調査の原始的な禁止。数えられる民衆。

国家にとって数は力である。番号をつけられたたましいは隷属化されている。〔モーセはまず調査することから出発した。[4]〕

ニオベは自分の子供の数を数える。しかし、その量によって強力となるや否や、子供たちは量の奴隷となる。時間の形で示される量は、創造されたあらゆるものを奴隷化する。創造された存在は、量を、従って時間の奴隷となることを選んだ。

純粋な数学、それは量の研究である。そこから量が追放される。ニオベの贖罪。

類推によって、そして単一性と無限の観念によって。

量については、量を研究するのではなく、神の知恵のはからいを研究すること。

美もまた量から遠ざかる。

（子供の数は原始時代にあっては富であった。）

ニオベ。かの女が受けた懲罰、それは子供たちが死ぬばかりではなく、ついでかの女が食べるということである。これは原罪とその懲罰のもっとも悲痛な解釈である。

数学。量にたいして関係を代置すること。量の相対性。

原罪のいくつかの解釈＝1°、イヴ。2°、太陽と月の近親相姦（エスキモー、ジプシー）。3°、しゅろ酒（黒人たち）。4°、扉（グリムの童話）[5]。5°、美の憎しみか（白雪姫、アーモンドの木）[6]。6°、数（ニオベ）。7°、タンタロスの話。8°、アトレウスとテュエステースか。

＊＊＊

ナイルの歌＝おお半円形の鎌、他の小さな鎌の母――どの鍛冶屋もおまえより上手に鎌をつくらなかった――サイド・オマールの手になる半円形の鎌――かれはその鎌を月明りのもとでつくった。

鎌は三日月に似せてつくられたのであろうか。

＊＊＊

夕陽に向かって＝おお、赤きもの、赤きものよ、山の彼方へおりて行け。おまえが長くいたので、われわれは疲れている。おお、赤きもの、赤きものよ、おまえの太索《ふとづな》をひけ。まっすぐに進んで神のみゆるしをこえ。

＊＊＊

失墜した天使は、受肉を（そこにふくまれる受難を）認めまいとしたために失墜したのである。おそらくユダも同じ動機をもっていたのであろう。（キリストが神であることを証明したがっていたのである。）　聖パウロ＝「……サタンの子よ。わたしより遠ざかれ」(7)

＊＊＊

不当に苦しめられている人間は、まず、不正を許さざるをえなかった神に同情すべきである。他人の苦悩についても、同様のことが言える。

＊＊

木に布切れが一枚かかっているというイメージは、風が立って波立っている海面の光景に由来する。千変万化するものの中の、変らないもの。不変のひろがり（地平線の円）。

＊＊

《われわれの債務者》。侮辱を許すことができるのは、神がその侮辱をあたえた主であると思われる場合にかぎられる。侮辱はいかなるものでも有限の悪であり、神は無限の混りけのない「善」であるから、人は神にたいするいかなる侮辱でもかならず許すものだ。侮辱者は――たとえかれが不当にわれわれに悪をなしたとしても――物質の普遍的なメカニズムの（神の知恵によって配置された）一部品にすぎない。しかし、われわれが行った悪についても同様のことが言える。われわれは自分たち自身にたいして、同じように考えてわれわれ自身を許すことがあるものだ。

＊＊

「愛《ラモーレ》なれや《ケ》、その《ムオヴェ》動か《イル》すは《ソレ》日《エ》とほ《ラルトレ》かの星《ステルレ》。」(8) これはアリストテレスより以前にクレアントス(9)の頌歌「それが奉仕者の徳である」によって表わされている、おそらくは、大昔の古代人の思想であろう。動かない物質の上にも神はひたすら愛をもって支配するというのは、今日では失われてしまった観念である。（それはルネサンス以後のことであろうか。大工業が出現してから以後のことであろうか。）

神がただひとり善である以上、愛をもってする以外に、どのように神は支配するのであろうか。もし神が愛以外のものを手段として支配するとすれば、宇宙はどうして美たりうるであろうか。もし人間が神をまねるべきであるならば、今日人間が物質の上におよぼしている力は、人間の使命にこたえる種類のものであるとは思われない。

「各人は進んであらゆることにおいて愛に従う。」

＊＊＊

「黒い牡牛《ブラック・ブル》」。神はあらゆる輝きを奪われたたましいのもとにやってくる。ひたすら神は愛されることを求めているなにかのように、やってくるだけである。

神は、自分が絶対的善であるということを除けば、愛されるなんの資格も示すことはできない。それは、たましいの中の、創造された、死すべき、肉体的な、いかなる部分にとっても、無に等しいものだ。この部分に（人間の意識がおかれているのであるが）比べれば、神は愛されるいかなる資格ももちあわせていない。神は絶対的な乞食である。神は愛を要求する。しかし、どのような資格があって愛を要求するかは示さず、しかも愛と交換になにも提出しない。それはひたすら要求である。絶対的な貧者。「愛は赤貧を友とする」。

なぜ善を愛さなければならないかといえば、それはつぎのような定義に根拠がある。つまり、善は愛されるに値するものであるからだ。このように言ってしまうと、洒落のように聞えるほど、それは単純で抽象的である。このように善が愛される資格のあるものだということは、抽象に呼応する実体を認識しうるように訓練された精神によってのみ認識されうるものである。

もし人が数学の完全な純粋性について、また同時に物質の認識、物質への働きかけに適用されうる数学の特性について考えてみるならば、数学は先に述べた精神を形成する出発点をあたえるものである。

⁂

宇宙は神の摂理によって、具体的なものの認識が抽象的なものの認識への橋渡しとなるように構成されている。宇宙は、このように抽象から抽象を経て、純粋な善に外ならない最高の実体へ向かって、たましいを導いて行く。

⁂

海の波。一致《アコール》。どうしてそうなるのかということは、われわれの知覚では理解できない。たえず、われわれは、心ならずもそこに数を読みとろうとするが、数はかくれてしまい、一と無限とがほとんど直接的に触れあわんばかりになっている。

蛇、巨大な海獣《レヴィアタン》(10)、布切れ。それらはすべて海の波動を表らわしている。

大海原、月、太陽のイメージである聖体パンの白い丸いパン。

⁂

アポロンとアルテミスの弓。(11) 弓によって放たれた矢は、半月を描きつつまっすぐに運動する。半円の弓弦は、二つの方向に交互に内側に曲がる。このようにして月は時間をうみだす。矢は時間となるであろう。

＊＊＊

歓喜はたましいの本質的な欲求である。それが不幸という形をとろうと、単なる倦怠にすぎなかろうとも、歓喜の欠如は病気の状態であり、そこでは知力、勇気、雅量は消えてしまう。それは仮死状態である。人間の思想は歓喜を糧とする。

快楽、娯楽、気晴らし、感覚や虚栄心の満足は、歓喜ではない。歓喜は、人間や集団に、その外側からもたらされるものではない。歓喜はその内側から現われるべきものである。しかし、人は自分自身に歓喜をあたえうるというものでもない。人が歓喜を求めている時には、歓喜はやってこないものである。

とはいえ、歓喜を可能にする、あるいは不可能にする条件がいくつかある。歓喜を求めるという欲求以外のたましいの欲求を充足させることも、これらの条件の中に数えられる。

＊＊＊

肉体の欲求の充足は安楽を生み、たましいの欲求の充足は歓喜に導く。たましいの欲求の充足は歓喜に導くけれども、充足がそれで事足れりとするか否かは確かではないし、充足に関係のない歓喜が存在しないかどうかも確かではない。歓喜は神秘である。

＊
＊＊

真の進歩はどれも創造の努力を必要とする。従って、充足されない状態で、精神に浮かぶ救済の手段はよいものではない。もし、全体の注意力が、欲求にたいするはっきりとした展望の上に永遠に注がれるならば、効果的な救済の手段が少しずつ現れてくるのである。

＊
＊＊

物質――人間――超自然的なもの。超自然的なものの観念が失われると、人間にも物質にも善を結びつけることができる。二つのあやまち。少くとも唯物論は、人間の弱さについて正しい見解を保持している。しかし、それは人間を軽蔑するようにしむける。善を物質の中に置くことによって、人間を物質として――あるいは、それ以下に扱う。なぜなら、唯物論は、外的で同時に内的な関係を、純粋に外的な関係にしてしまうからである。超自然的なものは約束を守らない、しかし、合意の上で。もうひとつのあやまち、それはユマニスムと呼ばれているもの……

この二つの中では、たましいが真理を受け入れることができる状態により近いのは唯物論の方であった。しかし、唯物論は、希望をいだかずして、しばらくのあいだでも同一の状態に静止していることができなかった。

もしマルクスが……を知っていたら、

業苦＝マルクスとプラトン。
唯物論者たちは唯物論を信じている……

＊
＊＊

キリスト教的渇望《アスピラシオン》の背後に人びとを集めること。この渇望という言葉の方が、価値という言葉よりもはるかに〔ふさわしい〕。なぜなら、価値はある現存をひき合いにだすが、渇望は不在を問題としているからである。われわれの善は不在である。

無神論者も完全に同意しうるような言葉で、しかも渇望が内包している特質を少しも省略することなく、渇望の定義をこころみなければならない。それは可能である。この置きかえという努力が大団円に達すると、《俗人の道徳《モラル・ライツク》》ではなく、それとは異なるなにかがえられる。なぜなら、《俗人の道徳》とは、異なった言葉で表現されたキリスト教というものではなく、劣った段階にさげられたキリスト教だからである。

カトリック教徒にも、プロテスタントにも、無神論者にも——仲裁人としてではなくて……——受け入れられうる、輪郭のはっきりした、特殊ななにかを提案し、いますぐにでも、抵抗組織、とくに労働組合にたいして、その方向がかれらの進む方向であるか否かをたずねてみなければなるまい。

非常に……な共産主義者である一労働者にも受け入れられるなにかが……

（つぎのことを排除する——組織的議事妨害を重要視すること）

職業的なカトリック教徒ですら、単に人間のあいだにばかりではなく、たましいの中にも存在する防水隔壁を打ち破るために必要なこのような表現を――なぜなら、われわれは俗な言葉で思考しているのであるから――必要としているのだ。

＊＊＊

なぜ政党を禁止しないのか。

精神的欠乏症の観念。

治安維持の問題、
刑罰的鎮圧の――追放――少年感化院――問題。

売春の問題。

白紙状態か。否――なぜなら、ヴィシー政権に由来するものを破壊することの方が、それ以後に作られてしまったかもしれないものを破壊することより、容易だからである。

労働者階級では、つまらない問題とそれ以外のものとを区別すること。

＊＊＊

義務――欲求《ブゾワン》という観念をもってすれば（権利とは反対に）、人は原理の中にとどまることができる。あるいは、望みうるかぎり正確に具体的な細部に接近することができる。なぜなら、欲求は、いかに把握しがたいものだとしても、事実だからである。欲求を研究することはできる。
もしだれかが、「人間には自由にたいする権利がある」と述べ、「人間が権利をもつ自由とはなにであるか」と問うとすれば、ここで用いられている観念は、具体的な回答を探索するためのいかなる方法をも提起しない。

これに反して、もし「人は、人間が必要としているものをあたえなければならない。しかして人間は自由を必要としている。」と問うならば……この場合はその反対である………

もし人が、「だれが……ねばならないのであろうか。」とたずねるなら、「その立場上許されるかぎりのことを尽くして、だれでもしなければならないのだ。」と答えるべきである。

もし人が、「だれが〔自由を〕必要としているのか。」と問うならば、その答は、すべての人間、である。本質的に普遍的でないものは、その形式がどのように変化しようとも、欲求ではないのである。

この公式は、原理のように絶対であると同時に、生命のように柔軟である。

＊＊

尊敬の間接的証言。

それは、人間の本質に外ならない善にたいする感受性と要求とのあいだの関係に根ざしている。この関係は、人間性の中に刻まれている。それは人間性の〔絆である〕。そしてあらゆる人間に内在する。〔それは、人間の内部における神のごときものの受肉である。それは生命である。それを解離することは死である。《哲学することは死ぬことを学ぶことだ》。地上では、死は部分的なものであるにすぎない。〕

他人の行為や怠慢の結果、心身が傷つけられるか奪われるかして、ある人間の生命が破壊されたり、切断されたりする場合、その打撃を蒙るのは、その人の感受性ばかりではなく、善への渇望でもある。それが、いかなる例外もなく、すべての人間に通用する真理であるとはかぎらない、と推論する根拠はなにもない。

〔注意。ここにはキリストもふくまれる。たとえ、彼岸と永遠の接触を保持している存在の一点があるとしても、その一点へ達することはできない。

われわれに内在する善への渇望は、外部からの打撃にさらされている。しかし、その善への渇望のもっとも神秘的な中心に、ある一点、つまり、もうひとつ別の渇望の本拠が存在し、それは外部からの打撃にさらされていない。それを発見しなければならない。それが宇宙の創造者《ブラマ》の本拠である。

他方、そういう打撃は実在する。だからこそ、苦悩をうまく生かす方法、懲罰の技術が考えだされてきたのである。〕

人間が蒙る打撃や剥奪が、ある必然性に呼応するものである場合にのみ、人間は打撃を避けうる。もし人間が、自分に打撃なり剥奪を蒙らせる人びとが、真にある必然性に従っているということを知っていれば、あるいは、人間が自分自身その必然性を認めているのであれば、打撃を避けることはできる。

プラトン。同じものでありながら別なものでもあるもの。いかなる人間にも内在し、人間が愛さなければならない同一のもの。

＊＊

善への渇望と無力感にひたっている同一の人間たち。悪を選ぶ人びと、悪を善ととりちがえている人びと、そしてある瞬間、善に絶望した人びと。自分自身をふくめて、あらゆる人間にたいして、人間があの盲目的な渇望をいだくことに変わらぬ同情を示すことが、ひとりひとりの人間にとってはふさわしいことだ。しかし、ひとりひとりの人間は、この渇望について他人を助けることはできない。だから、かれらがいだく肉体とたましいのこの地上における欲求についてのみ、かれらを助けることができるのである。息子を失った母親の場合がそれである。息子をかの女にかえしてやることはできない。しかし、隣人たちはかの女の面倒をみてやることはできるのである。

＊
＊＊

1° すべての人間は、まず、公生活が人間に提供しうるいかなる理想よりもはるかに高度のなにかのために（このなにかは、安楽さといったものではない）、作られているものである（そのなにかを生涯知らずとも死んでいく人間もいるにはいるが）。

2° 人間の悩める肉体を大切にすることは、人間のこのような召命にたいする尊敬の念の具体的表現であるに過ぎない。

表現できないものこそ、他のあらゆるものにも増して、表現されることを必要としている。そのためには、その表現できないものが、なにかに置きかえられなければならない。

神のごときもの――

＊
＊＊

リベラリズムではない（その理由を述べること）――全体主義ではない（その理由を述べること）――人間的ななにか。

矛盾するものの結合（しかし、よい結合――どれが悪い結合であるか。よい結合、悪い結合の定義をくだすこと）――もちあげるための唯一のテコ。

＊
＊＊

人間は、人間自身を目的と考えることはできない。もし、人間がそのようなことを試みるならば、人間は、直接的な快楽、無関心、倦怠の追求におちこんでしまう。人間には、人間以外の、ある目的が必要である。ところで、この世にある人間以外のあらゆるものは、劣ったものである。唯ひとつのものだけが、一見したところ人間よりも優れているようにみえる。それは社会である。しかし、それはいつわりの外観である。自分以外の他人について言えば、かれらは、しかじかの点で優れていたり劣っていたりするが、本質的には同類である。人間が自己を目的とすることができないなら、どうして他人を目的とすることができるであろう。

＊
＊＊

国家よりも大きな経済的環境、国家よりも小さい文化的環境。（それでは、国家とは、どういう種類の単位なのか。)

***

善はこの世の外側にある。しかし、あらゆる人間が、この世における善の可視的な象徴である。それは、あらゆる人間には善の電波を受けとめる装置があるという意味においてである。(その装置が狂っていようと、修正しうるものであろうとなかろうと、それはわれわれの問題ではない。)

***

不幸は奇蹟によってのみ救われる。

***

善の感覚は不幸と美にたいして働く。不幸か美がなければならない。おそらくは神の摂理による処置によって、美を剝奪された文明は、内的なメカニズムに従い不幸の中へ失墜するようにできている。(しかし、悲しいかな、その他の文明は、外側からやってくる不幸の攻撃にたいして守護されていない。)

***

連帯のかわりに、責任。

ひとりの人間が勝手に殺されたり、飢餓におとしいれられたり、家族から引き離されたりする場合には、その人間の幸福すらおよばないような尊敬に値するなにかが、侮辱を受けている。かれ自身もそのことを感じている。どうしてこういう事態が可能なのか、とかれは苦しげに自問する。これに反して、もし人間が厳粛に処罰されるならば、そこには、このなにかにたいする敬意が示されている。

＊＊

労働者の権利要求＝普遍的なものの精神。この精神こそ、最近の二十年を変えてしまったものである。この同じ権利要求はまったく別のもうひとつの性格をもつ。しかし、にもかかわらず、これらの権利要求は子供っぽい。大人らしいものになってもらいたいものだ。

＊＊

各人がどう使ってもよい――しかし、地上のものより、より高度なものに捧げうるようなある真空のもの、あらかじめ確保されているなにか、を保持すること。

人が、一般に芸術家、学者にたいして認めているものを、あらゆる人間に認めなければならない。

＊＊

普遍的な感受性――正義にたいする（不正義にたいする）感受性が、あらゆる形式の不正義に（たんに連想の対象であるいくつかのものに限定されずに）反応するほどに深いものとなることが望まれる。

＊
＊＊

法の枠外に身を置いた人間を、無法者として扱ってはならない。――懲罰はその人間を法の中につれもどすものである。

（懲罰の観念を刷新しなければならない。）

＊
＊＊

意図と行為のあいだの距離を示す実例＝ドイツを弱体化することを意図したヴェルサイユ条約は、ドイツを侮辱したが、――政治的には中央ヨーロッパのバルカン化により、軍事的にはドイツの国防《ライヒス》軍《ヴェール》にさまざまの制限を加えることにより、逆にドイツの力を増強させる結果となった。

一般法則＝真の問題と決定的要因とは、人がこれだと思うところには決して存在しないものである。

＊
＊＊

二十世紀。戦争が、支配的原動力としての位置を、利益《プロフィ》にとって代った。

＊
＊＊

自動制御としての役割を、金（つまり、数）が果すものだと、かつてわれわれは期待することができた。

しかし、われわれは進みすぎてしまった。われわれは、精神から、考えるという機能を完全に免除してしまった。制御を破壊してしまったのである。

＊＊＊

われわれが超越的なものに依存しているという証拠は、起源にかかわる問題（言語、職業《メティエ》、等）を解決しようとするやいなや、いやそういう問題を提起しようとするだけでも、直ちにだれでもがおちいる不条理がそれである。それゆえ、無分別な人びとを除けば、今日われわれはつつましくこの問題を避けている。話題にもしない。それは正しい。しかし、これらの諸問題はわれわれの手の届かないところにあると述べ、そこから結論をひきだすのでなければ、誠実な態度とは言えない。

神の教訓の古代伝説。

＊＊＊

詩人――詩は詩人をはなれて存在するという感情――不条理だ。しかし、それが証拠である……
これは、まだ未知のひとつの真理ではないか。

＊＊＊

工場にいる子供《ゴス》たち――父親といっしょにいるごく小さい子供たち――労働者としての修養。

不服従へと引きずられているために生じている、戦争直後の社会の危険。

＊＊＊

会計係としての金銭は威信を持たない。威信を生みだすものは、罰し贖う力である。その力は神のもの。だがこの地上では、その力は、人間の注意深い公平な思考によってのみ行使されうる。人間は裁判官である。人間はこの重荷を放棄することはできない。事実において、いかに多くの人びとが、一度たりともその尊厳に思いをこらすことなく、裁判権を行使していることであろうか。

注意力は、裁判するあらゆる人間が、その人間によって裁かれるあらゆる人間にたいして抱かねばならない尊敬のしるしである。

〔《それは面白くない……》〕

学校の第一の義務は、子供の中にある注意力を発展させることである。もちろん、それは、学業を通じてであるが、たえず、長じて裁判官となることができるためには、注意深い人間とならなければならないことを想起させつつ、行われるべきである。

＊＊＊

派遣裁判官団《ミッション・ジュティシエール》。ある人間をその人の環境から取りあげ、密度の高い精神的雰囲気溢れるセンターに入れ、三年あるいは五年のあいだ裁判を行わせ、しかるのちその人をもといた環境に送り返すこと。農民、教師。

人びとは、もはやその生活によってレッテルを貼られることのないように。

＊＊＊

失業にたいする唯一の救済策は、建てることである。しかし、なにを建てるのか。われわれが建てうる唯一のものは文明である。白昼夢となって終る恐ろしい混乱にたいして、新しい文明を。生き生きとした、精神の古美術品。もしわれわれに力ありせば……

＊＊＊

金銭。もちろん、それがかなりの役割を果すためには、人びとが金銭を稼がねばならない。金銭をもたなければ面倒がもちあがり、金銭をもてば楽しい思いをすることはよい。しかし、それには限度がなければならない。

人間は、もてばもつほど、ますます金銭を欲しがらねばならないものであろうか。断じて否。反対である。金銭は人間をゆがめる。

提案されている制度のもとでは、金銭をもたない人間には——抜け目のない人間でなければ——面倒なことがあまりにも起りすぎる。そこで、かれは処罰をうける。*

《試験中》の制度)

金銭の欠乏は、人体の苦痛のようなものとみなされている。つまり、それは混乱の徴候のようなものであり、混乱はまさに徴候があらわれているその場所に起きているかもしれないし、それ以外の場所に起きているかもしれない。頭痛が起こる場合、狂っているのは肝臓だということがしばしばある。人は金銭を裁判官と死刑執行人とにした。人は金銭が不正で残酷な裁判官であり死刑執行人であることに気がついた。それゆえ、人は金銭が会計係となることをもはや欲していない。これは、なんと論理的な話であることか。

金と紙にかかわる諸問題について言えば、貨幣にどのような役割をになわせたいのかが判然としない以上、それらの諸問題はどのような意味をもちえようか。あまりにもばかげた話だ。貨幣の機能が明確に定義されたならば、貨幣ができるかぎりその機能を果たせるように、金属と紙とを処理すべきである。

＊原註　おそらくシモーヌ・ヴェイユが頼まれていたある報告のことであろう。

＊＊

貨幣を会計係として保つこと。貨幣が裁判官や死刑執行人とならないようにすること。

金銭の欠如が決して苦痛の原因となることなく、金銭の所有が決して快楽の原因とならないことを！

もしだれかが金銭をもたなければ、その人になにかがくっつくことはない。

＊＊

財産の違いを廃止することは問題となりえないし、たとえ僅かの財産の違いでも、その思いにとりつかれると、大きな違いと同じように人間を毒するものであるから、金銭以外の刺戟剤を生ぜしめるか、人間の思考の中で金銭の占める部分を大きく縮少させるのでなければ、平等の状態はおこりえない。

拝金思想を打破しなければならない。そのために役立ちうるひとつの方法は、もっとも高い尊敬を集めている人びと、あるいは権力の最高位にある人びとの数人にたいする報酬を薄くすることであろう。

人間の諸条件を、測定しえないものの範疇の中へおかねばならない。炭坑夫も技師も大臣も甲乙がない、ということが周知徹底されんことを。

＊＊

金銭が人びとの信用を失うようにしなければならない。金銭の威光は、単にたましいがその糧を見つけることを妨害するばかりでなく、たましいがおかれている飢餓状態の中で、たましいが自己の飢餓を認識することをも妨害している。なぜなら、苦悩を金銭の欠如のせいにすることは、いとも簡単にできるからである。従ってまた、金銭は、人間が密接な関係にある義務を、人間に認めさせまいとするのだ。金銭は義務のあらゆる観念をほとんど消し去ってしまい、私生活において金銭にたいして廉直であることを唯一の徳として、それに代置したのである。

聖フランチェスコが行った類の「貧困」との結婚の中にみられる狂気の行為がなければ、真の治癒がもたらされることはありえないように思われる。もちろん、今日、問題なのは新しい「修道会」の創造ではないであろう。しかも十三世紀においてすら、実は、「修道会」はあの素晴しい冒険の核心ではなかったのである。

今日、困難ははるかに大きい。聖フランチェスコが妻に選んだ時の「貧困」は、ダンテが語ったように、その千年以上も昔から軽蔑されてはいなかった。当時でも、またその少し以前からすでに、「貧困」は、カタリ派の人びと、(12) リヨンの貧者たち、(13) その他の人びとによって抱擁され、深く愛されてきた。ただ、この人たちは皆殺しにされ、忘れられてしまった。これに反して、かれらよりも正当な扱いをうけた聖フランチェスコは聖人の列に加えられたのである。今日のわれわれは、十二世紀の精神性の流れのようなものに洗われているどころではない。われわれの現況は、むしろキリストが生れた頃のローマ帝国の状況に比較しうる。その頃、自分はストア派であるとあえて名乗っていたある男は、高利の借金の支払いを受けとるためには、地方の五名の司法官を飢えで死なせることも当然だと考えていたのである。この男は少し誇張しているだけだ、と男の友人キケロは思っていた。ローマのストア派は、今日の多くのキリスト教徒たちと比較されるに値する。

しかし、そのような雰囲気の中にこそ、単に「貧困」が配偶者を見つけなければならないばかりではなく、多くの心を「貧困」へ向けて牽引して行くような流れがなければならないのだ。

今日、大部分のフランス人は、普通の時代ならば貧しい人びとにだけあてがわれている苦悩、憂慮、業苦を日毎体験している。ある意味では、フランスは国をあげて貧困の中へ投げこまれたのである。こうして、フランスは、貴重ないくつかの真理と接触を保つようになったのである。しかし明確な言葉で表現されないために、国民の意識の中に浸透しないかもしれないのである。

貧困には、他にいかなる等価物もみあたらないような詩がある。それは、悲惨さという真理の中にみられる悲惨な肉体から発する詩である。春、桜の花の散る光景は、もしそのはかなさがあれほどに感じられるのでなければ、人の心を打つことはないであろう。一般的に、極限の美の条件は、距離がおかれることによるのであれ、はかなさによるのであれ、ほとんど不在のものである、ということだ。星は不変である、が非常に遠くに存在する。白い花はそこにある、が既にしてほとんど破壊されようとしている。同じように、人間が純粋な愛をもって神を愛することができるのは、人間が神をこの世界の外に、天にあるものと考える場合でしかない。あるいは、神が人間のようにこの地上に存在していても、か弱い、侮辱され、殺害されるものである場合、あるいは、神がさらに大きな度合の不在に外ならないもの、つまり食用の微小の物質のような形で存在するものである場合に限られるのである。

人間の条件、つまり最高の思考に依存することは美しい。その最高の思考は、外的なあらゆる行動に従わせられた一塊の肉体の奴隷となっていても、この世と彼岸を構想し、愛することができるのである。そこに美が存在するということは、限りなく不思議なことである。しかし、事実、そうなのである。芸術において、人間の悲惨をその真実の姿において喚起するあらゆるものは、限りなく感動的で美しい。

富はこの美を根絶させる。そればかりか、肉体とそれに従わせられたたましいの悲惨に救いの手を差しのべもしない。なぜなら、この世では、いつわりによって悲惨が包みかくされるだけで、いかなる救いの手も、われわれにはあたえられないからである。詩を抹殺するものは、富の中に閉じこめられているいつわりである。だからこそ、富める人びとは代用品として奢侈を必要としているのだ。貧しい人びとから貧困という財産が奪われてしまってからは、かれらもまた奢侈を必要としている。ただ、かれらは現実にそれをもたないだけである。

小銭で軽食が貪り食われている小さな居酒屋《ビストロ》は、溢れるばかりの詩にみちている。なぜなら、居酒屋は、真に、飢餓、寒さ、極度の疲労にたいする避難所だからである。それは、ちょうど国境守備隊のように、極限におかれているのだ。中程度のレストランには、既にしてこのような詩は不在である。そこでは、人びとの飢餓の限界を想起させるものがなにもないのである。

富にいつわりがあるからこそ、聖フランチェスコは富を求めなかった。かれは、貧困の中に苦痛をではなく真理と美を求めた。かれは、われわれがおかれていた宇宙と人間の状況の真実の姿に一致した、真の触れ合いから生れる詩を追求していたのである。

貧困から生れる詩を愛することは、貧しい人びとへの同情の気持にたいする障害とはならない。むしろ、その反対である。なぜなら同情の念は、この詩に根ざしているものだからだ。そのために、同情に発する行為が減じるのではなく、むしろ増えるのである。貧困への愛はいささかなりとも禁欲主義ではない。この愛は、差し出されるあらゆる歓喜、あらゆる喜びを十二分に摘みとり玩味する。聖フランチェスコは、その仲間が施物としてもらったいくつかの丸ごとのパンを、かれのもとにもちきたったあの日、美しい太陽のもと、大きな平たい石の上、清い水の泉のほとりで、そのパンを二人で食べはじめたあの日、かれはまったく純粋な幸福感にみたされて、幸せであった。貧困への愛が他人の苦痛を和らげ、他人に歓喜を味わわせようとするものであることは言うまでもない。貧困への愛は、そのような傾向が申し分のないものとなるための一条件ですらある。貧困への愛と無縁の人にあっては、飢えている人びとに食事をあたえようという気持になっても、この人びとが飢えているという事実から推して、かれらが無作法なふるまいをしたり、没趣味でいやになるのではないかという危惧の念にとりつかれてしまうのである。少くとも、正常な時代ならば、このような事態はおこらないのであるが……

モーリス・シューマンへの手紙

ニューヨークにて、

一九四二年七月三十日

なつかしいお友だち、

フランスでは、あなたが称讃のまとになっているということをなんども聞きました。フランスでは、あなたはすごい人気なんですってね。あなたのそういううわさを聞きますと、わたしはいつも、うれしく感じたものでした。そして、アンリ四世校のことや、一しょにすわってシャルチエ[1]の授業に耳をかたむけていた教室のいすのことを思い出したものでした。

わたしが、一年半滞在していたマルセイユから、ニューヨークに向けて出発したのは、昨年の五月十四日のことでした。ユダヤ人排斥の空気からのがれたいと思い、わたしと離ればなれになることを望まなかった両親がやいのやいのとせめたてたせいもありますが、それでも、ニューヨークからロンドンに渡るのがこんなにむつかしいことだとあらかじめわかっていたら、わたしは決して出発しなかったことでしょう。

わたしは、非占領地帯でのもっとも重要な秘密出版物の一つである『キリスト者の証言』誌の販売について、相当に大きい責任を負っていたことがあります。まわりを取りまいた深い悲しみのただ中にありながらも、こうして、自分もまた国の苦しみに参加しているのだと思うのは、わたしにとってなぐさめになることでした。わたしは、自分という人間が特別な種類の想像力をもっていることがよくわかっていましたから、近くにいるときよりも、遠くへ去ったときの方が、フランスの不幸を思いみて、一そう心を痛めることになるだろうという気がしていました。そして、ほんとうにそのとおりのことが起ったのです。時が経つにつれて、苦痛はいよいよ堪えがたいものになってくるばかりなのです。それのみか、船に乗ったとき、わたしは自分が脱走の罪をおかしてしまったのだという思いにとらわれました。このような思いを、もう堪えて行くことはできません。

出発は、わたしにとって、根こそぎ引きぬかれるようなことでした。こんな根こぎをやむをえないこととして受け入れたのも、ただ、そうすることによって、いつかは、この大いなるたたかいの努力と危険と苦難とに、もっと大きな、もっと効果的な役割をつとめることができるようになるだろうという希望があったからこそです。

そのときに思いついた二つの計画は、今もまだ心にあたためています。この二つの計画のうちのどちらかをもし実行できればとねがっているのです。

そのうちの一つは、同封した紙に述べてあります。この計画によって、多くの兵士たちの生命を救うことができるだろうと思うのです。戦場では、とっさに救急処置がとれないために、多量の死がひきおこされている状態ですから（「震盪」、「肉の露出」、「出血」などの症状のときに）。

四〇年の春に、わたしはこの計画をフランスで実行に移させようと努力したことがあります。わた

し は着々、成功にむかってすすんでいました。ところが、事件の進展があまりにもはやすぎたのです。わたしはパリにいたのですが、きっとパリで戦闘がはじまるだろうと思って、六月十三日までじっとそこに留っていたのです。けれど、その日、パリ非武装都市宣言のビラが壁にはられているのを見て、わたしはすぐ出発しました。休戦になってから、わたしのただ一つのねがいは、英国にわたることでした。合法的に、また非合法的に、なんとかこのねがいを達成しようとして、いろんな方法をこころみてみましたが、何もかも失敗におわりました。一年半ばかり前、両親は、自分たちとわたしのために、アメリカへの亡命をはかり、そのための奔走をはじめましたが、わたしは、ひょっとするとニューヨークはロンドンへわたるのに一つの足場になりはしまいかと思って、両親のなすがままにまかせておいたのでした。こちらへ来て、みんなから、それは考えちがいだと言われました。

わたしの第二の計画は、フランスを離れても、なんらかの明確な命令を受け、一つの使命、——とくに、何よりも危険な使命を帯びてそこへ戻って行くようになった場合、そういう地下運動においては、自分はだれよりも有能な働きができるだろうということでした。

この計画については、ここではこれ以上くわしいことは何も申し上げません。わたしたち一家の親しくしている人で、近々に当地を出発する人に、あなたに渡してもらえるようもう一通の別な手紙を預けておきましたが、その中にはくわしく述べておきました。

これらの計画のうち、どちらの方を実現するにしても、その第一の条件は、ニューヨークからロンドンへわたるということだとわたしには思われます。

あなたなら、お手助けをしてくださるだろうと思ったのです。わたしは、必死の思いであなたのお力添えをおねがいしております。わたしは、かならず自分がお役に立てると信じております。今わたしは、精神的に、あまりにも苦しく切ない状況におりますが、どうかこのような状況からわたしを引き出してくださるよう、同級生としてのあなたにおすがりしたいのです。

こういう精神的状況が、なぜ苦しく切ないものであるのか、わかってくれない人たちがたくさんあります。でも、あなたならきっとわかってくださるはずです。わたしたちはむかし、一しょに勉強していました頃、多くのものを共有していました。あなたがロンドンで要職についていらっしゃることは、フランスにいたときに知ったのですが、そのとき、わたしはほんとうにうれしい気がしました。

心から、あなたを頼りにしております。

友情をこめて、

シモーヌ・ヴェイユ

第一線看護婦部隊編成計画

以下の計画は、一九四〇年五月、フランス上院軍事委員会より陸軍省あての報告において、好意的な扱いを受けたものである。事態が急迫の度をつげたために、実施計画はことごとく、問題の外におしやられてしまった。

この計画に関して、前大戦に従軍し、重傷を負った旧軍人ジョー・ブスケの意見が記されている手紙を同封する。(2) ジョー・ブスケは、一九一八年、脊柱に負傷を受け、この負傷の結果、両麻痺におかされ、そのとき以来ずっと病床につききりの人である。この人は、一九一八年以後、一般の日常生活にもどった人々にくらべるとき、今なお戦争の経験を身近に感じているといえるであろう。それにまた、この人の意見は、成熟した人間の意見である。この点で、この人の見解は貴重であるといえよう。

さて、この計画は、第一線看護婦特別部隊の編成に関するものである。この部隊は、非常に機動性に富んだものとなるであろう。そして、戦場のまっただ中で、「応急手当」ができるように、つねにもっとも危険の多い場所に駐屯していることが原則として要求されるであろう。

まず、十人、ないしはそれ以下の少数の核によって、この実験的試みをはじめてもよいであろう。望むならば、さっそくにも着手することができるであろう。このために必要な準備は、ほとんどいらないからである。看護婦としての初歩的な知識さえあれば十分であろう。なぜなら、砲煙弾雨の下では、包帯をしたり、止血をしたり、あるいはもしかすると注射をしたりすることのほかに、ほとんど何もすることはできないからである。

精神的な性質こそ絶対に必要なもので、これは、学んで得られるというようなものではない。そういう精神的性質も持たずにのこのこ出てくる女たちをふるい落とすのは、容易に解決できる問題であろう。戦争の恐怖は、今日ではだれの想像力にもいきいきと訴えかける事柄になっているから、こういった職務に対して自分からすすんで身をささげうる女は、おそらくその職務を立派に果たしうるだけの力をもつとみなしてもよいであろう。

この計画は、一見したところでは実行不可能とみえるかもしれない。今までになかったものだからである。しかし、ちょっと注意を向けてみれば、これが実行可能であるばかりか、実施にあたってなんの困難もないことに気づくにちがいない。たとえ、失敗したところで、損害はほとんどゼロにひとしく、もし成功したならば、その利益は実にはかり知ることができない。

実施にあたってなんの困難もないというのは、第一回の試みに際しては、ごく少数の志願者の核を作ればよいと思うからである。こうして、最初は、数が非常に少ないのだから、どんな組織も必要ではないであろう。この第一回目の実験的試みが成功したならば、この最初の核を次第に少しづつ大きくして行けばよいし、部隊の規模が拡大すれば、当然それに応じて組織の問題が表面に出てくるであろう。それにまた、この部隊は、その任務の性質上からしても、その数が非常に多くなることはどんな場合にもありえないであろう。しかも、部隊が多人数になる必要はないのである。

もしこの実験的試みが失敗するとしたら、この部隊を構成するメンバーの女性が、その任務を遂行することができなくなったときにだけ起こりうるのであろう。

今のところ、案じることがあるとすれば、次の二つのことだけである。その一つは、砲火のもとで、この女たちの勇気がくじけてしまうことである。もう一つは、女たちが兵士たちの中にはいることによって、風紀上いかがわしい結果をきたすことである。

この二つのことは、どちらも、もし志願した女たちがその決意にふさわしい性質をそなえていたならば、ありえないことであろう。兵士たちといえども、女が危険を前にしてたじろがぬ勇気を証拠だてたならば、かならず尊敬をはらわずにはいられなくなるであろう。ただひとつ、ぜひとも注意しなくてはならないことは、この女たちを兵士たちに接しさせるのは戦闘中にかぎるべきで、休息のときには禁じなくてはならない。

明らかに、こういう女たちには、相当な大きさの勇気が絶対に必要とされるであろう。女たちは自分の生命を犠牲にささげる覚悟ができていなくてはならないであろう。女たちはつねに、もっとも困難な場所に出向き、最大の危険をおかす兵士たちと同じだけの危険、いや、それ以上の危険をなめつくす心ぞなえがなくてはならないであろう。しかも、それは攻撃的な精神に支えられていてはならない。それどころか傷ついた者や死者の上に身をかがめながら果されねばならないのである。

けれども、一たんこの実験的試みが成功するならば、成功のもたらす益は、この困難に見合うものとなるであろう。

この困難は、実際よりも、むしろ見かけ上のものにすぎない。志願者の数がごく少数だからである。とくに、最初の核については、そうである。重ねて言うならば、最初の核は、十人以下の人数であってよいのである。十分な勇気をそなえた女性を十人見つけることはおそらく、そんなにむつかしいことではないだろうし、ほぼ確実にできるといってよいだろう。

このあと、最初の核に加わる女たちについては、よい意味での競争心が、何よりもつよい刺激剤となるであろう。

万が一、第一回の試みにおいて、女たちが砲火のもとで意気そそうしたり、兵士たちとの関係で慎しみに欠けるところがあったりする事実が証明されたならば、部隊を解散させ、女たちは後方に送り返して、この企てを断念するよりほかに仕方がないであろう。

実験はごく軽微な段階において、一般に宣伝することもなく行われるはずであるから、たとえ、若干の損害は生じるかもしれないとしても、不利益はゼロにひとしいといえよう。

とにかく、戦争という段階においては、これぐらいの損害は、数の点では、ごく微少なものといえよう。無視してよいといえよう。実際、一つの作戦においては、二人や三人の人間の死は、不利益といってもほとんどゼロにひとしいものとみなされるのである。

一般的にみても、ひとりの女性の生命を、ひとりの男性の生命よりも貴重なものだとみなすにたる理由は何もない。とくに、女性が思春期前期をすぎ、結婚もせず、子も生まずにいる場合においてである。まして、その女性が死の危険をも甘んじて受けようという場合には一そうそうだといえよう。母親や夫のある者、一定の制限年齢以下の少女を、この部隊からはずすようにするのは、そうむつかしくないことであろう。

肉体的な抵抗力の問題は、ちょっと見にそう思えるほどに重要な問題ではない。この部隊が、大へん苛酷な風土にあって行動しなくてはならない命令を受けた場合でも、そうだといえる。なぜなら、こういう任務の性質上、長期間にわたって、たびたび休息が与えられることは確かだといってよいからである。この女たちは、兵士たちの場合のように、つねに忍耐づよさを証拠だてる必要はないであろう。自分たちの努力を、自分たちにできる範囲内に調整することは容易なことであろう。

近代戦争の機械化の傾向は、一見したところ、障害になるように思われる。しかし、よく考えてみると、そのためにむしろ、事柄が一そう容易になるのではないかと思われる。

歩兵がトラックにのせられて前線に運ばれるとき、何台かに一台の割りでそのトラックにひとりの女性のための席をとっておくと仮定しても、そのことはそれほど不利益になろうとは思えない。せいぜい、小銃が一挺分少なくなるぐらいのことであろう。それどころか、このような女性がいることによって得られる物心両面の好結果を思えば、たぶんこういう不利益は無視してもよいのであろう。

少数の核による実験がもし成功したとしても、任務の困難さのために、さらに一そう広範囲の徴募をすることは不可能ではないかと思われるかもしれない。

けれども、めったにありえないことであろうが、かりにこの部隊が数十人以上のメンバーを含むということが絶対にあってはならないとしても、それでもやはり、ここから得られる利益はじつにはかり知られないものであろう。

同様に、ある一定の期間がすぎて、死亡率があまりにも高いので、これ以上実験をつづけて行くことができないと思われる場合でも、一たん果された実験の利益はやはり存在するのであり、あらゆる損害の不利益をおぎなってあまりあることであろう。

このように、こうした計画を前にして、最初いろいろな反対論が心の中にわき出してくることであろうが、注意ぶかく検討してみれば、結局、それらはほんの僅かなものにまで圧縮されてしまうのである。ほとんど無きにひとしいものになってしまうと言ってもよい。逆に、一そう仔細に検討してみるとき、その利益はますますはっきりと見えてくるし、一だんと大きいものであることがわかってくる。その利益のうち、第一の利益、何よりも明らかな利益は、この女たちが日々ふだんに果たすことになる仕事それ自体のうちにある。

世の一般の担架兵、看護兵、看護婦ならしなくてすむことだろうが、最大の危険がある場所に身をおき、砲火にさらされている兵士たちにともなうことにより、これらの女たちは、傷ついた兵士たちに対し、即刻、応急手当をほどこして、その生命を救うことが何度もできるであろう。

この女たちが、面倒をみる人々に対してもたらすであろう精神的な力づけもまた、同じようにこの上なく貴重なものであろう。女たちは、死の間際にある人々から、家族にあてた最後の言づてを聞きとってあげて、死の苦しみを軽くしてあげることができるであろう。女たちは、ただその場にいて、言葉をかけてやるということだけによって、傷ついてから担架兵が到着するまでのあいだ、どうかすると余りにも長く、痛ましいものに思われるその待機の時期の苦しみを少なくしてあげることができるであろう。

ただ、これだけのことしかないとしても、こういう女だけの部隊を編成する理由には十分なるといえよう。こういう利益だけでもすでにはかり知れないほど大きいのであり、どんな不利益があろうと、帳消しにされるといってもいいぐらいである。しかも、この計画を実行することには、また別な利益がつながっているのである。その利益は、戦争の一般的な遂行にとっても、おそらくは第一級の重要なものである。

その利益を評価するには、現代の戦争において、精神的な要素がどんなに大切となっているかを思い出さねばならない。過去の多くの戦争におけるよりも、現代ではこれが一そう重要な役割を果たしているのである。ヒトラーはこの点を理解した第一人者であったが、この事実こそ、かれの成功の最大の理由の一つである。

ヒトラーは、自分の兵士、敵の兵士、数かぎりもない戦争の傍観者たちなど、あらゆる人々の想像力を刺激するのがどんなに必要なことであるかを決して見失なったことはなかった。自分の兵士に対しては、たえず前線へとむかうあらたな衝動をかきたてるようにした。敵に対しては、できるかぎりの非常な混乱状態をその中にひきおこすことができるようにした。傍観者たちに対しては、驚きを与えて、なんらかの感銘を受けずにはいられないようにした。

この目的のためにかれが用いた最良の手段の一つは、特殊な部隊の編成であった。たとえば、S・S（ナチ親衛隊）、クレタ島攻略一番乗りを果したパラシュート部隊、そのほかである。

これらの部隊は、特殊な任務のために選抜された男たち、生命の危険をかえりみないばかりか、決死の覚悟をかためた男たちから構成されていた。ここにこそ、まさに重要な点がある。これらの男たちは、軍の大多数とはちがった精神、一つの信仰心、一つの宗教的精神にもあい似た精神に動かされている。

とはいえ、ヒトラー主義が、宗教の名にあたいするというのではない。それどころか、うたがいもなく、ヒトラー主義は宗教の代理物であり、この点が、その力の最大の原因の一つとなっているのである。

これらの男たちは、自分自身のためにも、自分以外の人類全体のためにも、苦しみも死も眼中にない。かれらのヒロイズムの源泉をなすものは、極端なまでの獣的本能である。こういう男たちを集めた部隊は、体制の精神とその指導者の意図とにまったく完全にあい応ずるものである。

わたしたちは、こういうヒトラーの方法を模倣することはできない。なぜなら、まず第一に、わたしたちは、かれとはちがった精神において、ちがった意図をもってたたかっているのだからである。

それに、想像力を刺激するといっても、同じものをくりかえしていては目的を達することができない。ただ、新奇なものだけが、刺激を与えるのである。

しかし、わたしたちは、こういう方法を模倣することができないし、また、してはならないとしても、これと同価値のものを持たなくてはならない。それはおそらく、生命の要求である。

ロシア人たちは、今日まで、ドイツ軍に対して他の国民よりもよく持ち堪えているが、その原因の一つはおそらく、かれらがヒトラーの方法と同じ価値をもつ心理学的方法を所有しているからである。わたしたちは、ロシア人の模倣もすべきではない。新しいものを、湧き出させてこなければならない。こういうふうに湧き出させてくる力こそ、それ自体、わたしたちを頼りにしている諸国民の希望をささえ、敵の希望をくじくにたる精神的な生命力のしるしとなるのである。

すべてのメンバーがよろこんで死ぬことを決意しているような特別部隊の編成がどんなに有用であるかは、うたがいをさしはさむ余地がない。単にこの部隊に対して、ほかの部隊なら到底果たしえないような任務をゆだねることができるばかりでなく、こういう部隊が存在するというだけで、軍全体に強力な刺激となり、奮起をうながすもととなるのである。ただ、そのためには、犠牲的精神が、単に言葉だけではなく、行為によって示されていることがぜひとも必要とされよう。

わたしたちの生きているこの時代には、宣伝活動が、成功のために何より重要な要素となっている。ヒトラーの運命を決したのもこれであった。かれの敵もまた、宣伝活動を決してなおざりにはしてこなかった。

しかし、後方における宣伝活動について、ずいぶんと考慮が払われている反面、前線での宣伝活動の方は、あまり気にかけられていない。このこともまた、劣らずに重要なことである。しかし、それにはまったく同じ方法を用いることはできない。後方では、宣伝は言葉によって行なわれる。前線では、言葉は行為にとってかわられねばならない。

まったき犠牲的精神に動かされた特別部隊が存在することは、四六時中、行為をもってする宣伝がなされていることである。このような部隊は、どうしても、宗教的な精神によってのみ存立しうるのである。それはある特定の教会に固着するという意味ではなく、定義するのは、ずいぶんとむつかしいが、この語だけがふさわしいような意味において言っているのである。このような精神が、厳密に軍事的な要素それ自体よりももっと重要な勝利の要素となりうるような状況がある。ジャンヌ・ダルクとか、クロムウェルとかの勝利の構造を研究してみれば、この点について納得できるはずである。わたしはもしかすると、今日、このような状況にあるのかもしれないといえよう。わたしたちの敵は、宗教信仰の代理物である偶像崇拝の精神に押しやられて進んできている。わたしたちが勝利を占めるためには、おそらくその条件として、わたしたちの中に同じ種類の精神、どこまでも真正で、純粋なそういう精神がなくてはならないのであろう。そうした精神が単に存在するというだけでなく、適切な象徴をもってそれが表現されていなくてはならないのであろう。一つの精神は、それが表現されたときにはじめて、効果を及ぼすものとなる。それは言葉によって表現されるのでなく、事実をもって表現されなくてはならない。

S・Sは、ヒトラー精神の完全な表現をなす。前線においても、見たところえこひいきのない数々の証言を信じるなら、かれらも獣的本能から出たヒロイズムをもっている。そのヒロイズムを、およそ人間の勇気がたどりつくことのできるギリギリの限界まで押し進めている。わたしたちが、この敵たちの勇気の段階をぬきん出て、かれらよりも以上のねうちのある者であることを、人々の前に示すことはできない。量の点でこういうことは不可能だからである。しかし、わたしたちはもっとちがった性質の勇気、一そう困難な、一そう稀な勇気をもっていることを見せることはできるし、また見せなければならない。かれらの勇気は、獣的で、卑しい種類のものである。権力欲と破壊欲から出てきたものである。わたしたちの目標が、かれらの目標とちがっているように、わたしたちの勇気もまた、まったく別な精神から生じてきたものである。

今ここで提案している女子部隊の編成ほどに、このわたしたちの精神をみごとに表現しうる象徴は何ひとつない。戦いのまっただ中において、蛮行がその極点にまで達しているときにあって、人間的な献身のわざが、こうして屈せずにつづけられて行くということだけでも、敵がえらびとったこの蛮行、わたしたちまでもむりに引きずりこもうとするこの蛮行に対して、かがやかしい挑戦となるにちがいない。この人間的な献身のわざが女性によって果たされ、母性愛に包まれたものであるとき、この挑戦はひときわ、感動的なものとなろう。実際上、この女たちはひとにぎりの数にすぎず、彼女たちが世話をすることのできる兵士たちの数も、したがって少数であるかもしれない。しかし、一つの象徴の精神的な効力というものは、量の大きさとはなんの関係もないのである。

人を殺害しようとする意志にも立っていない勇気、最大の危機に直面しつつ傷ついた人々や死の苦悶にあえぐ人々をじっと注視していられる勇気、そういう勇気が、若い狂信的なS・Sの勇気よりももっと貴重な性質のものであることは、確かである。

日々に、こういう種類の勇気を実践している小さな一群れの女たちのすがたこそ、今までにはなかった光景であり、じつに意味深く、じつに明らかな意味にみちた光景となるであろうから、これまでヒトラーが発明した数々の方法のいずれにもまして、一そう想像力を刺激するものとなるであろう。現在まで、大衆の想像力につよく訴えることができたのは、ただヒトラーだけであった。そういう今、かれよりも以上につよい刺激をもたらすことができねばならないのである。女たちばかりのこの部隊が、おそらくこの目的を成功にみちびく方法の一つになることはまちがいないであろう。

武装していない女ばかりの集まりであるが、この部隊はおそらく、敵の兵士たちにも深い感銘を与えることであろう。というのは、この女たちの存在と態度を見ただけで、わたしたちの精神的な資産や決意が今やどの程度にまで達しているかを、もう一度あらたに、思いもかけなかった仕方で感じさせられるにちがいないからである。

こういう婦人部隊の存在は、戦いに参加している国々、戦いを目撃している国々において、ひろく一般に少なからざる深い感動をもたらすことであろう。その象徴としての重要性が、どこにおいても痛感されることであろう。一方にこの部隊、他方にS・Sをおいてみれば、そのあざやかな対照によって、どんなスローガンにもまして有益な絵図ができあがることであろう。それは、今日、人類がえらぶことを迫られている二つの方向について、およそ考えられるかぎりのもっとも明白な在りようを示すことになるであろう。

さらにまた、味方の兵士たちに与える感動は、おそらく一だんと深いことであろう。

敵の兵士たちは、純粋に軍事的な見地からみれば、強いて家族から引き離され、十年も前から戦争のための訓練を受けてきたという点において、味方の兵士たちよりも優位に立っている。かれらは、環境の変化によって途方にくれることがない。いわば、かれらは、これまでにも決して、これ以外の環境を知らなかったといえる。家庭がどんなに大切なものであるかを、かれらは知らないでいるのである。かれらがこれまで教えこまれてきたものは、ただ、暴力と破壊と征服ばかりであった。この戦争がどんなにつらく苦しいものであろうと、かれらにとっては、むりにそこへと引き入れられたのではなく、今までの継続であり、完成への道にすぎないのである。

この戦争は、フランスや英国やアメリカの若者たちにとっては、根をもぎとられるような出来事であったし、今もあいかわらず、そうである。この若者たちは、これまでずっと平和な家庭の中に生きてきたのであり、かれらのねがいはただ、勝つことによって自分たちの家庭の安全を確保することができさえすれば、もう一度家庭の中へともどって行くことにつきるのである。

攻撃をしかけた国は、あらかじめ少しでも攻撃の準備をし計画をしておいたという点で、つねに最初のうちは、目だって大きい精神的利点をもっているものである。わが国の若者たちは、ドイツ軍に攻撃をしかけられたため、むりやりに自分たちにぴったりかなった生活をとり上げられ、残酷にも、自分たちに固有のものでない環境、敵となった者にこそふさわしい環境の中へとほうりこまれたのであった。自分たちの家庭を守るために、かれらはまずその家庭をはなれねばならないのだった。そして、もはや、家庭を思い出させてくれるようなものは何ひとつ見出されない場所にあって生きねばならないために、ほとんど家庭そのものまで忘れてしまう目にあわされているのである。たたかいの雰囲気は、そのたたかいをする動機を、つねに思いの中にじっと保ちつづけることをできなくしてしまうのである。攻撃をしかける側においては、ちょうど正反対の事態が生じている。だから、攻撃者の側に、一だんと大きい情熱が見られるのは、なにもおどろくにはあたらないのである。

こういうわけだから、もしこの攻撃の情熱が、同じ程度の強さをもつ情熱にぶちあたるとすれば、それは一般に、守る側の人々が自分の家にいるとき、自分の家庭のそばにいるとき、家庭を失いはしまいかというおそれでほとんど絶望的な状態におとし入れられているときにかぎられるであろう。

わが国の兵士たちを、ヒトラー輩下の青年と同じような、若い狂信的な野獣にかえることはできないことであるし、また、望ましいことでもないであろう。しかし、かれらが守ろうとする家庭を、かれらの思いの中にできるかぎりつよくまざまざと保ちつづけさせることによって、その情熱を最大限にまで高めることはできよう。

そのためには、砲煙弾雨の下までも、この上ない修羅の巷の中までも、かれらが捨ててこなければならなかった家庭を生き生きと思い出させてくれるようなもの、心を弱くするような思い出でなく、反対に心を奮い立たせるような思い出となるものをかれらにともなわせるのが何よりもよい方法ではないだろうか。そうすれば、かれらも、自分自身と、自分の愛するすべてのものとをつなぐきずなの断絶を感じて意気そそうしたりしないですむであろう。

この婦人部隊こそまさしく、はるか遠くの家庭を具体的に思いおこさせ、心を奮い立たせるようなものとなるにちがいない。

いにしえのゲルマン人たちは、さすがのローマの軍隊もなかなか屈服させることのできなかった、なかば流浪の未開の集団であったが、もっとも困難なたたかいの渦中に、ひとりでも女性がいることによって、どんなに心を奮い立たせるかという効果をよく知っていた。かれらは、進軍する部隊の先頭に、選り抜きの若い戦士たちにかこまれたひとりの若い女性をおくのがつねであった。

今日でも、ロシア人たちは、婦人たちを砲火の下において働かせるのがどんなに有益なことであるかをみとめているといわれる。

この婦人部隊のメンバーは、一たんその必要が起これば、負傷者の治療以外のあらゆる種類の仕事に服することができるのであろう。最大の危急に際して、士官や下士官があまりにもたくさんな仕事を果さなくてはならなくなり、手に余していることがあれば、彼女たちは自然にその補佐役となり、武器をあやつる以外のあらゆる任務、たとえば、連絡、集合、命令の伝達など、あらゆる仕事につくことになるであろう。彼女たちがあくまでもその冷静さをそのまま保持していることができれば、こういう場合においても、彼女たちが女性であることによってかえって一そう有能な手先となってはたらくことができよう。

もちろん、この女たちは十分念入りに選ばれる必要があろう。女には、どんな境遇の中にあっても、いつもひとかどの者と見てもらいたがる気持があるものだが、そういった気持を出さずにすませるだけの、冷静な、雄々しい決意をたっぷりともっていないかぎり、どうかすると足手まといになるような女が出てくるのもさけがたいことであろう。こういう冷静な決意が、傷の痛みや死の苦悶を和らげなぐさめるのにぜひともなくてはならないやさしさと一しょに、同じひとりの人間の中に結びついているのは、めったに見られないことである。けれども、めったに見られないといっても、絶対に見出されないというわけではない。

ひとりの女性が、もしここにざっと粗描したような任務に志願しようとする意志をいだくことができるとしたら、それは、こういうやさしさ、こういう冷静な決意をあわせもっている場合か、さもなければ、いくらか常軌を逸した人間である場合にかぎられるであろう。しかし、この後のような状態にある女たちは、実際に砲火の下へ出て行くよりも前に、たやすくしりぞけられる機会があるにちがいない。

最初は、真にこのような任務につけるだけの資格がある女たちを十人ばかりも見つければ十分であろう。こういう女たちは確かに存在するのである。こういう女たちを見つけ出すのは、そうむつかしいことではないであろう。

こうした少数の女たちをできるだけ有効に働かせようとするならば、こういう部隊を編成するよりほかによい手段を見出すことはわたしには不可能だと思える。わたしたちのたたかっている戦争は、じつに困難であり、じつに重大なのである。このたたかいのためには、各人をできるだけ最大限効果的に働かせることが、ぜひとも必要である。

補遺――以下に、『アメリカ外科大学紀要』、一九四二年四月号からの抜萃をかかげる。

「震盪は、永続するとき、現在知られているあらゆる方法を駆使しても効果がないことが証明されているのであるが、簡単な予防と治療の方法を、機を逸せず即座に適用するならばしばしば、震蘯を防止したり、軽度の震蘯ならこれを抑圧したりすることができる。」

米国赤十字会の報告によれば、「震盪」、「肉の露出」、「出血」などは、「即座の救急処理によってしか治療しえないもの」であって、これらが戦闘中に起こる死の大部分の遠因になっているのだという。米国赤十字会は、震盪、火傷、出血などの際に、「戦場で」実施できるリンパ漿プラズマ注入法を開発したばかりである（同誌、一三七ページ）。

ニューヨークにて、

一九四二年七月三十一日

なつかしいお友だち、

きっともう受けとってくださったかと思いますが、最初の手紙ではくわしいことも書けませんでしたので、M・F大尉(3)さんのお申し出があったのをさいわい、もう少しくわしい手紙をお送りすることにしました。

あなたは今、フランスの非合法運動との連絡のお仕事にとくにたずさわっておいでになる由、うかがっています。こういう連絡だけでは不十分なことは、確かだと思います。A・Ph(4)もはっきりそう言っていましたし、あの人の言うとおりだと思います。

厳密に軍事的な見地からみても、また、精神的な影響力と実際行動による宣伝という見地からみても、ときには空爆をサボタージュ活動と一致させることが、何より大切だという気がします。

さらに一般的にいって、高い所で念入りに作られている戦術的な計画がどういうものであるにしても、そういう計画と、フランスにおける非合法活動とのあいだに道をつけ、この道を維持して行くことは、何よりも必要なことでしょう。

精神的な見地からいえば、このことは絶対に欠かしてはならないことです。運動がうまく調整されていないという感じのため、現在では、精神的に大へんなげかわしい結果が生じています。そして、やがてフランス人の精神状態が、勝利を決定づける何より必須の要因となるであろう日がくるのではないかと思います。

こういうことのためにも、ときどきは、だれか人を派遣する必要があるわけです。（もちろん、すでにこのことは行なわれています。ただ、わたしはもっとこれを強化するのがよいと思うのです。）このほかにもいろいろと連絡手段はあるでしょうが、どんなによいものでも、この方法にまったくかわりうるものがあろうとは思えません。

女性でも、男性におとらず、いや、それ以上にこういう派遣の任にたえられる力があります。その女性が、そうするだけの十分な決意と冷静さと犠牲的精神の持ち主でありさえすれば。

わたしは、こういったふうな仕方でお役に立てると、真底から信じているのです。いかなる程度の危険をも受け入れるつもりです。（それだけの重要性をもつ目的のためなら、確実な死をすらも含めて。）この点については、もうくどくどと申し上げません。あなたはわたしという人間をよくご存知です。ですから、わたしがこういうしゃべりかたをするとき、わたしがこのことについて、ながい間かかってじっくりと考えぬいたこと、あらゆる事柄を吟味してみたこと、そしてようやく一つの冷静な決意に達したことを知ってくださるはずだと思います。わたしは、この決意をあくまでひるがえしたくないと思いますし、機会さえ与えられるならば、さっそく実行に移したいとねがっています。

わたしは、さし迫った死の危険を前にして、自分の冷静さをためされるような機会が何度もありました。そして、自分がそういう冷静さを持っていることを確かめえました。わたしを知っていてくださるあなたは、真実でもないのにわたしがこんなことを言うはずがないということも、同じようにわかってくださると思います。

わたしはサボタージュ活動の任務も、よろこんで引受けるつもりです。一般的な命令の伝達ということについても、わたしはやっと昨年の五月にフランスを離れたばかりで、抵抗運動の地下組織とも接触がありましたから、この任につくのも同じく適任だと思っております。なかでも、『キリスト者の証言』誌の編集者とは、一しょに働いたこともあるのでよく知っています。この人自身がまた、他の秘密組織（非占領地帯における）の指導者たちとたえず接触を保っているのです。

それにわたしは、こうした行動において、警察から目をつけられたことは一度もありませんでした。

どうかおねがいです。わたしをロンドンへ行かせてください。この地で悲しみのためにうちひしがれたままでおらせないでください。同級生としてのあなたのお力添えを切におねがいいたします。

友情をこめて、

シモーヌ・ヴェイユ

（日付なし）

なつかしいお友だち、

みんながたたかい、みんなが苦しんでいるというのに、その場所からこんなにも遠く離されているという悲しみは、精神的な孤独ともあいまっていよいよ重くなり、わたしにはとてももうにないきれない程に苦しく切ないものになっていたのですが、そんなときに、あなたからいただいたお手紙は、非常な力づけを与えてくれました。

実際には、わたしたちふたりはこんなにも近いところにいたのだということを、見てとって、わたしはよろこびに溢れています。共通の青春時代をすごしたわたしたちは、あのときにもお互いに近くにおりました。わたしたちは別々の道を平行して進んで来ましたが、今ではなんだか、あのときよりももっと近くにいるような気がしています。

それは、わたしが自分の名前のあとに、「タラ*」の記入をすることができるからではないのです。わたしには、そうすることはゆるされていません。わたしは、洗礼を受けていないからです。

* 原注、高等師範学校生の使う隠語で、実践的なカトリック信者の学生をさして言う。

けれども、わたしには、そういう記入をしても、嘘を言うことにはならないように思えるのです。（とにかく、この語を語源的な意味に解釈しても、[5] 嘘を言っていることにはならないでしょう）。

わたしは、キリスト教信仰の奥義に、完全に執着しています。その執着のしかたたるや、ただ奥義に対してだけふさわしいようなありかたであるとわたしには思えます。この執着は、愛であって、単なる確認ではないのです。わたしはたしかに、キリストのものです。少なくとも、そのように信じたいと思っています。

けれどもわたしは、自分でももうどうしようもないような気がする、哲学的な性質の難点がいくつかあって、教会の外側に引き留められたままでいるのです。その難点は、この奥義それ自体についてではなく、何世紀にもわたって、教会がこの奥義にまつわりつかせねばならないと信じてきた種々の精密化工作、またとくに、この点に関して、「破門を命ず」という言葉を用いてきたことについてなのです。

教会の外部にありながら、いや、もっと正確に言えば、その入口にたたずみながら、それでもやはり自分は実際には内部にいるのだという感じを、わたしはもたずにいられないのです。わたしにとって、何よりも自分に近しいと思われるのはやはり、内部にいる人々だからです。

こういう立場は、はっきり定義するのがむつかしく、また、理解してもらうのも困難なのです。そのためには、何ページも、何ページもついやさなくてはなりません、——いや、一冊の本を書かねばならないのかもしれません……でも、今のところは、こんなわずかばかりの言葉だけでとどめておかねばならないのです。

『キリスト者の証言』誌の人たちがあなたの友人だと知ってうれしく思っています。わたしもかつて、いきいきした深い友情によって、この人たちを中心としたグループとつながっておりました。遠くから見ておりましても、このグループの中には、今このとき、フランスにおける一ばんよいものが存在しているように思われます。どうか、この人たちの上に、どんな不幸も起こることがありませんように。

わたしのことについて、A・Phに話してくださった由、ほんとうにありがとう。かれがわたしに対して、好意的な様子を見せてくれたのもうれしいと思います。もしかれが当地へくることがあれば、ぜひとも会いたいものだと心から希望しています。

わたしに何かできそうなことがあるかというおたずねですが、そのお返事にはちょっと当惑しています。わたしにはなんの特殊才能もありませんし、特別な専門の免状も持っていません。あなたとわたしに共通している一般的な教養を別にすれば、何もありません。ただ例外的に、(こんなものでも、もし役に立つとしましたら)、個人的な接触によって、下層の人々の生活の経験をもったということがあります。一九三四年から三五年にかけてルノー工場をはじめとして、パリ地方のあちこちの工場で機械女工をしたことがあるのです。そのために、一年間の休暇をとっておいたのでした。この経験によって得た免許状は今も持っています。昨年の夏は、百姓仕事をしました。なかでもガール県のある村ではぶどう摘み女として、六週間働いたこともあります。

専門的な知識がいらず、しかも高度の効果と苦痛と危険とをともなうような任務ならば、どんなのでもわたしにはもってこいなのです。

苦痛と危険とは、わたしの精神構造からいって、絶対になくてはならぬものです。だれもが、こういう精神構造をもっているわけではないのは、結構なことです。もし、そうでないとしたら、およそ一切の組織的な行動ができなくなってしまうからです。でも、このわたしは、自分の精神構造を変えることはできません。ながい経験によって、できないということがよくわかるのです。地球上にひろがった不幸が、わたしにとりつき、わたしを打ちのめし、はてはわたしの能力をすっかり取り去ってしまうのです。わたしが自分の能力をとりもどし、こんなふうにとりつかれた状態から解放されるとしたら、それはわたし自身が危険や苦しみをたっぷりともっている場合にかぎるのです。ですから、わたしにも働く力がでてくるためには、この条件がどうしても必要なのです。

どうかおねがいですから、もしできますなら、有益な苦しみや危険をこのわたしにどっさりと与えてください。そうすることによって、わたしは、悲しみのためにむなしく消耗している状態からまぬがれられます。わたしは、今自分がおかれているような状況の中では生きつづけることができません。それは、わたしをもう少しで絶望におとし入れてしまいそうです。

こうしたものをわたしに与えてくれることができないのだとは、とても信じられません。危険で苦しい任務に対する要求がひしめいているので、一つも提供できる地位がないなどというはずはありません。それに、万一、そういう地位がないとしても、作り出してくれるのはやさしいことです。やらなくてはならないことは、あまりにもたくさんあります。こんなことは、あなたもわたしと同様にとっくにご承知のことですけれど。

この点については、あなたに申し上げたいことが一ぱいあるのです。でも、手紙ではなく、直接に口で申し上げたいのです。

ですから、一ばんいいのは、わたしに仮の仕事を割当ててくださることだと思います。あなたは、わたしという人間を十分に知っていてくださるのですから、ご自身でどういう仕事がわたしには向いているかを決めてくださるのは容易なことでしょう。そうしてくだされば、わたしをはやく、できるだけはやくロンドンへと行かせてくださることができるわけです。そのあと、時間をかけてじっくり話しあい、一ばんふさわしい任務をわたしにさずけてもらうようにすればいいと思います。仮りの仕事はなんでもよく、どこであろうといといません――たとえば、宣伝の方でも、新聞の方でもよろしいですし、ほかのところでもむろん結構です。ただ高度の苦しみと危険を含まないような任務でしたら、一時的なものにすぎないという名目でのみ、引き受けたいと思います。そうでないと、ニューヨークでこうして消耗しているのと同じ悲しみのために、ロンドンでも消耗し、うつけたようになってしまうことでしょう。こういう性格の持ち主だということは不幸なことです。けれども、実際にわたしはそのとおりなのですし、自分でもどうしようもないのです。それは、わたしの場合は、何かしら深く本質的なことであって、とても変えることはできないのです。わたしは確信しているのですが、これが単に性格の問題ではなく、使命にかかわることですので、一そうです。

あなたにお送りしました計画は、この点について、わたしの心のねがいをのこりなくかなえてくれるはずのものでした。ところが、A・Phがこの計画は実行不可能だとみなしている由、悲しいことに思います。それにもかかわらず、わたしは、いつの日かきっと実現されるという希望だけはあくまでなくさなかったと言えます。それ程までわたしは、ずっと以前から、このことをどうしても成就しなければならないという一念をいだいてきたのです。

けれども、とにかく、今このときには、もっとほかの仕事の方が適しているのでしょう。わたしはできるだけの力をつくして、その仕事に自分を投げだしたいと渇望しています。

ただ、わたしを行かせてくださるだけでいいのです。今では、このこともむつかしいのはよくわかっています。しかし、また、出発して行く人々があり、その中には女性も含まれていることをもよく知っています。あなたなら、わたしのために何かしてくださるだろうと心の底から期待しているのです。A・Phが、ここを発ってもどって行くとき、秘書役でもなんでもよろしいですし、このわたしを荷物の中に加えて、連れて行ってくれたらなあと思います……
何はともあれ、あなたにはくれぐれも、感謝しております。

友情をこめて、

シモーヌ・ヴェイユ

あなたのためでしたら、もちろんよろこんで記事を書かせていただきます。間もなく、そちらへ着くと思います。

ロンドンにて、
(日づけなし)

気がつかないうちにいつの間にかなんとまあ、たくさんな枚数を書き上げてしまったことかと、自分ながら見てびっくりしています。ここには個人的な事柄だけしか述べていません。こういうものにはなんの価値もありま

せん。ですから、あなたが、実際にひまでしょうがないとき、その場合にのみ、これを読んでください。

なつかしいお友だち、

ほんとうに時間をかけてゆっくりしゃべることは、実際上困難なので、手紙という方法によるのも、まあやむをえないことでしょう。

あなたがわたしのことをよく理解してくださって、どんなに感謝しておりますか、とても言葉には言い表わせないぐらいです。

ただ、こんなによく理解してくださっているのに、それが、わたしに関してはまったく的はずれな賞め言葉で表明されているのは、どうもいただけません。こういうやりかたはわたしにとって、非常な苦痛をもたらすものです。

思想について語る際、すぐれているとか、劣っているとかいうような言葉を用いて平然としていられる事態こそ、わたしたちがどんなにか腐敗した空気の中にひたっているかを示すものです。ただ、虚栄心にむしばまれた料理人だけが、出された料理の前にすわった際、反射的にこれを自分自身の作品とくらべながら見るといったふうなことをやらかすのでしょう。

料理はくらべるものではなく、食べるものです。同様に、書かれたものにしろ、話されたものにしろ、言葉もまた、食べるものなのです。それがもし食べられるものでありさえすれば。すなわち、その中にいくらかでも真理が含まれておりさえすれば。言葉には、これ以外の目的はないのです。

このことが、今日では忘れられてしまっているのです。

わたしたちは、虚偽の中に生まれ、虚偽の中に育っています。真理がわたしたちのところへ来るとすれば、それはただ外部からだけにかぎられるのです。それはいつも、神からやってまいります。真理が直接にやってくるか、人間の言葉をとおしてくるかは、重要なことではありません。人間の中へはいってきて、人間がむかえ入れる真理はすべて、神がしたしく個人的にその人にむかって与えようとしたもうたものです。言葉がもし、仲介者としての役割を果たしさえすれば、その言葉がどういう血肉をそなえた人間から出てきたものであろうと、そんなことは、福音書の印刷してある紙や、聖書の中にはっきりと語られていますように、神が預言者に告げ知らせようとするのに用いられた雌ろば(6)と同じくらいに、なんら重要ではなく、かえりみる余地もないのです。

わたしは、生れながらに、凡庸な知的能力しか恵まれていませんでした。こんなことを言うのも、事実ただそのとおりであるからなのだと信じてください。二十歳のころ、わたしが落ちこんだ状態は、まったくたちまちのうちに、わたしの能力を無にひとしいものにしてしまうほどのものでした。(そして、もうずいぶんと前から、わたしは自分の能力が字義どおり、完全に消え去ろうとする一歩手前のところにあるのだと毎日感じながら、生き、働いてきたのでした。)したがって、それは、多くの点で重い傷を負ってしまったのです(あなたも、このことは何度も気づかれただろうと思います)。しかし、真理をねがい求める者に対しては、神のあわれみの宝物が残されています。いかなる場合にも、何ごとが起ころうとも、そういう者が、まったくやみの中にとどまっていることはありえないのです。

こういうあわれみの対極に存在するものが、自分の中を真理が通りすぎようとするときに、これを阻止しようとしたりせず、むしろ、自分自身の中にあるすべてのものを砕きつくそうとする義務感なのです。

この義務感のために、わたしは、自分では個人的に到底書く権利がないとわかっているような事柄をも書かずにおれないのです。

わたしは、愛について語る権利は少しもありません。わたしは、自分の中に愛が住んでいないことを、知らずにいるわけにはいきません。愛が住まっているところでは、超自然的なエネルギーがたえまなくほとばしり出て、愛が働いているはずです。イザヤ書の中にはわたしにとっておそろしい言葉がひとつあります。「神を愛する者は、決して疲れることがない。」(7) ですから、肉体的にみてもこのわたしが自分はそういう人たちの数の中にはいらないことを、片時でも忘れるなどということはありえないわけです。

けれども、せめてわたしの文章の才能をとりのけておいて、真理のために役に立たせてもらおうとするのは、はばからずにするつもりです。自分のそういう才能をみとめようとしないことも禁じられているからです。真理ということを述べましたが、わたしの意味するのはもちろん、ただ、明らかにそのように見えるもののことにかぎられているのです。

同様に、わたしはまた、自分が、どうしても罪に定めずにはいられない事柄について、ほんのわずかでも留保をする権利はもっていないことを知っています。

わたしは、フランスにいたときには、自分の無能力のために、極端に小さい影響力にすぎませんでしたが、とにかく一半の影響力を行使していたことがありました。そして、この無限に小さな一部分が、実際上、まったく悪の側にくみするものであることがわかったのです。ですから、何ほどかでも善を行なっている人々、——とくに、あなたの場合は確かにそうだといってもよいでしょうが、——の前に立つとき、自分としてはただ、感嘆して見とれ、口をつぐむよりほかになすすべがないのです。けれどもまた、だからといって、わたしがじっとしているわけにはまいりません。わたしは、自分の愛する人々に対して、真理の借りがあるのです。

もしたまたま、幾分かの真理が、わたしの中を通って、あなたの中へはいって行くとしましたら、少なくともこの地におけるわたしの滞在にもなんらかの意味があったことになります。

——わたしの筆をとおして出てくる思想が、はるかにわたしの力を超えたものでありましても、わたしは、自分が真理であると信じるものに対するように、これに執着いたします。わたしは、この思想が、戦争行為の極端な形とならび立つことのできないものではないのを、実験的に証明するようにという命令を、神から受けているのだと思っております。

わたしは、自分がまちがっているとは思いません。一九一四年以来、戦争がわたしの脳裡をはなれたことは決してありませんし、こういった種類のことを、はっきりしない形ではありましたが、つねに感じてまいりました。そして、このことは次第に、一そう明らかに一そうぬきさしならぬものになってきたのです。

しかし、神の特別な命令だという感じにつねにまつわりついているはずの不確実さについては、わたしとしてはそれ程重要なことではないと思えます。

わたしは信じているのですが、もしだれかがまちがってそんな感じをいだき、自分の力をつくし、信仰をつくし、謙遜のかぎりをつくして、ひたすらに命令への服従につとめたとするなら、その場合、事柄それ自体が悪いものでなければ（わたしがねがい求めていることは、ほとんど確かにそういってよいものだと思うのですが）、神のあわれみによって最初は神の命令でもなんでもなかったものが、まさしく「命令」に代えられるのです。

わたしは心の底から確信しているのですが、もしだれかが、たとえあやまりであったにせよ、とにかく神の命令を受けたと考えながら、エネルギーや信仰や説得力を欠いているために、それを成就せずにいるとしたら、その人は、不服従の罪におちているのです。

今このときにおける、わたし自身の状況が、まさにこうなのです。

こういう状況は、わたしの眼から見ますと、地獄よりもっとはるかに悪いものであるような気がします――この点について、神学の述べているところがことごとく真実であると仮定しますならば。地獄に堕ちた人々は、なにも不服従の状態にはいず、神の意志によっておかれた位置にいるのです。かれらの定めは、完全な義と真理にかなっているといえましょう。ですから、わたしは地獄をおそれることなどはないと思っているのです。しかし、不服従については、おそろしいと思います。

こうして、自分には地獄よりもはるかに悪いとみえるような状況の中にいるのですからそのわたしが、慎しみを欠いたり、すべての礼儀作法をもかえりみず、なんとかしてこういう中からぬけ出したいと必死の叫びをあげてやまないのは、わかっていただけるかと思います。

あなたはおそらく、次のように思っていらっしゃることでしょう。――いや、そう思っていらっしゃらないとしても、あなたの中のどこかには次のようなことを考えている部分があるのにちがいありません——教会の中へはいっていないのだから、わたしがどんな言葉を用いようと、どうせそんなものはわたしにとって完全な意味において把握されているはずがないと。

この点について、あなたに一つの打ち明け話をしておかねばならないと思います。わたしの眼から見ますと、キリスト教の秘跡は、触知しうるしるしを通して神と触れ合うことだと思えます。このしるしを教会が利用しているのですが、それに意味があるのは、キリストの教えから出ているからなのです。

秘跡が、教会によって公けに宣布される必要があったのだと言い添えることも可能でしょう。しかし、わたしは、この最後の条件は、かならずしも絶対に必要なことではないと思います。なんらかの正しい動機によってやむをえず教会の外側にとどまっていなくてはならない者にとっては、例外もあるのだと思います。そして、もちろん、わたしの場合がそうなのだと考えるのです。そうでないとしたら、わたしは、今日にでも教会へはいることでしょう。「正しい」という意味は、わたし自身と、わたしに独特の使命にぴったりかなったという意味で正しいのです。わたしは、教会の内側にいる人人を、どんなことがあろうと非難したくありません。それどころか、そういう人々のことを羨やましく思いたいぐらいです。

キリストは、「モーゼがへびを上げたように、人の子もまた上げられなければならない。それは、かれを信じる者が、救われるためである」と言われました(8)。

青銅の蛇が、さおの先につけて高く上げられ、その方へと眼を上げた人はだれでも、へびの咬み傷によって死ぬことからまぬがれたのでした。

聖体や聖盃が高く上げられ（奉挙され）ているとき、こうした思いをもってふり仰ぐことが、まさに秘跡にほかならないのだとわたしは思います。

同じような理由で、わたしは、キリストの用いられた言葉そのままで（ギリシア語のテクストはキリストにまでさかのぼりうるものだと、わたしは確信しています。それはあまりに美しいのです）ただキリストのなさった祈りをくりかえして行く仲立ち人となりたいというねがいだけをもって、主の祈りをとなえることが行なわれたら、その場合もやはり同じことが言えると思います。

さらにまた、秘跡の効力については、たしかに認めることのできるものがいくつかあることを述べている文献も若干ありますが、この点も、わたしが自分自身について確かめえたものと一致するように思うのです。

ですから、ことの良否はわかりませんが、わたしは、秘跡の生命の根源をなしているところの教会という意味でなら、教会の外部にいる者ではなく、ただ、社会的な実在としての教会の外部にいる者にすぎないのです。

わたしはおそらく、まちがっているのでしょう。――とすれば、わたしはたぶん、これまで知られなかったような悪霊、ミサをただ目で見るだけで、その中に糧をさがし求めようとする悪霊にとりつかれているのでしょう、――そういうことも、ありうることです。しかし、わたしは、自分にとって真実と思われることを頼りにして行かねばならないのです。そうでなければ、いったい、ほかの何を頼りにして行くことができるのでしょうか。

――戦争において、なにか実際に働きができる能力があるかという点については、わたしは、不幸なことに、あらゆる点において、あらゆる種類の能力をまったく完全に欠いております。

けれども、もしドイツ軍の手中におちいることがあれば、このわたしの方が、わたしよりも、肉体的、知的、道徳的にずっとすぐれた価値をもつ人々よりも、敵に対してどんな自白もすることなく死んで行けるチャンスがはるかに多いだろうという確信をもっています。

この確信は、あなたも先日指摘なさったように、人間というものは威厳を失なうのをいやがるものだという点に根拠をおいています。だれかある人が、他人よりも余計に力をもち、エネルギーをもち、名誉をもち、いろんな資産をもっており、したがって、他人よりも価値がある人間である場合、一そうこれをいやがることが甚しいのです。

そういうわけで、このような状況におかれると、人は、自分の威厳をとにかくギリギリまで守りとおそうとするか、でなければ、抵抗力の限界に達し、ガタガタとくずれて、秘密を守る義務も含めて、すべてを投げ出してしまうのです。

敵の方は、こういうことはちゃんと知っているので、威厳をつぶすために、整然とした行動に訴えるのです。

わたしは、とにかく、なんらかの重要なサボタージュ活動のチャンスにめぐり合うことがあれば、これに参加しようという決意をいだきましたので、（いくつかの理由があって宣伝活動については、こういうような決心をしたことはありませんでした）、そのとき、つまり、休戦のときから、なにかの事件が起こったら、敵の前で自分自身の威厳を内的に放棄しなくてはならぬこともあろうとさとっていました。

そういうことをするのは、痛ましいことにはちがいありませんでしたが、それが義務となった瞬間から、かならずしもむつかしいことではなかったのです。

わたしにとって、このことはまったく明らかに義務でありました。わたしは何年ものあいだ、神経の緊張がギリギリの限界に達するまで、自分を抑えるため、自分の持っているものをすべて用いつくし、いくらかそれを失うほどのことを今まですでにしてきたのだという自覚もありました。――このことは、あなたも確かにそのとおりと認めてくださる機会があったかと思います。

わたしはこのように考えておりました。敵を目の前にしたり、名誉への誘惑にさそわれたりすれば、もしかすると、わたしは自分のふつう以上の力を出すようになることもあるかもしれない。しかし、自分の手中に、なんらかの秘密や、何人かの人間の生命がゆだねられている場合、わたしには危険を冒す権利は全然ないのだと。

そこで、このような場合には、初めから自分の威厳のことをあれこれ気づかったりするようなことはするまい、自分のエネルギーも自分の注意力もすべてをあげてただ、秘密を守るという義務だけに集中しようと決心しておりました。

こうして、もし自分がなんらかの戦闘に参加することになったら、いつも毒にも薬にもならないようなにせの自白の材料を一そろいあらかじめ念入りに準備しておき、記憶の中にたくわえておいて、自分の威厳がくずれ去るときがくれば、そのあいだにいつの間にかわたしの中からそれがしぼり出されてくるようにしておこうと、ふだんに心がけていたのでした。

こういう方法は、自分が否応なくうちのめされずにいられないようになる限界点に、まだ達していないうちに、はやくもそういう事態がおこることがあれば、きっと益があると思います。というのも、まだそのときには、くずれ落ちながらも、にせの自白を吐き出すのに必要なだけの注意力が残っているからです。

敵が、この計略を見破るのではないかということは、ほとんど心配するに及びません。

他方から言えば、とにかく証拠をにぎられるぐらいなら死ぬのが目的なのですから、実際上、自白なんてすることができないような状態にできるだけはやく達することができなければなりません。

まさしく、わたしは自分が肉体的にここまで弱いことから考えても、こういう状態にいちはやく達するのではないかと思います。ある程度の量の手荒な取り扱いを受けたら、わたしは決定的に、思考がまったく空しくなるような状態におとし入れられることでしょう。

それにわたしは、かれらの手荒な取り扱いをそそのかしうるにはどうしたらよいのかをまるで知らないというわけでもないのです。まず最初、まだ自分で自分を抑えることができるときには、できるだけ侮辱的な、ひどい挑発行為を冷静にやってのけることによってこの目的を達成できるはずです。なぜなら、敵の人間どもは、挑発にはすぐひっかかる野獣のようなやつらだからです。その次には、ほとんど機を逸せずにすぐ、くずおれてしまえばいいのです。なぜなら、やつらは、少しでも弱さのしるしを見せるものをすべて踏みつぶしてしまわずにはおられないサディズム病者だからです。

こういうことは全部、道理にかなった一つの戦術となるのだと思います。もし実際に、こういう戦術を用いなければならないとしても、人間的な知恵がどこまで信頼するにたるものかわかってくると思いますし、また、万一、そこに何か欠けるところがあったとしましても、そのおぎないとして、神のあわれみにかたく望みを寄せることはゆるされているのだと思うのです。すべてのものを捨て、自分の名誉までもなげ捨て、ただ恵みによって悪を行なわずにすむようにとねがい求める人には、神のあわれみという財宝が残されているのは、うたがう余地がありません。

わたしがフランスの警察の手にとらえられたときには、べつに何も肉体的に手荒な取り扱いをうける心配はなかったのですが、それでも今一度心の中で、もしもの場合には、自分の威厳に対する気がかりなどは捨ててしまわねばならないと決心をあらたにする必要がありました。というのも、もしフランスの警察がたまたまある日非常につよい肉体的苦痛をもたらすような言葉を用いてわたしを苦しめようと思いついたとしましたら、威厳に対する気がかりをもちつづけ、同時に、十分注意力をこらして、他人を傷つけるかもしれないことは何ひとつ言うまいと心をくばることはできなかったろうと思うのです。

なるほど、事実上、そういうことは起こりませんでした。どうやら、わたしの思うのでは、ほかならぬこのわたしの方が、かれらを少々病的な気分にしてやったらしいのです。ある日の午前中ずっと、わたしは、かれらが何を質問してきても、ただ「ノー」とか、あるいは「先の陳述に何もつけ加えることはありません」とだけしかこたえずに、じっとかれらの眼を食い入るようにながめてがんばったことがあるのです。

しかしまあ、わたしにこういう態度が可能であったのも、たまたま偶然がさいわいしたというだけのためにほかならないのです。

以上のようなわけですから、わたしがあなたにおねがいしましたこと、――「身代りの山羊」(9)になりたいという申し出、——が、わたしにとってどうしてやさしいことなのか、おわかりいただけたと思います。この申し出は、要するに、もうどんなことがあっても、わたしには絶対に果さなければならないことだと言うにつきるのです。

わたしという人間には、生れながらに肉体的な欠陥があるせいか、完全な犠牲と卑怯さとのあいだには、中間的な段階などはありえない気がするのです。とにかく、卑怯さをえらぶことは、わたしにはできません。そんなことをするのは、あまりにも安易な道につくことになりそうだからです。けれども、わたし自身よりももっと強い何ものかが、そうすることをさまたげているのです。

わたしは、知的にもこれと同じような状況の中にあったことがあります。他のかたちの注意力が麻痺してしまったため、創造的な注意力と無能力とのあいだのどんな中間的な状態にもいられなかったときがあります。

ほんとうにわたしは、身に余る恩恵を受けていたのです。ところが、わたしは、あわれにもその恩恵を十分に活かしきることができなかったのでした。

——あなたのお力添えをいただきたいと思うばかりに、わたしは、これまでだれにも決してしたことがないほど、こうして自分自身のことをあれこれと話さずにいられなくなったのです。どうか、このことを信じてください。

わたしが聖人きどりでいると想像なさるのは、わたしに対して不当な取扱いをなさることですし、どうかそんなことをなさらないでほしいのです。——あなたは、一度、何かしらそんなふうに思えることをおっしゃったことがあります。ことに、あなたが、真実より以上にわたしのことをかいかぶって考えてくださるのは、どうしてもやめていただきたいのです。

聖性に関して、わたしはどんな状況にあるのかを、あなたにぜひともはっきりと説明しておきたく思います。

ことのついでですが、わたしはキリスト教徒が、一般に聖性について語るときの口ぶりを好まないのを知っておいてください。かれらは、教養のある銀行家や、技師や、将軍が、詩的才能について語るときのように、聖性について語ります――それは、かれらが自分に欠けていると自覚している一つの美しいものであり、かれらはそれを愛し、それに感嘆して見とれるのですが、自分がそれを所有しないのを自責する思いは一瞬間ももとうとしないのです。

実際、わたしはあえて言いたいのですが、聖性は、ひとりのキリスト教徒にとって、最小限必要なものだと思われます。聖性とキリスト教徒との関係は、商人における金銭上の廉潔さ、職業軍人における勇敢さ、学者における批評精神の関係にたとえられます。

キリスト教徒に特有の徳が、聖性という名を持っているのです。もしそうでないとしたら、このほかにどういう名があるでしょうか。

しかし、キリスト教とともに古くから、陰険なたくらみがはびこり、時代が下るにしたがって次第にひどくなって、同じく安逸さをゆるそうとしない他の多くの真実と同様、この真実をもひたかくしにかくそうとしてきたのでありました。

そして、実際には、人の金を盗む商人、臆病な兵士などがいるのと同じく、キリストを愛することをえらびながら、聖性の点でははるかに低いところにいる人々もいるのです。

言うまでもなく、わたしの場合がそうなのです。

他方、人間の本性と根本的に結びついていて、超自然的な変化を受けないかぎり、到底根をたちきられるはずがないと思えるような、人間のさまざまな原動力や反応力も、その多くは、事実上ただ、正常な人間ならだれでも持っているような生命力の貯えと関連があるにすぎないのです。たまたま、いろんな事情が起こって、この貯えが尽きてしまうことがあれば、こういう原動力や反応力もまた、消えてしまいます。時間がたつとともにそうなって行くので、もちろん、そこにはずいぶんと痛ましい内的たたかいが、はげしく展開されずにはすまないのです。ともあれ、一たんこういうものが消え去ってしまえば、万事終りです。この過程は、人間が年をとって行くのと同じように、逆に進行することはありません。

このような逆行のできない過程の存在することが、人生をこんなにも悲劇的なものにしているのです。

この過程の終りは、表面的に見ていると、聖人たちの脱俗の状態と何かしらよく似た状態になります。福音書のたとえ話の中で、奴隷とキリストの弟子たちとがくらべあわされているのは[10]、この類似にもとづいています。ただ、この状態は、ひとつのまったく機械的な過程の結果にすぎないので、価値がないというだけなのです。

この見分けをするのは、やさしいことです。聖性は、自分のまわりにあるすべてのものに抵抗をゆるさぬ力ではたらきかける、超自然的なエネルギーのふだんの湧出をともなうものです。これとちがって、もう一つの状態は精神の消耗をともなうか、しばしば、――わたしの場合がそうであるように、

——肉体、精神双方の消耗をともなうのです。

さっき、あなたに引用してみせましたイザヤ書の言葉は、もうどんな疑う余地もないものです。たしかに、一部には、ながい間、おそろしいような不幸の中をくぐりぬけてきてもこうした状態の中に落ちこまずにすんでいる人々があります。しかし、人間はみな、はじめに、歩みだしたときから、それぞれ種々さまざまな生命力（これを、力とか健康とかと混同しないでください）をさずかっているのです。そのあと、不幸におちいって、ギリギリの限界に達しようとするときに、このときを遠ざけうるような、非常に大きい権能が人間に与えられたのです。ただ、このことは、欺瞞と、人為的な補償作用と、何でもよいから何かの刺戟物を求めることによって果されてきたのです。こうして、多くの人たちがそれと知らずに、この状態に落ちこんでいます。

ふたたびわたし自身について言えば、いろんな事情があって、こんな聖性の代用品にすぎないものをいつの間にか自分の手中に持たされるようになってしまったので、せめて、これが価値のないものであっても、ただ由緒正しい真の愛のために、これを自分の生活の規範にしなければならないという、この上なくはっきりした義務感をおぼえているのです。もちろん、それは、こういう愛を自分のものにしようという望みがあるからではなく、ただ、この愛に敬意を表したいからなのです。

もしわたしが、この義務にそむくようなことを本心からしたとすれば、たちまちわたしは、悪と卑劣の最低の段階に下落するのではないかという気がいたします。

わたしは、たといこの愛に対してあくまで忠実にとどまっているとしましても、完全無欠な生活を維持し、活力に溢れ、幸福への正しいねがいにみちていて、正義や真理のためにもその心のほんのわずかな分量だけを費やせば足りるような人々にくらべれば、まだまだはるかに劣っているのです。けれども、こんなことはもう、どうでもよいことです。あるいは、はっきり言うなら、わたしは自分の状態を幸福に思っています。

わたしが自分のためにねがうことは、ただ自分に命じられたことだけを果したのち、自分は無益なしもべにすぎないと考えるように定められた人々の列に加わりたいと思うことにつきるのです。反対に、不服従なしもべの列に入れられることを、わたしは、胸もしめつけられそうなほどにおそれています。

——それを避けるための実際的な手段について述べようと思いますが、わたしは、ひどい待遇を受けたときに自分はそれにどう対処するつもりかを、B・C・R・A(11)の人たちに説明しようとは少しも思わないのです。

(こんなふうに、こまかいことまであなたにお話して、あなたを苦しい気持にならせなかっただろうかと心配です。しかし、とにかく、あなたは、わたしに対しても、ドイツの水呑み百姓に対するのと同じくらいに、少しもあれこれと思いやってくださる必要はないのです。——まだしも、ドイツの百姓の方がわたしよりもずっと価値があるのかもしれませんし、もっと罪がないかもしれません)。

あなたに対しては、ただあなたから理解していただけたらと思うだけです。そして、このようなお話をすることによって、実際に果された行為とは別に、れっきとしたものとして期待しうるにたるだけの証拠をお目にかけることができようかと思うのです。

わたしは、こういう自分の戦術と、自分の生命をどんな目的のためにでもよいから無条件に用いてもらうために投げだすことのできる覚悟があることを別にすれば、特別な能力といってはただ、取り調べ官の誘導があっても、どういう人々が信頼するにたるかを見ぬくだけの一種の眼識だけしかもっていません。少なくとも、わたしは、これまでの生活において何度か経験してきたことから、このことを信じているのです。

こういう三重の能力を、利用するにたる有益なものとして、B・C・R・Aに重んじてもらうことはむつかしいと思います。かれらがまちがっているとしましても。

そこで、わたしとしては、方法はただ一つしかないと思うのです。

それは、わたしがフランスへ行って、Phとあなたのお役に立つために、向こうで働くことなのです。——あなたも、このわたしがあなたのお役に立つ仕事ができることはみとめてくださっているのですから。しかし、向こうでは、すべてのサボタージュ組織となんらかの関係がもてるような手配はしておいていただきたいと思います。それは、いつの日かひとりの生命を犠牲にして、なんらかの利益をあがないとる必要ができたときのためです。

こういうことは、理屈にもかなっていて、適当なことだとわたしには思えます。それだのに、わたしに対して、このことを拒むというのは、不当なことです。

Phは、あきらかに、わたしがかれの役に立つような着想を供給できるだろうと想像して、わたしを自分の部署につけたのでした。わたしが今書いていることを、かれが読んだとき、なおかつ、かれがその意見をかえないとしたら、——このことは起こりうることですが、——かれは、わたしのような精神の持主にとって、着想が次々と湧き出してくる唯一の場所、すなわち、対象とじかに触れあえるような場所へと、このわたしを配置する必要がありましょう。

わたしが今ここでつくしております努力も程なく、三つの限界につきあたって挫折させられてしまうことでしょう。その一つは、精神的な限界であり、今わたしがこうして自分の本来のあるべき位置におかれていないということで感じている苦痛が、日ましに大きくなり、ついには、自分ではどうしようもなく、わたしの思考の自由を奪い去ってしまいそうな気がするのです。もう一つは、知的な限界です。具体的なものへとくだって行くとき、わたしの思考は、対象が見あたらないためにそのまま立ちどまってしまうよりほかはないのが明らかです。三つめは、肉体的な限界であって、疲労がつのっています。

この限界に達したら、わたしは、もう何一つ与えることのできるものはないと言うよりほかはありません。

このまま、わたしはこの島の中に閉じこめられているとしたらだれにも知られずに埋もれて、肉体労働に従事したいとねがいます。肉体労働の方に、なにかしら引かれるものを感じているからだけではなく、義務感のためでもあります。英国人たちの戦争への努力に、なんらかの形で参加することもしないで、かれらのパンを食べることはできないのです。

疲労の限界は、創造的な思考活動よりも、肉体労働の場合の方がずっと遠くにあるように思えます。わたしたちは、歯をくいしばって、ただ前進して行けばいいのです。

もし旅行がゆるしてもらえたら、それも、あらゆる疲労を消し去るのに、十分な刺戟になるだろうと思います、——ただし、その期間があまり長期にわたらない場合にかぎります。

もしかすると、わたしはこのことを拒まれるのではないかと思いますと、考えただけでうちのめされたような気持にならずにはいられないのを告白いたします。

その理由としては、以上に申し上げたことのほかにも、まだあるのです。

自分以外の他の人間存在の益になる働きをするという点では、わたしにもゆるされることもあるかもしれませんが、このことは別としても、このわたしにはとりわけて、真理を待ち望むということのほかに、人生にはなんの意味もないのです。いや、これまでも根本的にはこれ以外に、なにひとつ意味はなかったのです。

わたしは、自分が人間の不幸と、神の完全さと、この二つのものをつなぐきずなとをすべて、真理のうちにおいて考えあわせるということができないありさまを見ますと、知性においても、心の奥底においても、日ましにつのってくる引き裂かれるような苦しみを感じるのです。

このような真理がもし、このわたしにも与えられるときがあるとしましたら、それは、わたし自身が肉体的に不幸のうちにおとし入れられたとき、現在ある不幸のもっともはなはだしいすがたのうちにおとし入れられたときにかぎられるだろうという確信が、わたしにはひそかにするのです。

このことがもし起こらなかったらと思って、わたしはおそれています。子どものときにも、また、無神論者、唯物論者だと自分で信じておりましたときにも、わたしは、死にぞこないをするよりも、生きぞこないをするのではないかというおそれをいつも心にいだいておりました。このおそれは、日ましに、いよいよ強くなってくるばかりなのです。

信仰のない人なら、わたしのようなねがいはエゴイスト的だと言うかもしれません。なぜなら、そのようなときに真理をむかえ入れても、もはやなんの役にも立たないし、だれの役にも立たないからです。

けれども、キリスト教徒ならば、そんなふうには考えられないはずです。キリスト教徒なら、真理の中にあって、神の方へと高まって行く愛の思いはただそれだけで、何ひとつ語らず、どんな反響もなくとも、もっともかがやかしい行動にもまして、まさにこの世界に益をもたらしうるものとなるのだと知っているからです。

わたしは真理の外側にいます。人間的なものは何ひとつ、真理の中へとわたしをはこび入れてくれません。神がこのこと以外の方法でわたしを真理の中へはこび入れてくださることはありえないという確信が、わたしにはひそかにするのです。それは、いわゆる「宗教的使命」と名づけられるようなものの根本にある確信と同じ種類の確信なのです。

ですから、わたしは、乞食のような厚顔無恥、つつしみのなさ、しつこさを持たずにはいられないのです。乞食同然に、一応議論の体裁はこらしていても、わたしの窮乏ぶりをひたすらに叫びつづけるよりほかはないのです。

これに対し、タレイランのあの無慈悲な返答がかえってきます。(12)「わたしには、その必要がわからぬのじゃ。」

しかし、せめてあなたは、こんなふうな答えはなさらないでしょうね。

他人を頼りにしなくてはならないのは、つらいことです。けれども、それは事柄の性質そのものによることです。もし、不幸とは、苦痛と死ということで定義できるとしましたら、フランスにいたとき、敵の手中に落ちるのは、わたしにとってやさしいことだったでしょう。しかし、不幸はまず何よりも、必要ということで定義できるのです。不幸をなめなくてはならなくなるのは、偶発的な事柄によるか、義務によるのです。義務といっても、それを実行する機会がなければ、なにもないに等しいのです。このような機会が見つけられると思って、わたしは、ロンドンへやってきたのです。わたしは計算ちがいをしていました。それとも、わたしの中には臆病さがひそんでいて、それがあまりにもうまい計算をしたのでしょうか。とにかく、わたしは、生れながらに臆病なのです。つらく苦しく、危険なものはすべて、わたしをおそれさせます。紙の上だけで、実際にそこからなんらかの結果が生じると想像できる理由もないときにどんなに極端な危険を冒かしてみせようとも、そんなこと位ならお茶の子さいさいです。これより以上に軽蔑すべきことはありません。どうしてわたしは、自分で自分を軽蔑しないでいられましょう。

これでともかく全部、自分に関することはあなたに申し上げることができたと思います。こういう一向に益にもならぬ話題をこののち二度ととり上げることはあくまでしてはならないことだと思っております。それにしても、こんなにくどくどと駄弁をろうしましたことを、どう言ってお詫びしてよろしいやらわかりません。必要に迫られなかったならば、こんなことはしなかっただろうと思うのです。

こういう窮乏の中にありましては、わたしはあなたからのほかに助けを期待することができません。あなたがわたしのために、どういうことをしてくださるのか、わかりません。しかし、せめてもわたしには、あなたにむかって訴えることがゆるされています。わたしはこのことにかぎりない感謝をおぼえています。

友情をこめて、

S・W

兄への手紙

一九四三年四月十七日

お兄さん、(1)

とうとう今日まで手紙をお送りできずにしまいました。お兄さんにどんなことを書けばよいのか、ほんとうにわたしにはそれがなかなかわからないのです。それに、手紙を出してから着くまでの期間を考えますと、うんざりしてしまうものですから。

Mさんが、Cさんに、お兄さんのことを話していましたので、お兄さんの経歴をすっかり、あの人にも伝えておかねばと思いました。その結果はこうです。もし、お兄さんが、「たたかうフランス国民委員会」に加盟してくださるならば、——たとえば、Rさんあてに、前文入りの手紙でもお送りになって、——みんなは大へんよろこぶだろうということです……

原則的に言えば、わたしの考えでは、加盟といってもただ、一九四〇年六月の時点において、フランスがなお戦争を継続中であることを宣言するのが正しく、りっぱであったと認めることにつきると思うのです。この点については、わたしは、これまで少しも疑ったことはありませんでした。

さしあたり、ご指示できることといえばこれぐらいで、残念ですがほかには何もありません。どうかよくお考えになって（まちがった視覚の効果をお避けになるようご注意なさって）、一ばんよい方向をおえらびください。

お父さんとお母さんには、わたしがロンドンが好きだと書きました。しかし、ほんとうのところはただ、この世の状態がわたしにも精神の自由をまだゆるしてくれるようなら、わたしはロンドンを熱愛するだろうという意味にすぎないのです。事実として、わたしは、なにひとつたのしむことはできません。

わたしは、一年前、自分があまりにも弱かったために、とうとうお兄さんの意見に従ってしまいましたが、今その後悔と悔恨とで、日々に、ますます引き裂かれるような痛烈な苦しみを感じております。

お兄さんとしては、今もし数学研究に適した環境にいらっしゃるのでしたら、そのままただ数学のことだけを一ずに考えておられるのがいいのではないかと、何かしらそんな感じが確かにいたします。もしできますことなら、死ぬまでこのことをつらぬいてくださいましたらと思います。

それでもやはり、このわたしは、大西洋を横切ってきたことをうれしく思っている気持に決してかわりはありません。どうか、このことを知っておいてくださいますよう。

お兄さんが、もし、――精神的な意味で言うのですが、――こちらへいらっしゃることがあるとしたら、みんなはお兄さんをどういうふうに使うことができるだろうかと思うのですが、わたしには全然わかりません。新しい命令が出るまで、おそらく軍人にしないことは確かでしょう。より正確に言うなら、特別任務を帯びた軍人かもしれません。でも、どんな任務でしょう。わたしにはわかりません。どの部署になるのでしょうか。それも、わかりません………

B家の人たちは、よい人たちです。でも、残念なことに、ただ一回会ったきりです。わたしには仕事がありますし、それにいつものことですが、疲れきって、町を歩きまわる元気もありません。わたしの部屋から事務所までの行きかえりの道だけで、せい一ぱいなのです（おねがい――どうか、お父さんやお母さんのお目に、この手紙がふれないようになさってください。いつもごらんになるのかもしれませんが。ですから、どうかぜひ注意なさってください）。

ロンドンには果樹が一ぱいあり、花ざかりです。

エヴリーヌやアランや姪によろしく。姪はあいかわらず、大きい声で笑ってばかりいるでしょうね。

さようなら、

S・W

父母への手紙

（一九四二年）十二月十六日

お父さん、お母さん

R夫人の家から、この手紙を書いております。夫人はそれはもう、あたたかくわたしを迎えてくださいました。ロンドンへ来てやっと四十八時間前に、わたしは自由になったところです。昨日、電報をお送りいたしました。こちらへ着くとすぐ、わたしは、電話も手紙も電報もすべて、完全に禁止されている特別訓練所に入れられました。だれでもみなそうされるのです。ふつう、そこで、六日ないし十日間すごすのです。わたしは運がわるかったのです（あいかわらずのアンティゴネー[1]です）。わたしは十八日間半もそこですごしました。でも、みんな大へんやさしくしてくれましたし、環境も大へん快適でした。

当地のフランス人たちと初めて接触しましたが、だれもみな、わたしに対して大へん親切にしてくれました。シューマンは、どこまでもいい人です。Cさんは、まるで十年前からの仲間かなんぞのように、わたしをむかえてくれました。わたしの小さな計画はどうもうまく行っていないようです。その方がきっと、おふたりにはよろこんでいただけるでしょう。わたしの仕事がどんなものになるのか、民間人のままでいるのか、それとも軍服を着ることになるのか、それもまだ少しもわかりません。わたしは、とりあえずフランス志願兵兵舎に、宿泊しています。

アンドレからの手紙は受けとりましたけれど、おふたりからは何もとどいておりません。おふたりのお手紙の一通が迷っているのではないかと思っております。

……

おふたりのおたよりをいただきたいとどんなにねがっていますか、申し上げる必要もないと思います。おふたりのことは、それはもう気がかりでなりません。お父さんお母さんのことばかり、考えつめております。でも、わたしは、大西洋を横切ってきたことが、かぎりなくうれしく、うれしくてたまらないのです。ただ、今日までずっと、昨年の五月にわたしのとった決心のことは、自分としては（おふたりとしては、まったく別なお考えもあることでしょうが）、残念に思いつづけております。アンドレは、手紙の中でこの点について質問をしてまいりました。その答えは、おふたりの方から、お兄さんに伝えてあげてください。このような気持はお兄さんには奇妙なものに思われるのかもしれませんが、まさにこのとおりなのです。

……

旅行は、なかなか快適でした。船はずいぶんと揺れましたが、だれもべつに船酔いにかかった人はありませんでした。数日間、ひどい寒さの日がありましたが、船の中はあたたかでした。何ひとつ事件もおこりませんでした。精神的にも、ほんとうに快適な環境でした。

わたしがもうすっかりロンドンに夢中になっていることは、申し上げる必要もないかと存じます。

はじめから、そうだったのですから。わたしが英国が好きなことも、いまさら言う必要もないと存じます。それどころか、失望したことなんて一つもありませんでした。（これまでにも、よくそういうことがあったので、きっと何か欠点が見つかるだろうと予想していたのですが。）

R夫人から、よろしくということです。子どもたちからも。Wはすっかり成長して、とても感じのいい子になりました。

（この個所、検閲のために一部削除されている）

でも、寒い日や雨の日には、そこへ行かないでください。あらかじめ電話をしておいてください。今までのところ、おふたりの旅行について、見通しはそれほど明るくありません。でも、申し上げるまでもなく、わたしは最善をつくすつもりでおります。

心からおふたりを愛しております。

シモーヌより

四二―一二―三一

お父さん、お母さん、

おたよりがいただけるまで、そしてまた、祭日の混雑がすぎ去るまで、お手紙をお送りするのは待っていようと思っていました。でも、とうとう、どんなおたよりもいただけませんでした（十一月三十日のお手紙を除いて）。わたしは、自分ではできない状態にありましたので、こちらへ着いてから二度ばかり、人に頼んで電報をうってもらいました。そのあと、自分でも二度ほど電報をお送りしました。二度めのときには、電報でおたよりをくださるようにとおねがいしました。でも、やっぱり何も受けとることができませんでした。

おふたりからおたよりがないのは、わたしにとって、ただもうつらく苦しいことです。でも、それだけなら、大したことではありません。ひょっとすると、おふたりの方へも、わたしからなんのたよりもとどいていないのではないかしらと思いはじめています。

北アフリカ代表部に対して、やりかけておられた例の交渉に、ふたたび着手しておられるのではないかと思っております。こんなわたしのような者の意見でもお役に立つことがあるのなら、わたしは、この世界的な動乱の静まるまで、ニューヨークにとどまっておられることをおすすめいたします。現代のような時代には、家族が一緒に住もうなどという計画を立てるのはおろかなことなのです。さしあたりどうしようもない一時的なことなのだと思って、別離を堪え忍ぶ方がよいと思います。

わたしとしては、おふたりがわたしからのたよりをちゃんと受けとっていてくださり、べつに不幸な気持にもならずにいてくださると知っていたら、別れていることも苦痛ではありません。けれど、実際のところ、わたしにはそれがわからないのです。おふたりが生きていらっしゃるのかどうかすらも、わからないのです。わたしとしては当然、不安にならずにいられません。まして、おふたりがまた旅行に出発なさるとすれば、いよいよ不安にならずにいられません。わたしたちは、かつて夢中になって、アメリカへの旅行計画に熱中したものでしたが、ああいう浮わついた気持は、たぶん正しくなかったのだと思います。アメリカはとにかく、現在では一ばん安全なところです。もしおふたりが安全ということをおきらいになるならば、マルセイユをはなれるべきではなかったのでした。

わたしの方は、外面的な事柄については、この地でも大へん恵まれています。——ただ例外として、住居の問題は、なかなかむつかしく、いまだにずっと、仮りの兵舎ずまいをしています。このことさえ除けば、あとは何もかも結構づくめです。みんなは、わたしに対して、できるだけ親切にしてくれます。わたしには、純粋に知的な、まったく個人的な仕事があてがわれ、わたしはその仕事を自分につごうのよいようにあんばいすることができるのです。要するに、わたしは、幸福ということについて、おふたりもご存知のように、こういう独特な考え方をもっていませんでしたら、大へん幸福な人間だと言わなければならないところでしょう。おふたりには、こういう考え方をわかっていただけませんでしょうし、それが満たされずにいるからといって、べつに残念なこととも思いにならないでしょう。実際、おふたりもそうじゃないかと思っていらっしゃるでしょうが、わたしは幸福ではないのです。でも、とにかく、今では、むかしご一しょにおりましたときにそうだったように、人生が精神的に無意味だということはもうないのです。

わたしはだんだんと、この都会や、この国や、ここに住む人たちが好きになっております。けれども、亡命者の生活にとってつらい一面は、今こうして自分のまわりにいる人たちにむかって、その人たちを好きだと言うことがほとんどできないということなのです。そんなことを言えば、お愛想を言っているように思われるかもしれないからです。R夫人のお友だちの、さる英国の婦人に、わたしは英国が好きだということを申し上げましたところ、その婦人は、こんなふうにこたえてこられました。「わたしもフランスは好きです。でも、フランスの人たちが英国が好きだとはとても思えないのです《I love France, but I don't believe any French people love England.》。」このかたは結局、わたしがまじめに言っているのだと信じてくださったかどうかわかりません。

ある意味で、この地では、いろんな事柄や人々が、わたしがむかしからそうじゃないかと期待していたのとそっくりそのまま同じであるように思われます。いや、ある意味ではたぶん、期待以上にそうだという感じがするのです。ローレンスは、どこかで英国のことを、「ユーモアと親切心《humour and kindness》」という形容語で定義しています。この二つの特徴が、日常生活のほんのささいな場面にも、さまざまのことなった環境においても、いたるところに見出せるのです。とくに、「親切心」が、——わたしがとても期待していなかったほどに、高度に見られるのです。この地の人々は、大陸におけるように、たがいに口ぎたなくののしり合ったりすることはありません。おふたりがいらっしゃるところでも同じことですが、そちらの人たちは、なんといっても神経の緊張がないのだからです。しかし、反対に、ここでは神経は、ピンと張りつめられています。けれども、自重心と、他人に対する真の寛容さとによって、そういう緊張を抑えているのです。こういうすべての事柄については、戦争が非常に大きい原因になっているということは言えましょう。この国はまさしく、大へんな苦しみをなめたのですが、その苦しみがかえって刺戟になって、かくれていた美徳をひき出してきたのです。フランスのように、棍棒の一撃でうちのめされたというわけではないのです。それにしても、あらゆる点を考えあわせてみて、やはり、かれらは、現在というこの歴史的な時点において、わたしたちよりもすぐれていることは確かだと思われます（もっとも、そうすることがやさしかったからでもありますが）。

手紙が書けるようになったとき、すぐに書き送りました一通の中にも説明しておきましたが、わたしは、十九日ものあいだ、かん詰めにされていまして、文通をすることもゆるされなかったのです。一般にそういう処置がとられるようですが、ふつうにはこんなに長期にはわたらないのです。（こういうことを、Mさんに話してあげてくださ い。あの人は、こういった際どういうことになるかを知りたいと言っていましたから）。わたしは運がなかったのです。それでも、物質的、精神的には、完全といってよい程よい待遇を受けているのです。しかし、やはり、そこから出てくるときには、だれでもみな、すっかりへとへとになっています。それは、おかしい現象です。わたしも例外ではありませんでした。けれど、数日間自由になりますと、こういうことは完全に消えてなくなってしまうのです。

……

R夫人は、わたしに対して、できるだけ親切にしてくださいます。Fさんも、だんだんこちらの気持がわかってきてくださるようです。ずいぶんおかしいことですが、わたしたちの心はおたがいに近い方向にむかいはじめているようです。

……

リハイ川が洪水を起こしたことを知りました。シルヴィー*のゆりかごが、水に流されやしなかっただろうかと心配です。

心の底からの愛をこめて、

S・W

＊ 原注――シモーヌ・ヴェイユの姪、シモーヌが英国へ出発するほんの少し前に生まれた。

四三―一一―八

お父さん、お母さん、

今日、電報を受けとりました。十一月十三日付けのお手紙をいただいてから、ずっと今まで、おふたりから何もおたよりをいただけませんでした。けれども、おたよりがないということよりも、何よりもわたしの心を苦しめたのは、ひょっとするとおふたりにもまた、わたしからのたよりがとどいていないのではないかと思うことでした。この点については、やっと安心することができました。わたしの最初の手紙を受けとっていてくださったのですから。きっともうすぐ、二ばん目の手紙もそちらへとどくことでしょう。わたしの何度かの電報も受けとっていただけたことと思います。いずれにせよ、片一方からだけでも、文通がうまく行っているというのは、大へんありがたいことだと思います。もし、おふたりからのお手紙があいかわらず、こちらへ着かないようでしたら、ときどきは、わたしあてに電報を打っていただかなくてはならないことになります。――でも、あまり費用がかかってはいけませんから、ある程度のながい期間をおいて。

お父さん、お母さんが「幸福で、完全に健康」(《happy and perfectly well》) でいらっしゃるのはほんとうのことだと思いたいのです。でも、わたしには、なんだかそれが信じられないのです。

こちらでわたしが聞いたところによりますと、おふたりがこちらへお出でになれるチャンスはほとんどないみたいです。こちらにいるフランス人の医師は、次の二種類の人々にかぎられています。戦前から、営業権をもっていて、こちらで開業している人々、——いわば、英国系のフランス人たち、——それから、軍人の治療だけを主とする軍医たちです。ここには、何かしら欠けているところがあります。というのは、(わたしも属しているような) 民間人のためには、まったく何ひとつ用意がととのえられていないからです。このような欠陥をカヴァーするために、一つまたは複数の、民間フランス人用無料診療所が設けられましたら、おふたりもこちらへお出でになることが容易になるでしょう。けれども、わたしとしては、自分でこういう施設を設けさせる試みに着手することはできないのです。ご存じのように、わたしにはまるで雄弁の才能がありませんし、人を説得する力もないからです。もしわたしにもいくらかでもそういう力があるとしましたら、それはもっとみんなの利益になるような事柄、わたし個人にはもっと関係の少ない事柄のために用いなければならないのだろうと思います。

………

残念なことに、M・Fさんには、とうとう会えずにしまいました。あのかたは、ときどきしかロンドンにいらっしゃらないので、ご一しょになれるときがとうとうなかったのです。

なるほど、この地では、ニューヨークにくらべますと、フランス人たち仲間も当然はるかに集まろうとする傾向がつよいのですが、だからといって、お互いに出会う機会がそう多いわけではありません――ましてお察しのように、このわたしには、人と交わる習慣がなかなかつかないでいるのですから一そうです。たぶん、これは欠点でしょうが、わたしとしてはどうしようもないのです。わたしもずいぶんがんばっています。わたしのいうのは、仕事にあてられた時間のことなのです。わたしには純粋に知的な仕事がふりあてられていますので、どこまで集中してやればいいのか、どういう結果を出せばいいのか、その限度がわたしにはわかりません。またみんなはあいかわらずわたしに対して親切にしてくれますが、それもわたしにとってもっともだと思える程度をはるかにこえているのです。仕事のこととか、仕事に関してどんな感想をもっているかということなどについては、手紙なんかでそうかるがるしく論じられるような問題ではありません。また、今このとき、わたしの生活は結局仕事をすることにつきていますので、わたし自身に関してはそう大してお話申し上げられるようなこともありません。

といっても、わたしが、必要なだけの時間、好きなだけの時間を、そっくりそのまま仕事にささげていると思わないでください。ロンドン市中を歩きまわるときには、いつもずいぶんと時間つぶしをしているからです。でも今ではもう、この地にいても、完全にアット・ホームな気分になっていられますし、いろいろ傷を受けているこの都会を、やさしい気持で愛しております。

仕事にかかりきりになるまえ、ナショナル・ギャラリーの二つの音楽会に出かけたことがあります。もっともこのことは、すでにお話したかもしれないと思います。もうひとつ、ぜひおふたりにお話しておきたいと思うことがあるのです。それこそ、純粋な英国精神がもっとも魅力的な形のうちに凝縮してぽっつりとあらわれ出してきたものだからです。それというのは、「じゃがいも博」（ポテト・フェア）と名づけられた、食料庁主催の展覧会のことで、「外国」産の食料を食べないで、じゃがいもを食べようと大衆に訴えかけようとするものです。それがまるで、子ども相手のものかと思うように計画されているのです。主題にふさわしいように作り直された「童謡」が流されていたり、人の姿を歪めてうつすかがみが置いてあって、じゃがいもを食べないとどんな姿になるかを示していたりするのです。現在のような状況にあって、この国民の中でわたしが一ばん感動させられるのは、その快活な性質です。それは、自発的に出てくるものでもなく、また、わざとらしいつけ足しのものでもなくて、だれもがひとしく堪え忍んでいるこの試練の中にあって、兄弟愛から出た、やさしい友愛の感情を保ちつづけていられることにもとづくのです。実際、わたしも、家族がばらばらになり、仕事も苦しく、その他いろんなことがあってもこの一点が見出されるかぎり、この地においては、数年前の時期よりももっと幸福でいられるのだと確信しています。

わたしはあいかわらず、住所がきまっていません。R夫人あてにお手紙をお書きください。こんなふうに住所不定でいるために、人々と接触を深める機会が、日一日とますますおそくなって行くありさまなのです。Gさんにはお目にかかりましたので、あのかたからわたしの消息を何かといろいろお聞きになってください。からだの方は大へん調子がよく、頭痛もまずこのところ、わたしをそっと落ち着かせておいてくれます。わたしは快適なくらしをしており、自分の一身上のことは何ひとつぬかりのないようによく気をつけております。ところで、一方、仕事をかえるということは問題になりません。現在やっているこの仕事には、もうすっかりどっしりと腰をすえてしまった感じだからです。

ですから、とくにわたしのことではあまり心配なさらないでください。おふたりが心配などなさるのは見当ちがいだということは、うけあってもいいと思います。アンドレにも、近いうちに手紙を書くつもりです。Bさんにも。この人のために何か手だてをつくしてあげることができるかどうかは、今のところわかりません。

何よりもやさしい愛情をこめて、

S

追伸――ベルナノスの『英国人への手紙』をお読みになってごらんなさい。とても美しい作品です。Bさんご夫妻にお会いしました。ご夫妻は、とても親切にしてくださいます。アンドレやおふたりにぜひよろしく言ってくれるようにとことづてをいただいております。

一九四三年一月二十二日

お父さん、お母さん、

お手紙を一通いただいたきり、その後は何もとどきません。きっと、郵便の配達が不規則をきわめているせいでしょう。Gさんが、わたしの消息をお知らせすることでしょう。あのかたからも聞いていただけるかと思いますが、わたしは、とある事務所の一隅に、元気一ぱい、すっかり落ちついて、快適な生活をしているのがわかっていただけるでしょう……（五月にああいう決心をしたことが、わたしにはいよいよ悔まれてまいります）。爆撃は、これまでのところ大したことはなく、むかしパリにいたときよりも少ないぐらいです。物質的な面では、何とかまあうまく切りぬけています。ひとりきりで、外部の援助もなく、そういう新聞記事もまず、ほとんど見当らないのに、わたしは部屋を一つ見つけました。（住所は、ロンドン西区十一、ホランド・パーク、ポートランド・ロード三十一番地、フランシス夫人方です。ここへ、お手紙をください）。とてもよい部屋で、間代も平均の半額です。部屋の持主の夫人も、感じのいい人です。わたしは、よく食べ、よくねむり……そして、だれもみんな、親切にしてくれます。わたしは、自分でも、言葉の真の意味で働いているのかどうかわからないのですが、とにかくやるだけはやってみようと思っています。おふたりがこちらにいらっしゃるとしても、そうたびたびお目にかかりに行くことはできないだろうと思います。

例の件について、ひとつよい知恵があります。ベルギー人たちは、わたしたちとちがって、英国に民間人用の病院や診療所をもっているらしいことを聞きました。おふたりが、ベルギー人たちのところでお勤めになることはできないものでしょうか。ベルギー領事館へ行ってごらんになればと思います。

北アフリカの件については、実のところやはりいぜんとして、はっきりしたことがわからないのです……

アンドレ兄さんに言ってください。この現在の状況の中で、何か希望しておられることがあるのなら、その希望の内容を正確に手紙でわたしに知らしてくださるようにと。教育部門は、Cさんの管轄(2)

下にあるのですが、わたしはこの人を知りません。言っておかねばなりませんが、わたしはだれにしても職業についてもらいたいなどというねがいは、これっぽちもいだいていないのです。――このわたしだけで十分です。といっても、もちろん、わたしだけが先んじようという意味ではありませんが……四〇年の夏にも、わたしはここへ渡ってこようと思ったものですが、それは敗北の方向でした。けれども、今では、こちらが勝利の方向であることが（むろん、フランス人にとって、です）ひときわ身にしみて感じられます。わたしは、事実上、しかるべき時期に、これらのフランス人たちに加わることができませんでしたし、また、そうしようとして結局かなえられませんでしたので、今、こういう環境の中にあっても、わたし個人としてはなんとなくばつのわるいような感じをぬぐいきれないのです。

………

もうほぼ一年も前になりますが、わたしはああして、アメリカへ移住するという魅力にとうとう負けてしまったことをいよいよはげしく後悔しております。

Bさんには、手紙はさしあげないとお伝えください。なぜなら、あの人に言わなければならないことは、どっさりありすぎて、とても手紙なんかでは書きつくせないからです。とにかく、一度、あの人のことについてA・Phに率直に話をしてみるつもりでいることも言っておいてください。ただし、あの人に満足してもらえるような仕事を見つけてあげてからになるでしょう（もちろん、うまく行っての話です）。ひょっとして、あの人が別な方面から手づるを見つけられなかったかどうかもお知らせください。もしそうだとしたら、一そう好つごうです。あの人は今日、公的な仕事において何かひとかどの人物になるような必要があるのでしょうか。わたしとしては、お察しと思いますが、まったくちがった考えをもっております……

Gが、ニューヨークの自由フランス代表部に、当地から発しました命令、次のものをタイプして送るようにという命令を伝えるはずになっています。その一は、一九三四年の「化金石」のこと、その二は、「経済とヒューマニズム」誌のために書かれた、工場生活に関する記事、（たしか、そちらにあったかと思いますが）、その三は、同じ雑誌のために書かれた、「タラ」の傾向をもつ別の論文（『奴隷的でない労働の第一条件』という題をもつ）[3]。きっと、あの人たちは怒るでしょうね……おまえさんが、おれたちに仕事をしろって言うんなら、おまえさんの方もやるべきことはやってもらわなくちゃ……おれたちが事務所で仕事をするときには、ちゃんと監督してもらって、仕事がはやく、うまくできるようにつくすべき手はつくしてもらわなくちゃ……

詩には、いくつかまた訂正しなくてはならない個所があります。

一、『星』[4]のあらたな終局部（今度こそ、決定的に決定的なものとなると思います）

あなたがたから見れば、どんな苦しみもさほど重要ではない。
わたしたちは沈黙しつつ、自分の道をよろめいて行く。
神々の火がとつぜん、心臓の中に光りかがやく。

二、『プロメテウス』[5]、第五節第一行目。「数たちの贈りものは、ひときわに光りにみちて」、第六節第一行目、「あけぼののはそれ自体、不滅のよろこび」。

三、『ある一日に』[6]、第三節第三行目から五行目まで、「このかがやかしさのすべてが、——すべての場所を撫でてすぎ、——わたしたちの心はやさしく、澄んで、もどってくる。」

四、『ヴィオレッタのうた』(7)、第二節以後、「ねむりは、まだ一度も満たしたことがない、——この夜と同じく、ねむりを飲みほそうとするわたしの心を、——けれど、もうやってきた、見るからにこころよいあけの光が、——ねむりにもまして、いま、あんなに待ちこがれていたあけぼのの叫びが、——石と水をくぐりぬけて、この町にまでとどいてきた、——まだ沈黙しているけれど、空中のふるえが、——いたるところに見えてきた‖おまえの幸福はそこにある。見においで、わたしの町よ、——海の花よめとなるものよ、はるか遠くを、またずっと近くを見てごらん、——しあわせなざわめきにみち溢れたいくつもの波が、——おまえの目ざめを祝福しにきているのを‖海の上をゆるやかに、光がひろがり、——もうすぐ、たのしいお祭りのとき……(残りは変更なしです)。」

詩集を数部、複製しておいていただければありがたく存じます。あまりいそぎませんが(その前のジャフィエの最後の四行とともに、ヴィオレッタの分も含めて)。

このことは別として、わたしは、戯曲にかまけている時間がありません。……こういう詩を全部、年代順に、どこかに一度に発表することができたら、どんなにいいかと思います……

Kの雑誌はどうなったのでしょうか。

わたしは次の点をぜひとも注目しておきたいと思うのです。わたしはもう今ではそちらにいないのだということです。このことをどうかおふたりも、ふとさとってくださることがあればと思います。そちらにいましたとき、わたしはまるで砂漠に生きているみたいでした。だれひとり、わたしに生命のしるしを与えてくれる人はありませんでした。

わたしの給料の余った分の中から、わずかばかりのお金ですが、そちらへお送りいたします。今さら言う必要もないと思いますが、わたしの入り用は知れているのです……もしおふたりがご不自由を感じていらっしゃらなければ、どうか有益な方面へご寄付いただければと思います。でも、たぶん、使い道がおありになることでしょう。

わたしは、おふたりがお達者でいらっしゃること、退屈なさらずにいること、ニューヨークの生活をお楽しみになること、おもしろい本をお読みになること、よいお天気がつづくこと、そのほかこういった種類のことをどっさりと、心からねがっております。せめて、お父さんお母さんのどちらも、悲しんでなんかいらっしゃらないと思うことができましたら……

何よりもやさしい愛情をこめて、

S・W

二月一日

お父さん、お母さん、
十二月一日付けのお手紙、受けとりました。なんとか、郵便はとどくようですが、ずいぶん時間がかかります。こんなに時間がかかるのかと思いますと、手紙ひとつ書くだけの勇気もなかなか出てきません。書くことがいつでも確実に現代的な興味をもったものとなるためには、永遠に通じる事柄について書く必要がありましょう。たとえば、クリシュナ(8)に関したことなど……

お母さん*、お母さんが幸福になりたいと思っていらっしゃることがおかしいことであるとしたら、このわたしがお母さんが幸福になっていただきたいとねがうこともおかしいことになります。

＊ 原語は、《chère M.》。原注――ここばかりでなく、このほか多くの場所において、Mというイニシアルがシモーヌ・ヴェイユの母の家族内での別名をあらわすのに使われている。

わたしは、やはりいぜんとして、この点についてはゆずることができません。わたしは、ニューヨークの空気が太陽にみち、うっとりするような楽しさに溢れていること、公共図書館の分館にはよい本が一ぱいあること、毎日の生活の中に、小さくともいろんなおもしろい出来事が起こること、快適で有益な人々との交わりが行なわれていること（おとなりの伝道師さんがまだいらっしゃるようでしたら、ぜひつづけて交際なさってください）などを、何より熱心にねがっております。もし一見にあたいする映画や演劇があればぜひとつけ加えたいところでしたが、流感のことが大へん心配です。日曜日の朝のハーレム(9)の礼拝については、あまり評価なさってておられませんでしたが……

この前の手紙で、わたしは、当地まで渡っておいでになるおつもりなら、ベルギー人たちのところへお出向きになってはという示唆を申し上げました。なお、さらに、職業ももたずにこちらへお出になることができるかについてしらべてみるため、いろいろと情報を集めたいと思っております。でも、わたしはおどろきを禁じえません。フランス人の中でも、ぜひそうしたいと思ってはいてもそんなことをする人はいないからです。でもあたらしく仕事をつくり出してもらうことは不可能です。

事務所はどれも同じ街にあるのですが、この地では、そういう縁故をつけることはめったにできないからです。

わたしはだんだん、ロンドンが好きになってきます。でも、あまり町の中は歩きません。そんな時間がないのです。ノッティング・ヒル街に部屋を見つけたことは、もうお話したでしょうか。きっともう、お話したことでしょう。すぐにも、こちらの方をさがしてみなかったのは、おろかなことでした（住所は、ロンドン西区十一、ホーランド・パーク、ポートランド・ロード三十一番地、フランシス夫人方です）。小さな建物《コテイジ》の階上にあり、大へん小ぎれいな部屋で、ちょうど窓のまん前には、星月夜には小鳥が一ぱいきてとまる木の枝があります。

ロンドンの「居酒屋《パブ》」は（ご安心ください。わたしはめったにそんなところへは出入りしていませんから）、あまりフランスの「酒場《ビストロ》」に似ていないのは、おかしいほどです。――英国の警官には、何かしら感じのいいところがあります。

わたしは物質的には、何とかまあうまく切りぬけています。よく食べ、よくねむり……そして、だれもみな、とても親切にしてくれます。Cさん（一しょに働いている人です）も、同僚として大へんよい人です。

ですから、おふたりさえ幸福でいてくださるなら、何もかもうまく行っていることがおわかりになれるでしょう……

何よりもやさしい愛情をこめて、

S・W

こんどの、新しいヴィオレッタのテキストは決定的なものになろうと思います。

追伸——こちらで、『十二夜』を見ました。ロンドンでこれを見るのは、それだけの価値があります。シェクスピアの酒盛りの場面と、現在のロンドンの「居酒屋《パブ》」の雰囲気とには少しも断絶がありません。このことによって、多くのことがわかります（今でも、「居酒屋《パブ》」でみんなが酔っぱらっているという意味ではないのです。今はそんなことをしているときではないのです）。

三月一日

お父さん、お母さん、

R夫人あてに送ってくださったお手紙、受けとりました。とても信じきれないのですが、それでもおふたりが幸福でいるとおっしゃってくださったことで、わたしも大へんうれしい気がしております……うららかな春になりました。ロンドンのいくつかの町の広場には、一面もも色の花を咲かせた木木が見られます。ロンドンには、とても感じのいい小さな広場が多いのです。でも、わたしはあまりロンドン見物はしておりません。仕事にすっかり没頭しているからです。けれど、過労にならないようにしております。ときには、疲れのためにどうしても仕事を止めねばならないことがあり、そうすればまたあらたに調子がでてくるまで休息するより仕方がありません。でも、そのようなときにも、散歩をしたりすることはめったにありません。お察しのとおり、まさに、わたしは仕事にはよい成果をあげております。ほんとうのことを言いますと、わたしは自分のやっていることがはたして真にみのりのあるものとなるのかどうかは、まったくわかりません。そういうことは、わたしにはわからない、実に多くの要素によってきまってくることです。でも、あまりこまかいことを申し上げることはできません。同僚は、あいかわらず、できるかぎり親切にしてくれます。A[10]にも言ってくださってよいと思いますが、わたしがそちらにご一しょにおりましたところ、この地の環境について聞かされました事柄のうち、一部分はまったくまちがっていたということです。

……

英国人たちの社会に深くはいりこむには、これまでその機会もありませんでしたし、何よりも時間がありませんでした。このことは、大へん残念に思っております。わたしはやはり、労働者街の居酒屋《パブ》のまったく一種独特の雰囲気を心からたのしく味わっております。日曜日には、ハイド・パークで演説する人に聞き入っている人たちのすがたを見て何時間もすごすことがあります。白色人種の国において、いや、おそらく世界中で、ソクラテスが逍遙していたあのアテナイのアゴーラ（広場）の議論が今もそのまま残っているところは、ここだけだろうと想像します。わたしの住んでいるのは、貧乏人たちの街で、部屋も安いのです（でも、まったく申し分のない部屋で、家具や調度もちゃんとととのっています）。こうしてわたしの生活しているこの家の雰囲気といい、とくに、十年前四歳の男の子と乳呑み子をかかえ、職業もなく、ちっぽけな家以外の財産は何もなく、ひとりぼっちに残された教師の未亡人である、この家の女主人といい、——これらすべてはまったく生粋のディッケンズ的なものです。ディッケンズは、英国の庶民のすがたをそっくりそのまま、かれの本の中にうつしとったのだということがよくわかります。何よりも意外だと思うのは、現実とぴったり一致する点が、まさしく、かれの本の中ではいかにもそのような感じのするそのセンチメンタルな一面であるということです。このことからわたしはあらためてつくづく思ったのですが、これはホメロスの天分に匹敵しうるほどの天分をもっていない作家についてはだれにもあてはまることなのでしょう。つまり、その人たちが現実のすがたを忠実にえがけばえがくほど、それはうそのような感じがするということなのです。

わたしは、ジャックに会いました。そして、お父さんがたがお元気にしていらっしゃる由を聞かせてもらいました。でも、お父さんがたが少し憂鬱そうにしていらっしゃること、退屈していらっしゃる様子だったことも話してくれました。人間が不幸になるということは、わたしにも了解できます。しかし、どうして、退屈などしていいわけがありましょうか。クリシュナのことをお考えになれないのでしょうか。でも、やがて春がきて、おふたりが、いなかへ何度も散歩に行かれることができるようなときがめぐってくるのだと思います。どうか、いなかや、春や、ニューヨークの上にかかった大空の酔わせるような青い色や、そのほか何もかもを、心ゆくまで存分に味わいつくしてください。美しいものに対して、そっけないそぶりをしないでください。おふたりが美しいものを十分に味わっていらっしゃるとき、その一瞬々々に、このわたしが一しょにいるのだとお思いになって、味わってください。

星や落日に対して、だれもが感じるひそかな印象は、いつの時代にもそのまま残っているものです。燈火管制下のロンドンにも、ときとするとみごとな月光が見られます。

ストーンヘンジがどこにあるのかを、確実に教えてくれる人には、あいかわらずめぐりあえずにいます。

おふたりが、公共図書館の分館へは、その後もずっとつづいておいでになり、美しいもの、おもしろいものをその中でさがし出してくださったらと思います。ハーレムにあるその分館へはもういらっしゃったでしょうか。わたしもこの分館のことは、かねてブランシュに話を聞いていたのですが、とうとう行けずにしまったことは残念です。そこでは、黒人文学について、くわしい調査ができるのです。もしおふたりがそこでいろんな発見をなさったら、それはきっとわたしにも後日、非常に役立つことだろうと思います。

というのも、こちらへまいりましてから、わたしのこの取るにたりない個人的な思想や小さな世界観が、ある限度内において、まるで癌細胞の増殖するようなすがたを呈しつづけているからです。しかも、そのとめどもない発展を仕事のために阻害されることはありません。かえって、事実に即したいろんな組み立て直しができるのです。わたしが孤立した生活をしているのが、そのためにずいぶんつごうがいいのです。

ヴィオレッタの詩の新版、お受けとりくださったでしょうか。二種類の版をお送りしました。わたしの詩を出版のために、Kにお渡しになるのは待ってください。というのは、どちらの詩にもといってよいのですが、一つ二つ小さな加筆訂正をほどこしたからです。この訂正は、もちろんお知らせするつもりですが、郵便がどうもあまり頼りになりません。

ローマ人についての記事がぜひとも欲しいのです。代表部を通じて、できるだけはやく、M・Sh(11)あてに送らせてくださいませんか。

……アントニオ*に手紙を書いてやってくださいますか。わたしにはとてもできませんので。

お父さん、お母さん、心からの愛の接吻とともに、

S・W

* 原注――アナーキストのスペイン人農夫。ヴィシー政府により、はじめル・ヴェルネ収容所に、次いでアルジェリアのジェルファ収容所に監禁される。

四三年四月十七日

お父さん、お母さん、

ここしばらく、また、おたよりがいただけません……ほかに悪いことはなくても、ひょっとすると、おそろしいふさぎの虫にでも取りつかれていらっしゃるのではないかしらと大へん心配しております。そうだとしたら、ニューヨークでも、こちらと同じように、みごとな春のおとずれが見られることでしょうから、ハドソン川をさかのぼって、アルバニーの方へ舟あそびにいらっしゃるのに頃あいの時分でしょう。ニューヨークからそう遠くないところに、大きい森林がありはしないだろうかと考えております。わたしをこちらへ運んでくれました船の中で、一冊の本を読んだことがありますが、それ

は——いかにも真のアメリカふうのユーモアが溢れた本で、——アメリカの森林に群れをなして住んでいるという架空の動物のことを書いたものでした。それは、森の木こり《lumbermen》たちが、先輩から後輩へと冗談半分に語りつぐ、うその物語にすぎないのですが、一つの伝統の対象とされたことによって、その架空の動物一つ一つの形や習慣などを、くわしくえがいてみせることができるようになっているのでした。

ニューヨークの上にひろがった大空は、あくまでも青いのにちがいありません。この地でも、春はじつに、みごとです。ロンドンには、白い色、ピンクの色の花が咲く果樹が一ぱいあります。

Dさんにお会いになったら、こうおっしゃっておいてください。あの人の性格（もっとほかの言葉をつかう方がよろしいでしょうか……）や、ものの考えかたからみて、あの人がニューヨークよりもこちらにいらっしゃった方が居心地よいなどとはとても思えないのです。ほんとうにそうなのです。

わたしのような者なら、こちらにいる方がはるかによいことだと思えます。しかし、わたしは、かつてAの言いなりに従ってしまったことを、毎日、いよいよひどく、引き裂かれるような思いで後悔しています。この点を別にすれば、とにかくわたしは完全にいい調子に行っています。仕事もしています。もっとも、この仕事が何かに役立つことがあるのかはわからないのですが、それでも完全に自由に仕事をしています。仲間の人たち、とくに、Shや、C夫妻は、ばかげていると思うほど、いつもわたしに対して親切にしてくれます。C夫人は、ほんとうにりっぱな女性です。もちろん、夫の方も、じつにすぐれた才能のある人です。それに、Shも、およそ考えられるかぎりの一ばんよい友だちだと言えるでしょう。

Bさんたちには、残念なことに、ただ一回きりしか会っていません。というのは、わたしがすっかり仕事に没頭していたためです。

Rさんたちは、わたしの事務所のわりあい近くにおられますので、きまったように会っています。R夫人がおふたりのことをお話しておられましたが、それはもうすっかりほろりとさせられてしまいました。

ハイド・パークは、今このとき、とてもみごとです。

今わたしの住んでいる家（窓のすぐ前に、葉むらを一ぱいしげらせている一本の木があるのですが）についていつかお話しましたとき、それはまるで生粋のディッケンズふうだと申し上げたかと思います。ほんとうに、ますますディッケンズになってきています。

この家の女主人は、自分のところの子どもを見てもらうために、Bさん*に来てもらいたがっています。わたしは、年少の方の子どもに甲状腺障害の症状があるのをみてとりましたので、このジェネラル街の病院へ連れて行ってやりました。やっぱり、わたしの診断どおりでした。その日はたまたま、月に一度だけやってくる、王室内科医（King's physician）の肩書をもつ英国人医師の診察日にあたっていました。その医師がきている日だと知ると、下宿のおかみさんは、もう少しのところで心臓がとまりそうになりました。そして、子どもは、王さまと同じお薬を飲むのかなどとたずねるのでした。

＊ 原注――医者であった、シモーヌ・ヴェイユの父親のことをさしている。

――おふたりがご健康でいらっしゃり、お金のご心配もないようでしたら、どうか、青い空や、日の出や、夕日や、星や、牧場や、花が咲き、葉がのび、赤ん坊が育つのを、心から存分に味わい、たのしみつくしてくださったらいいのに、と、何よりもねがっております。一つでも美しいものがあるところにはどこにでも、このわたしも一しょにいるのだとお思いになってください。アメリカにもナイチンゲールがいるかしらと考えております。

お二人の愛するかたがたに、何よりも心からな愛情をこめて、

シモーヌ

追伸――どんなことがあっても、アメリカではわたしの詩を出版なさらないでください。わたしはまた、どちらの詩についても、一つ二つの語を修正しました。

お母さんあてに、添えがき、――クリシュナを忘れないでくださいね……

五月十日

お父さん、お母さん、

ちょうど今しがた、海底電報を受けとったばかりです。おふたりが「大へん幸福」(《very happy》)だとおっしゃるのが、文字どおりそのとおりなのだとほんとうに信じることができましたら、どんなにうれしいことでしょう……せめても、おふたりが、シルヴィーをごらんになって、しあわせな気持になってくださったり、シルヴィーがいつも大きい笑い声を立てていたりするようにとねがっており

ます。

こちらの春は、これまで人々の思い出の中になかったほどのものだと、アメリカの新聞は報じておりませんでしたか。春の花も、初夏の花もどの花もみな、一ぺんに咲きはじめ、あらゆる種類の果樹が、今すっかり花ざかりです。日曜日には、ロンドン中の人々が公園に集まります。空は、うすく、深く、とても感じのいい青色です。

おふたりも、ハドソン川の舟あそびをなさったり、ときには一時間ぐらいの遠足をなさって、いなかの方へおいでになったりしてくださったらいいのにと思っております。どうか、ぜひそうなさってください。お金の方は十分たりていらっしゃいますか。少しばかりお送りすべきかとも思っておりますが。お送りするのは、そんなにむつかしいことではないと思います。

わたしはまだ、タイプの複写を受けとっておりません。でも、お母さん、お母さんご自身にそんな仕事をしていただくようには申しませんでした。代表部にたのんで、してもらってくださいとおねがいしたのです。

…………

こちらで一しょにいます何人かの仲間たちは、みな、あいかわらず、同じようにあたたかく接してくれます。この仲間たちを別として、わたしはほとんどだれにも会いません。残念なことに、英国人たちの社会にはいりこんで行くだけの時間は、その後ずっと見つけられないでしまったのです。

C夫人が、シルヴィーの代母になってくださいました由うかがって、ほんとうにうれしく存じました。

さようなら、お父さん、お母さん、神さまのお恵みがありますように。

何よりも心からな愛情をこめて、

シモーヌ

おそらく、新聞紙上でごらんになったことと思いますが、むかしのサンディカリストのよい友だちのひとりであるGさんが、こちらへやって来ました。

追伸——わたしの仕事のこととか、そのほかいろいろとくわしくお知らせすることができればいいのにと思います。——でも、やはり、こういうことを何もかも、直接口でお話することのできる時がくるのを待つ方が、ほんとうはよいのでしょう。ただ、わたしは実際上はなんの責任も与えられていないありさまであることを、知っておいてください。わたしはそうしてもらえたらいいのにと思っているのですが。

四三年五月二十二日

お父さん、お母さん、

もうずいぶんと久しく、おたよりをいただいていないような気がいたします……たしかに、二週間前には、海底電報をいただきました（そのお返事は、すでにお送りしました）。「大へん幸福」（《verhappy》だとお書きになっていらっしゃいました（せめても、それがほんとうのことだと信じられさえするのなら、こんなに結構なことはないのですが）。でも、この前にいただいたお手紙の日付けは三月十五日でした……なんとまあ、大西洋に住む鱶たちは、手紙のようなものまで食べねばならないのでしょうか。わたしたちの手紙は鱶たちにとって、はたして消化がよい食べものだろうかなどと、考えたりしています。この手紙のおかげで、鱶たちが美について教えられるところがあり、そのために、海底の風景をいっそう深く観賞することができるようになったらいいのにと思っています。

こちらでは、その後もずっと、何もかもがわたしにとってはまったくつごうよく運んでいます。Cさんは、しばらくのあいだ、ロンドンに不在でしたが、やっともどってこられました。ほんとうによかったと思っています。この人こそ、真の仲間です。この言葉がいま、わたしにとってどれほどの意味をもつかはわかっていただけると思います。仕事の上から、この人と接触するようになったことは、わたしにとって、ほんとうに幸運なことでした。（A・Phには、まず、めったに会うことがありません）。

それに、事実上、これまでわたしは、だれにも接したことがありません。――例外的にCさんが、ときどき、自分の忙しさをカバーさせようとして、わたしにまかせてくる任務が、たまに何度かありましたが、そのときは別です。そういう任務を与えられますと、ふだんの仕事の流れが一時とだえてしまいます。

ふだんの仕事というのは、純粋に理論的な面において行なわれているものです。わたしは、二ばんめの「化金石」をつくりだしました。いや、むしろ、つくりだしている最中です。まだ、完成していないのですから。

もしこれが完成した時には、こんどは自分はどういう仕事に使ってもらえるんだろうと真剣に考えています。わたしのもっている能力なんて(自分では、ほとんど無にひとしいものと思えるのですが)、しかもさらに、ありとあらゆる種類の禁制が課されて、きびしくしばりつけられているのです……

もちろん、わたしは、自分の書いているものが、いつかなんらかの効果を及ぼすにいたるだろうなどと想像できるような理由が、これっぽちもあろうとは思えません……おふたりもわかっていてくださると思いますが、それでもやはり、書かなければならないのです。お母さん、いつか、きっと、これもタイプしていただくことになると思います(例の原稿についてのお知らせは、まだいただいておりません)。

このようなことは、もちろん、おふたりだけにお打明けするのです。

現在、みなの行なっている事柄については、よいことか、わるいことか、疑わしいことかわかりませんが、とにかく先にも申し上げましたように、わたしは何ごとにおいてもどんな役目も与えられず、責任も与えられていません。必要なときには、仲間たちと口げんかをすることもありますが、そんなことはまあ、めったにないといってもよいぐらいです。それほどに、話しあったりする時間も少ししかないのです。それに、仲間たちも、ずいぶん親切にしてくれますし……この仲間たちのほかは、まずだれにも会いません。

ロンドンは、もう夏かと思うほど、暑いです。公園はみどり一色です。仕事から解放されて、公園にあそぶ人たちは、とても幸福そうです。おふたりもまた、どうか幸福でいてください。できるかぎりのありとあらゆる楽しみを手に入れられて、それを味わいつくしてください。こんどお会いになるときには、わたしからといって、シルヴィーに微笑をおくってやってください。そして、おふたりの愛するかたがたには、何よりも心からな愛情と接吻とを、おおくりいたします。

シモーヌ

追伸――お母さん、『シュロップシャーの若者』をお読みになりましたか（一八九六年出版、A・E・ハウスマン作です）。もしまだでしたら、近くの公共図書館分館でぜひお借りになってください。わたしもちょうど、再読しおえたところです。この本がますます好きになってきます。この本は、百二十五番街の分館にあるはずです。

さらに、追伸――四月三日付けのお手紙、いま受けとりました。なんだか少し憂鬱そうですね。そのお仕事というのは、どういうものなのですか。お金がご不自由なのでしょうか。

五月三十一日

お父さん、お母さん、

この前の手紙の封をしようとしたとき（一週間前に）、普通便でお送りくださった、四月三日付けのお手紙を受けとりました。

このお手紙は、なんだかひどく憂欝そうに思えました。その後、きっと事情がかわって、おふたりもお気をとりなおしてくださったことと思います。

近いうちにジョゼ*にお会いになり、あの人の二ばんめの男の子をはじめてごらんになるのを、たのしみにしていらっしゃるのですね。このこと、うまくはこびそうでしょうか。

…………

* 原注――モロッコに住んでいるひとりの女友だちのことである。この文章はあきらかに次のような意味であろう。「もうすぐ、北アフリカに行かれるチャンスができるわけですね。」

お父さんがたは、こういう方面のことにかけては、ますますうまい具合に進んで行かれるのではないかという気がします。とともに、人間の知恵は、最善のもの、最悪のものを、見分けることができるのですから……

お母さん、たぶん、アントニオにお会いになることがあるでしょう、――あの人がまだ生きていたら……――それに、今度こそは、あの人はわたしのことなんかもう考えていてくれないことでしょうに……

こちらにいるわたしたちは、最後的な定住地がどこになるのかについては、公式には何ひとつ知らされていません――ここにとどまることになるのか、それとも、どこかへ発つのか。でも、わたしは、ものごとの勢いというものは、次第に少しずつ、すべてを同じ場所に集中させるようにするものだということを信じています。

ここしばらく、この地のすべての人々(フランス人のことですが)は、神経的に非常ないらだちの状態にありました。事柄がはっきりせず、遅れていたためです。

こちらでは、春は異常なほどに暑く、たびたび雨に降られました。果実がやっと大きくなりはじめたそうです……ああ、でもかなしいことに、ロンドンの通りに生えているアーモンドの木のほかに、わたしは、花の咲いている果樹なんて見たことがありません。おふたりはいかがですか。ごらんになっていてくださるといいのにと思います。

お金に不自由なさっていて、ほんのわずかな楽しみも求められずにいらっしゃるのではないかしらと感じております。そうじゃないでしょうか。どうか、どうか、わたしにはほんとうのことをおっしゃってください。少しばかりの楽しみは、水やパンのように（あるいは、コカ・コーラや、コーン・フレイクのように）、この世に必要なものなのです。

原稿お送りくださってありがとうございます。たしかに受けとっています。

この前のわたしの手紙は、すでにお受けとりくださったことと存じます。その中でわたしは、自分の仕事（もし、そう言えるだけのねうちがあるとすれば）について、くわしく述べておきました。

久しいあいだ、演劇のような娯楽はなにひとつなかったのです。でも、近々に、ある公園で、『お気に召すまま』(12)が、野外で上演されるということを聞いていています。これは見のがさないつもりでいます。

お父さん、お母さん、できますことなら、どうか心の中に少しでもよろこびを持ちつづけていてください。

何より心からな愛情をもって、

シモーヌ

四三年六月九日

お父さん、お母さん、

一か月と少しばかり前、ニューヨークとベツレヘム[13]とで、ほんのわずか間をおいて、同じ海底電報をお受けとりになって、さぞびっくりされたことだろうと思います。ちょっとした思いちがいがあったからなので、くどくどお話しすればあまりに長くなりますが、ひとこと次のように申し上げておけば、わかっていただけるでしょう。つまり、わたしは、つい不注意にも、郵便局まで出かける手間をはぶこうとして、S・Dの親切な申し出に甘んじてしまったのです。この悪気のない小むすめは、何もかもを自分の頭の中でこんがらがせてしまうばかりか、いつも自分のまわり一面に、とんでもない喜劇をひきおこしてしまうのです。

わたしはまた、毎日、『ギーター』[14]のサンスクリット語を数行づつ読みはじめました。クリシュナの言葉は、なんとまあ感じがいいのでしょう。

これからのご計画はいかがですか。ご旅行でもなさいますか。それとも、家に閉じこもっておいでになりますか。わたしの方も、まるでわかりません。

わたしの朝食（breakfast）のことをたずねていらっしゃいましたね。べつに、きちんとした規律は立てておりませんが、何よりも一ばん便利なのは、喫茶店（tea-shops）で、地下鉄《メトロ》のそれぞれの出口のそばには、いつでも、二三軒の店がひらいています（わたしのアパートから、事務所までは、地下鉄で一直線です）。すなわち、「A・B・C」や「ライオンズ」などです。

こちらへ来てから、料理のことでは大へんおどろいた経験があります（だれもが言っていることですが）。むかしからある料理の中で、いくつかのものはなかなか、みごとなものです。とくに、「ミートソースをかけた仔羊のロースト」がすばらしいのです。「りんごの砂糖煮つきのポークのロースト」もまたじつにりっぱなものです。これは、少なくとも二千年間の年季がはいっているはずです（わたしの言う理くつがわかっていただけましょう）。

もう一つ、おどろいたことがあります。それは、次のような事実を見てとったことです。――戦前の、それもかなり前からだろうと思うのですが、――今おふたりのいらっしゃる世界のその一角が、この地の味覚にまで影響を与えているという点です。人々は、合成食品、とくに化学合成食品を好むようになっています。とりわけ、飲みものに関していちじるしいのですが、食品についても例外ではありません（たとえば、ゼラチン製のジェリー、化学調味料など）。

わたしは、ひとりの英国の婦人に、当地では、りんごの砂糖煮はただ、若どりや豚肉と一しょにだけ用いるのか、それともときには、デザートとして食されることもあるのかとたずねてみたことがあります。そうすると、その婦人は、こう言いました。「まあ、めったにありませんね。あるとしても、ジャムにまぜて出すのです。」

わたしの目から見ますと、食事の習慣に生じる変化は、真の文化の進歩また堕落にとって、第一級の重要性をもつ出来事であろうと思われます。

りんごの純粋な風味は、一枚のセザンヌの絵にじっと見入るのと同等の価値において、世界の美しさにふれ合うことになるのです。（お母さん、何かこんなふうなことを表現しようとしていたリルケのソネットがあったことを、おぼえておられませんか）。そして、セザンヌをじっくりと鑑賞する能力よりも、リンゴの砂糖煮を味わう能力をもっている人の方がずっと多いのです。

少くとも、そう思えるのです。けれど、今日、大都会ではむしろ、反対になっているようです。お父さんがたも、今では、わたしが食べものの話を少しもしないと言って不満はおっしゃらないことでしょう……

黒ビール（stout）については、ちょっと困ったことがあるのです。わたしの食事する場所の多くでは、アルコール飲料を供していません。居酒屋（pub）では、食事ができないのです。こちらでは、そういうことになっているのです。食べるものを食べないで、黒ビールの大ジョッキをぐいぐい飲むなどということは、わたしにはできません。

フランス人と英国人という二つの国民のちがいや、その歴史、気質のちがい、社会的な問題をそれぞれが提示するときの方法のちがいについては、分厚い本がたくさん書かれていますが、英国の居酒屋（pub）とフランスの酒場（bistro）をならべてみるときにも、そのきわだったちがいについてももっと多くのことが言えそうです。この点はすでに申し上げたことがあるでしょうか。

「居酒屋」（public-house）とは、同じ一つのカウンターの方にむかってひらき、（文字どおりの）隔壁をもった二つの仕切り部屋から成り立っている場所なのです。しかも、この仕切り部屋はたがいに、どちらの方も、ほとんどまったくのぞくことができないようになっています。従業員は、二つの仕切り部屋のお客とはカウンターにへだてられ、そのカウンターの端から端へと歩いて移動するのです。一方の仕切り部屋は、「大衆酒場」(public-bar)と名づけられています。そこには、一、二個の長いす、ときには一脚のテーブル、投げ矢遊びの器具などがおいてあります。人々は、そこではみんなたいていい立っていて、集まってガヤガヤ話しています。だれもが、特大のビールのジョッキを手に持ったり、手のとどくところにおいたりしています。その人たちは、とてもたのしそうです。もう一つの仕切り部屋は、「高級酒場」(saloon)の名がついています。こちらの方が、もっとフランスの「カフェ(喫茶店)」に似ているようです。小さないくつかのテーブル、詰めものをしたいすがおいてあります。みんなは、きまって同じものを飲んでいます。でも、なんだかこちらの方にはたのしさが少ないようです。こちらの方へはいるのは、原則としてお金持の人たちです。

ときには、このほかもう一つ二つの仕切り部屋があることもあります。

ここには一つの象徴が見られます。じっくりとそれを見つめていると、何かしら非常に美しいものの象徴であるようです。もちろん、お金持の人々の方についてではありません。もう一方の側にいる人々についてです。

この国の人たちは、——ずいぶんと自尊心があるので、——むかし、お母さんがいだいていらっしゃったような、不平不満の心はもっていないようです。この点で、わたしはいよいよ、かれらを尊敬しています……

さあ、もうお別れしなくてはなりません。さようなら、お父さん、お母さん。お母さん、どうか美しい日々を存分にたのしんでください。そして、クリシュナのことを考えてください。もし、わたしのことを考えてくださるのなら、それは、こちらにいてもわたしがお母さんと同じに、ご一しょに味わっているひとつひとつのよろこびや楽しみを考えてくださるためでありますように。そして、どうか、わたしにかわって、それらを味わいつくしてください。お父さん、お母さんがおふたりとも、生きるよろこびで一ぱいにみたされていてくださいますように。

何よりも心からな愛情をこめて、

シモーヌ

大きい声をあげて、『エレフォン』(15)を読みはじめたと記してある手紙をうけとりました。この手紙は、わたしにかぎりないよろこびを与えてくれました。

六月十五日

お父さん、お母さん、

五月八日付けのお手紙を受けとったところです。このような手紙をいただきますと、ほんとうにまあ、しあわせな気持で一ぱいになります。リヴァー・サイドの木々の、白い花やもも色の花がすっかり散ってしまわないうちに、おふたりが、十分目をたのしませ、心ゆくまでたのしんでくださいますようにとねがっております。こちらは、そのようなことはすべて、むかしの話となりました。今見られますものは、熟したさくらんぼや、オランダいちごや、ももなどです。

バラは、今年はほかの花と同じように、季節よりはやい目に、どっさりと咲きました。いつもの時期よりもだいぶはやかったのですが、どの公園にもバラが一ぱいに咲きみだれていたように思います。

Bさんが、もうこちらへ渡ってこようと考えていないのは結構だと思います。まず第一には、そういう可能性は、これまでほんの少しも見出せなかったからなのです。第二には、そんなことをするのは、不幸になるだけだからです。不幸になることは、あまりにも見えすいているのです。とくに、少しでもあんなふうな性質の持主である場合には。あの人については、これらの点がぴったりあてはまるのは、おわかりいただけるでしょう。

また、わたしの場合はまったくちがった体質をもっていることもわかっていただけましょう。

…………

Bさんたちは、休暇をとって、ロンドンをはなれておられます。あの人たちが出発なさる少し前に、わたしはB夫人に会いました。夫人は大へん親切なかたですが、——少し、島国根性があります（わたしは、大陸の子どもたちが十分食物を与えられていないことについて、少々言いたいことがあるのです）。夫人は、Aあてに手紙を書こうと申し出てくださいました。

R夫人にも、ときどき会います。夫人がお父さんがたおふたりの話をなさるときには、最大級の感動的な言葉を用いられます。ここにもまた、自分をみてくれるお医者さんがあればいいのにと思っている人がひとりあるわけです。

下宿の子どもの甲状腺について、わたしがひとつの診断をくだしたことは、だれにも言わないように入念に注意してきました。いつかのわたしの虫垂炎の物語をまたもう一度くりかえすような危険はおかすまいと思っていたのです。この物語はおぼえていらっしゃいますでしょう（きっと、お父さんがたの方が、わたしよりもよくおぼえていてくださっていることでしょう）。

Aがニューヨーク滞在中、上きげんだったというお話、うれしいことだと思います。あいかわらず、ずっとふさぎの虫にとりつかれていらっしゃるんじゃないかと心配していました。たぶん、またいくらかでも仕事をはじめておられるんでしょう。

アンティゴネーは、たしかにしばらくの間苦しい時期をくぐりぬけてきました。でも、それは長くつづきませんでした。今ではもうとおいむかしのことになりました。

お父さんがほんとうに、北アフリカで就職なさるチャンスがあるのだろうかと案じております。こういう時節には、何もかもが、じつに不たしかで、予期しがたいのです……その日ぐらしの生活しかできません。せめても、お母さん、つくづくいやになったとだけは思わないようになさってください。

お母さん、真珠のつまった袋をもちながらあくせく働くようなことは、――わかってくださるでしょう、――どうかやめてください。せめて、自分が熱中できる程度にだけお仕事をなさってください。そして、もういやになったと思われたらすぐに止めてください。わたしたちがこんど出会うときにも、お母さんはやっぱり、あいかわらずみずみずしく、若々しくいらしてほしいのです。ずっとそのまま、わたしの妹みたいに見えるぐらいでいらしてほしいのです……

どんな心配もなさらないでください。わたしの食事のことにつきましても。わたしは、規則正しく、おふたりでも結構すぎると思われるぐらいの食事をしていることは、誓って申し上げられます。わたしの着物のことにつきましても。わたしはなにひとつ不足のない状態におります。

それに、こちらでは、暑い日もありますが、そのかたわら、夏の洋服を着て外出するのは気がきかないと思われるほどの日がずいぶんあります。七月や八月にも同じようなものだと思わねばならないという話も聞きました。

お父さん、お母さん、公共図書館できっとなにかすばらしい本を発見なさったのではないかと思っております。お母さん、メレディス(16)がとても美しい詩を書いているのをご存知でしょうか。わたしもごく最近にそれを見つけたのです。何か本のことで、よいお知らせができればどんなにいいのにと思っております。おふたりがその本をお読みになるとき、気持の上ではみんなが一しょにいるんだという感じをもつことができるでしょうから。でも、こちらにまいりましてから、わたしはほとんど本を読めずにおります。紙の上に文字を書きなぐっているばかりです……

仲間たちはここから離れたところにおります。かれらは、わたしの手ひどい苦言を受けずにすんで幸運だということがわからないのです。わたしは、何も知らないのですが、かれらはうたがいもなく、十分それだけの苦言を受ける価値があると思うのです(ほかのすべての人たちと同じように……)。もしBさんにお会いになったら、あの人にも言っておいてください。わたしは、——よいことにも、わるいことにも、——これまでもなんの責任も与えられていなかったのだし、今も与えられていず、また、これからも与えられないだろうと思っていると(わたしは、橋の下にでもねる方がまだましだと思っているぐらいです）。

Kさんのところで、わたしの『イリアス』をとりかえしてくださったでしょうか。あの人はたしかに、一部もっているはずです。

ローマ人に関する論文が到着したかどうかわからないのです。残りは、そこに出ています。どうかよろしく。

Aによろしく。兄さんが（初聖体拝領をもしお受けになったのなら）、わたしからといってお祝いを言ってあげてください。シルヴィーに心からな愛情を送ります。――もちろん、お父さんやお母さんにも、その九倍もの愛情をお送りします。

シモーヌ

追伸――ジェーン・オースティンは、Bさん*のお気に召さないでしょうか。

＊　原注――本書二九七ページ傍注参照。

六月二十五日
お父さん、お母さん、
この手紙は少々おそくなりました。いつものように、おふたりからのお手紙がとどくのを待っていたのがまちがいだったのです………

Cさんは、ロンドンへ帰ってきましたが、わたしはまだ会っていません。あの人は仲間なのですが、いや、むしろ、よい仲間であるからこそ、わたしはやがてあの人と会わねばならないと思いながらも、不安をおさえきれないのです。おそらく、何かしら、「社会的な見解の相違」みたいなものがあるのでしょう。ここに引いた言葉は、きっとおぼえておいででしょうが、ドナ・アウローラに関係があるのです……*でも、どうかご安心ください。Cさんは、そんな行動はなさらないでしょうから。

* 一九三四年ごろ、スペインで行なわれた裁判のことを言っている。ドナ・アウローラは、自分が大へんかわいがっていたむすめを殺したあと、自分のした行為の釈明として、「社会的な見解の相違」ということを言ったそうである。

こういう愚劣なことばかりがごたごたと起ってきますと、わたしはつくづくいやになってきて、ときとすると（そういうときは多いのですが）、ただ一つ、お父さんがたがはたして北アフリカへおいでになるのかを知ることのほかに、なにひとつ興味がもてなくなってしまうのです。

…………

スペイン人たちはとうとう釈放されたそうです。でも、アントニオが生きているかどうかは、だれにもわからないでしょう。

もう今から少し前のことになりますが（すでにこのことはお話しましたかしら）、こちらで、Brのむすこさんに会いました。そら、お母さんが、例の手紙をタイプしておあげになったむすこさんです。この人は、あの次の日に出発したのです。ちょっとかわった少年ですが、いくつかの点で、大へん感じのいいところもあると思います。かれの父親の手紙に返事を書かなかったことで、どうやらながい間このわたしをずいぶんうらんでいたらしい感じを受けました（「あなたはどういうかたでしょうか」*）。

* 原注——シモーヌ・ヴェイユがある雑誌に発表した論文について、この父親というのが、彼女とべつに知りあいであったわけでもないのに、彼女にあてて祝いの手紙を送ってきたのであった。その手紙は、「お嬢さん——あなたはどういうかたでしょうか」という言葉ではじめられていた。

こちらでは、今、生活は重苦しいものでとざされているように思われます。何かを期待している重苦しさにひしがれています。

演劇などにしても、おもしろいものは何もありません。（わたしは、めったに行かないのですが）、映画はあいかわらず、性こりもなく、「スリラア」と称するたぐいのものが上映されつづけています。舞台は、現代のヨーロッパ（大陸）で、主題はゲシュタポに対するたたかいを扱ったものです。——大衆は、——とくに、軍服を着た男女は、——それがどんなにくだらないものであっても、戦争と全然関係のない映画にとびつくことによって、本能的に抵抗しているらしいのです。

バラの花は、……………*もう終りに近いようです。とてもよいにおいのするえんどう豆が見られます。サラダに添えてなまのまま食卓に出すにんじんは、今ではもうどっちかというと、固いぐらいになりました（でも、もちろん、食べられないほどというわけではありません）。春はもう遠くへ去ってしまいました。夏もおそらく短いのにちがいありません。実際、薄手の洋服はそうたくさん持っている必要はないのです。

＊　原注――検閲のため、一語ないし数語がカットされた。

いまのわたしには、劇作品、詩、宗教理論、民俗学などは、もう関心の外にあります。しかし、この第三ばんめのものについては、わたしの脳髄のずっと奥の方に何かしらあるものが芽ばえてきて、いつか、わたしに余裕のあるときがきたら、それがおそらく一つの思想になりそうな予感が、――正しい予感なのか、錯覚なのかはわからないのですが、――するときがあるのです……
とにかく、こういう思想の芽生えは、いつも同じ方角へとむかいます……
それでは、お父さん、お母さん、さようなら。愛するおふたりに、何度も、何度も、接吻をおくります。

シモーヌ

ベツレヘムでお出しになった、六月九日付けのお手紙、受けとりました。わたしにできるだけのことはいたします。わたしもまた、そうなれば、大へんうれしいのですが。
追伸――Cさんに会いました。わたしの心配していたよりも小さい相違ですみました。でも、わたしは、ひたすらあの人のために、親身になって話をしたのです……

一九四三年七月五日

お父さん、お母さん、

このまえ、最後にいただいたお手紙は、六月九日付けのものでした。そのお手紙を読みながら、わたしは、北アフリカ行に対するお父さんがたの希望が、ただ単に一般の状況にもとづくものなのか、それとも、だれかからはっきりと個人的な確約を与えられたためなのかを、見定めることができませんでした。

今のところ、わたしはまだ、お父さんがたにチャンスが与えられそうかどうかは、なんともうかがい知れません。とにかく、わたしとしては、自分にも想像できるかぎりの説得的な議論をしつくして、お父さんがたのために弁じておきました。もうこれ以上のことは何もできません。それに残念なことですが、このことは、すっかりPh次第だというわけでもないのです。

わたしは、しばらく前に、ひとりの「ブリンプ」と知りあいになりました。こういう人は、よく知ってみますと、なかなかおもしろいのです。この人は言っていましたが、戦争の最初の三か月間というもの（すなわち、一九三九年）は、ずいぶんと苦しんだらしいのです。それは、そのとき以後、もうとにかくすべてが終ったのだということ、自分の中で何ものかが死んでしまったこと、戦争の不幸に際しても、かれの感受性はなんの反応も示さないようになったことをさとったからなのです。このおそろしい苦しみの原因は、――あまりにも過度な、――最初の国家統制の方策であり、また、大量の左翼の人々が重要ポストについたことでした……そういうことがあったあとで、まだ、何かに対して感受力をもっていられるものでしょうか。

もちろん、若い人たちの中には、こういうたぐいのものは何も見つけられません。少なくとも、人がはっきりそう言っているのを聞いたことがあります。

何日か前から（夜も）、ものすごい暑さです。でも、心配なさらないでください。わたしもそれに応じた服装をしていられますから。

春はもう、完全に遠くへ去ってしまいました。収獲の時期が近づいております。収獲はすばらしいだろうと言われています。もう今では、オランダいちごにはお目にかかれません。それにかわって、すがたを見せてきたのは、まず、ローガンベリー（《loganberries》）です。これは、かなり木いちごに近い風味をもった一種の野生の木いちごですが、まったくの野生で、どうかすると大へん酸っぱいのです。その次に、いわゆる木いちごが登場してきます。果物やプリンを別とすれば、ほとんど大ていデザートはゼラチンふうのものです。こういうゼラチンの流行は、戦争よりもずっと前からのものだと聞いています……前にさしあげました手紙の一通をご参照ください。

ほどなく、――おそらくは、あと一時間もすれば、いや、明日か、あさってには、――一じんの風が吹き、少しばかりの雨がパラつき、そして、うすら寒い天候になるでしょう。どうやらそうらしいことは確かなようです。ロンドン中の人々が、一種うつけたようになって、息苦しい思いで、それを待ちうけています。このような日々は、工場の中ではきっとつらいだろうと思います。わたしは、からだを動かす必要がないので、それほど苦しんではおりません。

シルヴィーのことについて、いろいろお知らせくださって、心からうれしく思います。公園なんかで、シルヴィーと一しょにあそんでいらっしゃるのは、ほんとうにたのしいことにちがいないと思っております。そんなときには、わたしもまたご一しょにいるのだとお思いになってください……ともかくもおじいちゃん、おばあちゃんになることがどんなにたのしいことだかを、しみじみ味わいつくしてください。

今どういうものをお読みになっていらっしゃいますか、お知らせください。

さようなら、お父さん、お母さん。おふたりを、わたしのうでの中に、何度も何度もしっかりと抱きしめます。

シモーヌ

四三年七月十二日

お父さん、お母さん、

お送りくださった海底電報を受けとったばかりです。やがてアントニオにお会いになれるだろうと思っております。* でも、あいかわらず、わたしはこの点について何も確かなことを知りません。ブランシュから、大へん親切な、ながい手紙をもらいました。どうか、あの人によろしく御礼を言ってください。そして、わたしに手紙を書けるひまと力ができたら、さっそくおもしろいことをどっさり書いて送るからと言ってやってください。(そのときには、歯医者がにわとり小屋へ出入りすることになるだろうと想像します)。

* 原注——すなわち、「やがて、アルジェリアへ行かれることになるだろうと思っている」という意味である。

わたしは、四六時中、シルヴィーのこと、シルヴィーの明るい笑いごえのことを思い出しています。そして、このわたしも、自分が五か月の赤ん坊だったころ、消化しえなかった卵の黄味や野菜や果物がなつかしくてたまらない気持になっていますが、それでもこういうものをむりにも食べさせてもらったおかげで、今こうして、（おそらくは、いつか、お父さんやお母さん以外に………）だれひとり決して読んでくれそうにない文章を書きつづる作業にも、ますますスピードをあげられるだけの力が出せるのだと思います。お乳の出なんか少しぐらいわるくても、それでもやはり、わたしは、お母さんのようなかたが、自分の母だったことをよかったと思っています（お父さんのことは申すまでもなく………）……。D夫人だったかが格言ふうに言っていましたように、お乳よりももっとまさった何ものかがあるからです。

シルヴィーにゼラチンを与えないでやってください。

Aが言っていました教育についてのレポートは、今わたしの手もとにあるとお申し伝えください。ちょっと見たところでは、それほど興味をそそられるほどのものとも思えませんでした。でも、わたしはこれを読む時間がありませんでした。これをAまで送りとどけてもらうことができるだろうかどうかと案じております。

ここには、なにもおもしろいものはありません。人々（つまり、わたしたちの同国人のことですが）は、だんだんいらいらしてきています。これが、亡命というものの精神的現象でしょう。わたしは次第に、みんなから離れるようになってきています。（といっても仲間たちとほんの少しでも仲たがいをしたという意味ではありません）。こうしている方がずっとよいからです。

ずっと年若な、大へん感じのいい、英国人の何人かの青年と知りあいになりました。いろいろおもしろいこともあります。でも、ゆっくりと会合して、語りあうというような機会は、じつに限られているのです。今日では、どこでも同じようなものでしょうけれど。

さようなら、お父さん、お母さん。何度も、何度も、おふたりに接吻をおくります。

シモーヌ

四三年七月十八日

お父さん、お母さん、

この前のお手紙で、ベツレヘムでのご逗留のようすお知らせくださいましたが、わたしは大へん悲しくなったり、また、大へんうれしくなったりしました。大へん悲しくなったというのは、暑さがひどかったということや、そのほかご不快なことがいろいろあったということのためです。わたしはただ、おふたりがあらゆる点について、まったく快適さにとりかこまれておいでになってほしいとねがっているのです。それでもまた、同時に、わたしは、おふたりのお手紙が、ベルカン(17)ふうの少年読み物ではなく、毎日の生活の中から、バラ色のものだけをとり出してくるようなたぐいのものでないのを大へんありがたいと思っております。いろんな色がまじっていますときにだけ、これは本ものだという感じがするのです。文字をとおして、おたがいが真に近くにいるという感じがするのです。

大へんうれしかったのは、もちろん、シルヴィーについて述べられた部分です。シルヴィーのことでは、どんなにくわしく話してくださっても、くどすぎるということは決してありません。シルヴィーのことなら、わたしはあきないのです。わたしにとって、それがどれほどのねうちをもつものか、ご想像になれないでしょう。わたしは、シルヴィーのことを思い、また、シルヴィーがおふたりにみじかい間ながら、純粋なよろこびを残して行ってくれたことを思って、しあわせに感じています。わたしはただ、シルヴィーに、女の子が玉ねぎみたいにつめこまれているところではないお散歩の場所が与えられたらと思っています。

あの子の現在の境遇からみればなにひとつ、あの子を「タールづくめのマリー」*の方へと向かわせるようにみえるものはないと思います。

* 原注――グリムの童話『金の着物を着たマリーとタールづくめのマリー』をさしている。

わたしはまた、A夫妻や牧師さんたち*と一しょにおふたりが、しっくりと心の合った人間的な交わりの世界を守っていてくださいますことをうれしく思っております。どうか、わたしからといって、みなさんによろしくお伝えください。おチビさんには、わたしがあの子のことを思い、あの子を忘れないでいること、あの子の望んでいるとおりの霊的なさいわいが、いつの日か正しい道を通じて与えられるようにと祈っていることを知っていてもらいたいと思います。

* 原注――シモーヌ・ヴェイユの両親と同じ階の隣人であったアメリカ人の牧師とその夫人のこと。

お母さん、わたしが何か人に与えるほどのものを持っていると思っていらっしゃるのですね。そんなふうな言いかたは余り適当ではありません。でも、わたし自身、心の中で何かしらこんな確信がいよいよ増し加わって行くのを感じるのです。自分の中には、人に伝えて行かなければならない純金の預かり物がかくされているのだと。ただ、経験からも、今の時代の人々を見ていても、この預かり物を受けとってくれる人はだれもいないのだという思いがだんだんつよくなって行くばかりです。

このかたまりは、大きいのです。そこに何かがつけ加えられると、それはまた残りの部分とともにかたまりをつくってしまいます。このかたまりは大きくなればなるほど、いよいよ中味のつまったものになってくるのです。わたしは、それをこまかい小片に分けて他人にくばることはできないのです。

これを受けとってもらうには、努力が必要でしょう。そして、努力というのは、じつにまあ、しんどいことなのです。

ある人たちは、それでも、何かがあるなという感じをぼんやりとながらでももってくれます。けれど、わたしの知性をいくらかの形容詞を使ってほめ上げてしまえば、それでもうことたりるわけで、人々の良心はすっかり満足してしまうのです。そのあとでは、わたしの話を聞いても、わたしの文章を読んでも、何ごとに対しても、同じようにさっとおざなりの注意をむけるだけで、心の中では、なんらかの思考の断片が少しでも見出されたらすぐに、そのたびにはやくも決定的な裁断をくだしてしまっているのです。「この点は賛成だ」、「この点は反対だ」「これはすばらしい」「これはまったく愚劣だ」（あとの方の二つの反対命題は、わたしのところの上役がくだしたものです）というぐあいです。そして、「なかなかおもしろかった」と結論して、すぐほかのものに移って行くのです。疲れるほど努力してくれたことはないのです。

ほかのものといっても、何か期待できるものがあるのでしょうか。一ばん熱心なキリスト教徒でも、祈ったり、福音書を読んだりするときに、わたしよりもはるか以上に注意力を集中しているとは、とても信じられないのです。

このほかにもっとすぐれたものがあろうとどうして考えられましょう。わたしも、ほかのものについては、すでにいくらか知っているものもあります。

後世はどうかといえば、このあと、筋骨たくましく、思考力もすぐれた世代が出てくるまでには、今の時代の印刷物も、手写本もおそらく、物質的には消えてなくなってしまっていることでしょう。そんなことは、わたしには少しも苦にはなりません。黄金の鉱脈は、いくら掘ってもつきないのですから。

わたしがねがい求めていた任務をとうとう与えてもらえなかったのですから、このことにせよ、また、他のことにせよ……ひたすらに書いていながら、自分の努力が実際は、なんの効果もないのだと思いますと………(それに、わたしには、このこと以外のことがとてもできそうには思えないのです)。

以上のようなわけです。

ひょっとして、アントニオとお会いになることになるかもしれない*という気持が、今わたしの一ばん関心の的です。しかし、失望なさってもいけませんから、あまりこのことをあてになさらない方がよいかと存じます。わたしはあいかわらず、この点については何もたしかなことがわかりません。

＊　原注――本書二九五ページ傍注参照。

さようなら、お父さん、お母さん。何度もおふたりに接吻をおくります。

シモーヌ

一九四三年七月二十八日

お父さん、お母さん、

今しがた、二通のお手紙を受けとりました（七月七日付けのと、十四日付けのと）。これで、かえってお話がしやすくなります。

誤解があったのです。わたしにはなにもかわったことはありません。あたらしい命令が出るまで、さしあたり何もかわったことが起こりそうにありません。わたしはあいかわず、部屋の中にじっと落ちついてすごしています。部屋と事務所とのあいだに本も分散したままになっています。

もしうまくことがはこぶようでしたら、——一たん、それが既成の事実になりましたら、——わたしは、さっそく仲間たちに知らせましょう。かれらもそのあと、どうしたらいいかを考えついてくれることでしょう。わたしもかれらに手助けをしたいと思います。そして、わたしの仕事の能力とかなんとかを……話してみたいと思います。

でも、実際上、すでにそういうことはみなお父さんがたのために弁ずるつもりで、あの人たちに説明しておいたのです。

わたし個人としては、フランス人の側にはどんな障害に出あうこともあるまいと思っております。これというむつかしそうな理由も何ひとつ見あたらないのです。しかし、一たび、事柄が書類の上でとり決められてしまいますと、まだまだ非常に長いあいだ待たねばならないこともありうるのです。(あるいは、ほんのしばらく、待てばいいかもしれません。――すべてはそれが行なわれる時期と、その時期におけるさまざまな事情によるのです)。

アンドレ(こちらの方のアンドレですが)は、お父さんがたの場合も、こんなふうに非常に長いあいだ待ってもらわなければならないようになるかもしれないと考えています。

数日前、わたしはCさんに会いましたのでもう一度、お父さんがたのことをあの人にも話しておきました。かれは、この地を通過しましたアンドレに、このことを伝えてくれました。アンドレは、なにも差障りはないとみています。なにも障害はないと思っています。フランス人の側においては、しごく容易なことだ〔と思っているのです〕。(これは、大へん好つごうなことです。でも、ご注意、……おそらく、このことはただ、かれの力だけではどうしようもないことなのです。ですから、あまりはやくからよろこばないでいましょう)。

でも、アンドレは、……といったこと(前述の点を参照してください)を心配しています。もしわたしがお父さんの立場にいましたら、いかにも父親らしいようすの、この白髪の老紳士に対して、かれがどこまで責任をもってくれるかをたずねに行くところです。……といえば、そう、思い出してくださることがありましょう。

しかし、別な見かたをすれば、今まだもっと大切なことは、マンハッタンの南の端にいるあの親切な人たちのところへ会いに行くことかと思われます。(それとも、すでにもう会いに行かれたあとでしょうか)。 わたしがお父さんの立場にいましたら、フランス人の役人がそれほど大して影響力をもっていないとしましても、——相手にかえす言葉もなくさせるようなお母さんの微笑に助けられて、——あの人たちをうながして、事柄を少しでもはやくはこばせることができるように努めてみるだろうと思います。これまで何度も自分と一しょに交渉に行ってくれたではありませんかなどと言いながら。

マンハッタンといえば、わたしはたしかどこかで読んだことがあるのですが、あのウォルト・ホイットマンは、ブルックリンで生まれ、ニュージャージーで死んだのでした、——そして、三十歳ごろ、ニュー・オーリーンズに旅行したことと、南北戦争のあいだ、何年かワシントンに留まって、会社づとめをして生活を立て、ひまな時間には軍の病院で、福利厚生の仕事（welfare work）に従事していたことを別とすれば、——ずっとニューヨークをはなれたことがなかったのでした。

これまでわたしは、こんなことは思いもよらなかったのでした。（このこと、確かかどうかしらべてみてください）。

……………

……わたしにとってはいわゆる「運動」といわれるようなことをするのは、エヴェレストに登ることと同じぐらいに不可能なことです。同じ次元の不可能事なのです。

……わたしは、ごく近々に Sch に会うつもりです。あの人に状況を説明しておきましょう。もしできれば、そして気があれば、なんとか動いてくれることでしょう（今、このようなときには、人々がどう反応してくれるかは予測することが大へんむつかしいのです）。

……………

Schは、わたしとちがって、自分に直接関係のない知識の断片をひろくかき集めてこようという気がまるでないので、科学についてはまったく何も知らず、したがって、科学的なことといえばなんでも、夢中になって感心してしまうのです。あの人はもちろん、わたしよりもずっとすぐれた精神の持主です。それに、年もはるかに若いのです。また、たいへん親切ないい人です。

不幸なことに、わたしは、科学に対してはそれほど目が利かないというわけではないのです。いつかきっと、あの人の心を苦しめることがあるかもしれません。いや、もうたぶん、そうなっているのでしょう。でも、この二か月ほど、あの人には会っていないのです。

……………

Cさんは、もう一人の方のアンドレと今度会うことがあったら、すぐ、遅滞なく、お父さんがたのために工作しようと約束してくれました。もし、実際上、事柄があまり長引くようでしたら、代表部にたのんで、アンドレあてにご自身の件につき電報をうってもらうようになさる必要がありましょう。しかし、アンドレのそばへ、Cさんが行っている時期にかぎります。わたしの方も同時にCさんに電報をおくります。もし必要があれば、海底電報でお知らせいたします。

あまり望みをもたないでいてください。

お父さん、お母さん、おふたりに、何度も、何度も、何度も、接吻をおくります。

シモーヌ

一九四三年八月四日

お父さん、お母さん、

ときどき、ざあっと滝のような夕立ちに見まわれることはあっても、また、暑い毎日がつづくころとなりました。でも、そう長くはつづかないことでしょう。九月になれば、乾燥した、晴天の日がまだ多くあっても、たぶんそう暑くないはずだと聞いております。そのあと、春まで、灰色の英国になるのです。

夕方、公園では野外でダンスをしています。あまりおとなしくないロンドン子（cockney）の少女たちは、母親たちの非常な絶望をよそに、毎晩のように、——途中でハントした、——ボーイたちと一しょに、公園（parks）や居酒屋（pubs）へぶらつきに出て行きます。母親たちは、むすめに教会へ行くようになどと説きつけることはできないのです。むすめたちは、こんなことをしてなんの役に立つのかもわからない始末です。

もちろん、わたしはこうして複数形で書いていますが、ひとりのある少女のことがあたまにあるのです。その少女は、十九歳で、みずみずしく、健康で、きれいで、大へんやさしく、身のまわりの世話をしにきてくれるのです。わたしはときどき、たがいに言葉が通じないにもかかわらず、この少女とおしゃべりすることがあります。彼女はしばしば、わたしには一言も意味のわからないようながい議論をふっかけてくることがあります。そして、わたしの意見を求めるのです。わたしは、思いきって彼女の言うとおりだと言ってやりますが、こんなことをするのは、なんという冒瀆的な言葉、不道徳的な言葉を是認することになるかと思うと、おののかずにはいられません。でも、彼女は、自分でも言っているように、ボーイたちと一しょのときには、自分の身を大切にしているのだと信じています。彼女のひまな時間の大部分は、ボーイたちにうばいとられないときには、美容院ですごされています。彼女のあたまの中には、二つと考えはないのかもしれません。いや、むしろ、一つも考えなんてないのでしょう。生粋のロンドン子の家庭です。住んでいるところは、シティの中です。父親は、タバコ工場の工員です。日曜日の朝はいつも、居酒屋《パブ》(18)へ行きます（でも、度をすごすことはないようです）。母親は、大へん信仰心の厚いメソディストです。十九歳から九歳まで、六人の子どもがあり、そのうち、男の子は二人です。九歳の女の子は、日曜日は一日中、教会（メソディスト）ですごします。それはこの子（と母親）だけです。彼女はそれを好んでいるようです。家族の中で新聞を読んでいるのは、父親だけらしいです。一ばん上の女の子（わたしの知っているのはこの子ですが）は、ひょっとすると自分にも爆弾が降りかかってくるかもしれないということ以外に、戦争について考えられないようです。彼女は、いまどういうことが起こっているかについて、全然なにも知りません。

いつかお知らせしました情報がまちがっていましたので、いま、それを訂正させていただきたいと思います。こちらでも、ときどきは、アメリカにおけると同様に、漉したリンゴの砂糖煮を、何も混ぜものなしで、そのままデザートとして食べることがあります。

混ぜたものは、「フルーツ・フール（fruitfool）」と名づけられています。これも、多量のカスタード（化学食品）やゼラチンやそのほかのものと混ぜあわされ、漉された、果物の砂糖煮みたいなものです。この名前が、なかなかいいではありませんか。

ところで、この「フール」（阿呆）は、シェクスピアに出てくる阿呆とはちがっています。シェクスピアにおいては、阿呆こそ、真実を言うただ一人の人間ですが、この「フルーツ・フール」は、果物みたいだなと思わせることによって、人をあざむくのです。

こちらで、『リヤ王』を見ましたときに、わたしは、こういう阿呆たちの堪えられないほど悲劇的な性格が、どうしてまた、ずっとむかしから、（わたしの目をも含めて）人々の目にあからさまに見えていなかったのだろうかと思ったことでした。その悲劇性は、ときとして、かれらに関して言われているように感情的な面には決してなく、次のような点にあるのです。

この世においては、辱しめの最後の段階におちこんだ人々、乞食の境涯よりもはるか以下におちこみ、社会的に重んじられないばかりか、人間の尊厳をなす第一のものである理性を欠いているとすべての人たちから見られている人々、――こういう人々だけが、まさしく、真実を告げることができるのです。ほかの者はみな、うそをついているのです。

『リヤ王』においては、この点はとくにはっきりしています。ケント公やコーデリアですらも、真実をおしちぢめ、軽くし、やわらげ、つつみかくし、真実を言わずにすむかぎり、もしくは、はっきりとうそを言わずにすむかぎり、真実に対してはいつもふらふらした態度でいるのです。

ほかの作品は（『十二夜』をのぞいて）、こちらでは見ませんでしたし、また再読もしませんでしたので、同じように言えるかどうかはわかりません。お母さん、もしこのような考えをいだいて、シェクスピアを少しでもお読みになれば、たぶんそこにあたらしい面をおみとめになれるでしょう。

悲劇の最たることは、阿呆たちが大学教授の肩書ももたず、司教の僧帽もかぶっていず、また、かれらのしゃべっている言葉の意味にいくらかでも注意を向けねばならないと予め知らされている人はだれもいず、――それどころか、かれらは阿呆であるがゆえに、だれもみな、はじめから以上のようなこととは反対のことだけを確信しているので――かれらが真実を言いあらわしても、聞いてさえもらえないということです。四世紀このかた、シェクスピアの読者や観客も含めて、かれらが真実を言っているのを知っている人はだれもいないのです。それは、諷刺としての真実、また、ユーモアとしての真実ではなく、端的に真実そのものなのです。純粋な、まぜもののない、光りにみちた、深い、本質的な真実なのです。

ベラスケス[19]の阿呆の秘密もまた、そこにあるのではないでしょうか。かれらの目に見られる悲しみは、真実を所有しているゆえの苦悩、なんとも名づけようのない境遇に身をおとすことを代償として、真実を言うことができるようにされたという苦悩、（ベラスケスその人は別として）だれひとりとして耳をかたむけてくれる人がいないという苦悩ではないでしょうか。このような問題をいだいて、もう一度、この阿呆たちを見てみるねうちがあると思います。

お母さん、この阿呆たちとわたしとのあいだには、つながりが、本質的な似寄りがあるとお感じになりませんか、――高等師範学校を出て、教授資格をもち、自分の「知性」を人からほめてもらってはいるのですが。

このことはまた、「わたしの与えなければならないもの」についての答えにもなることでしょう。学校とかなんとかは、わたしの場合には、皮肉《イロニィ》というより以上のものです。

すぐれた知性というものは、往々一ぷうかわったところがあり、どうかするととっぴな行動に走りがちだということは、よく知られていることですし……

わたしの知性をほめ上げたりするのは、「彼女は真実を語っているのか、そうでないのか」という問いをさけて通ろうというねらいがあるのです。わたしの知性が評判になったりするのは、この阿呆たちに「阿呆」というレッテルがはりつけられているのと実際上は同じことです。ああ、このわたしも「阿呆」というレッテルをはりつけてもらう方がどんなにいいでしょうか。

この前の手紙（七月二十八日付けのもの、もしまだお受けとりになっておられないなら、海底電報でお知らせください）以後、お父さんがたの件については、べつにあらたな進捗はみられません。わたし自身についても同様です。

……………

お父さん、お母さん、たくさんな接吻をおくります。希望をもってください。でも、あまり過度でなく。しあわせであってください。おふたりを、わたしの腕の中で、何度も何度も抱きしめます。

シモーヌ

一九四三年八月十六日

お父さん、お母さん、

今は手紙を書くための自由な時間もほとんどなく、また気持もあまり動きません。みじかい、間をおいた、不規則な手紙になるかもしれません。でも、おふたりはもっと別なものによってなぐさめを与えられていらっしゃることと思います。

この手紙をお受けとりになるときには（これがはやく着かないようでしたら）、たぶんまた、お待ちかねの海底電報もとどいていることと思います。

……………

さようなら、お父さん、お母さん。何度も、何度も、愛撫をおおくりします。

シモーヌ

訳注

人格と聖なるもの

（1）**人格主義**　エマニュエル・ムーニエ（Emmanuel Mounier, 1905—50）らが雑誌『エスプリ』（一九三二年創刊）によって主張した思想。ムーニエは詩人、ペギーの思想の影響を受け、キリスト教と社会主義の綜合を企てる。

（2）一七八九年八月二十六日、フランス大革命に際して発せられた「人権宣言」の中に見出される。

（3）マタイ一七・一二。

（4）**ブレイク**（William Blake, 1757—1827）英国の神秘的宗教詩人。この一句は、『天国と地獄の結婚』所収、「地獄の格言」六七から。

（5）アンドレ・ジッドは、小説『法王庁の抜穴』（一九一四）の中で、青年ラフカディオが走行中の列車からなんの動機もなく人をつき落して殺す行為をえがき、いわゆる「無償の行為」の問題を提起した。

（6）**ユーゴー**（Victor Hugo, 1802—85）の詩集『秋の木の葉』（一八三〇）の中の一節から。

（7）**ワットー**（Antoine Watteau, 1684—1721）フランスの画家。社交界に出入りし、典雅で繊麗な画調で知られる。

（8）**ベルナノス**（Georges Bernanos, 1888—1948）フランスの小説家。おそらくは、その作品『英国人への手紙』（一九四〇）からの引用。

（9）プラトン『国家』四九三、ダヴィ『シモーヌ・ヴェイユ入門』（邦訳、勁草書房版）一四九ページ以下参照。

（10）黙示録一七章。

(11) ソフォクレス (Sophokles, 496—406) の悲劇、『アンティゴネー』四五〇—五二八行。
(12) 『フェードル』はラシーヌ、『女房学校』はモリエールの戯曲。
(13) ペルセポネーは、デメテルの娘。コーレと同一視される。水仙のにおいに引かれて生ける神の手中におち、自分を永遠に束縛するざくろの実を食べる。前出、ダヴィ『シモーヌ・ヴェイユ入門』一三〇ページ参照。
(14) マタイ一三・三一、同四四—四五、ルカ一三・一九など参照。
(15) **神明審判** 訴えられた罪人の有罪無罪を判定するために、チュートン民族の間で行なわれた裁判の方法。熱した鉄を持たせて、傷の有無で判定したりなどした。その結果は神の直接の審判とみなされた。
(16) マタイ五・四五。

われわれは正義のためにたたかっているか

(1) **ツキュディデス** (Thukydides, 前471—401) ギリシアの歴史家。『歴史』五・八九から、シモーヌ・ヴェイユ『神を待ちのぞむ』(邦訳、勁草書房版) 一三三ページ以下参照。
(2) プラトン『饗宴』一九六B。
(3) 同『国家』二・一八B。
(4) ピリピ二・六—一一、ヘブル五・八。
(5) 『縛られたプロメテウス』三八四—八五行。
(6) **コルネイユ** (Pierre Corneille, 1606—84)。フランスの悲劇詩人 人間的な感情をおしころして、徳や名誉のために生きる英雄的な人物を好んでえがいた。
(7) ガラテヤ二・二〇。

（1）ヘブル四・一二。
（2）ヨハネ一八・三八。
（3）ヴァロア王朝のシャルル六世（在位1380—1422）が一三九二年ブルターニュ遠征の途上発狂したため、宮廷は混乱におちいり、地方の諸侯が群立して、分裂抗争をつづけることになった。とくに、「ブールギニョン」と「アルマニャック」の対立は有名。
（4）一九三七年は、前年六月に成立した初の人民戦線内閣（首班レオン・ブルム）が政策の挫折のため、人民戦線綱領の実施を一時停止（二月）、つづいて瓦解（六月）した年である。
（5）**ダラディエ**（Edouard Daladier, 1884—）急進社会党。一九三八年三月二十一日第三次の内閣を組織、同年九月二十九日、ミュンヘン協定を結び、フランスの財政危機、ヨーロッパの政治危機を招く。一九三九年九月三日対独宣戦布告。
（6）一九四〇年六月十四日、ドイツ軍のためパリ陥落、同十六日、ペタン内閣成立、七月一日、ヴィシーに移転、同十一日新憲法を公布、ペタン、フランス国家首席に就任する。
（7）**ド・ゴール**（Charles De Gaulle, 1890—）一九四〇年六月十八日、ロンドンから対独抗戦を訴え、翌年九月、自由フランス国民委員会を編成、抵抗運動を結集する。
（8）一八四八年、二月革命勃発、二月二十五日第二共和制成立。
（9）一八七五年、ヴァロン修正案（一月）が成立し、共和政（第三）が正式に承認された。しかし、議会ではいぜん王党派が多数を占めていた。
（10）一七九二年四月、大革命激化の中にオーストリアに宣戦。

新憲法草案に関する考察

（1）レオン・ブルム（Léon Blum, 1872—1950）社会党。一九三六年六月、人民戦線内閣を組織し、以後、二度首班に立つ。

この戦争は宗教戦争である

（1）ルクレティウス（Lucretius Carus, 前96—55）ローマの詩人、哲学者。唯物論をとなえ、宗教的迷信を反駁する。

（2）百科全書派（Encyclopédistes）一七五一年から一七七二年にかけて、哲学者ディドロが友人ダランベールの援助をうけて編さんした百科全書は、進歩の名において権威と伝統を否定し、その革命的な姿勢によって、多大の影響を与えた。

（3）アルビ派（Albigenses）東方的な二元論に立つ西欧中世最大の異端的分派。十一—十三世紀頃にかけ、南フランス、アルビ地方に深く浸透し、また一の政治勢力ともなった。十二世紀頃に一般にカタリ派と称された一派の、いわば南仏的分派に属する。二元論的教義と、厳格な禁欲主義により、西欧および南欧の各層にひろまったが、正統派教会の派遣した数度のアルビジョワ十字軍によって、弾圧された。

（4）前出、『天国と地獄との結婚』の中の「地獄の格言」

（5）マタイ一三・三一—三三、四四、五・一三。

（6）マタイ五・三。

（7）フランチェスコ派修道会（Ordo Fratrum Minorum）アシジのフランチェスコによって、一二〇七—八年（正式には一二〇九年）に創立された托鉢修道会。清貧の精神を重んじる。聖クララにはじまった第二会、在俗信徒のための第三会がある。

反乱についての省察

（1） 一九四〇年五月、ヒトラーの軍隊はベルギーに侵入、同月中にフランスのマジノ線も突破された。

（2） **クラウゼヴィッツ**（Karl von Clausewitz, 1780—1831） プロシアの将軍、軍略家。戦争の包括的、統一的意義を説き、ドイツの軍事思想、マルクス主義の理論家たち、毛沢東などにも影響を与えた。著書『戦争について』。

（3） **T・E・ローレンス**（Thomas Edward Lawrence, 1888—1935） いわゆる、「アラビアのローレンス」。英国の東洋学者、外交官。英連邦に加盟するアラブ王国の建設をはかったり、パレスチナ攻略に成功したり、シリアで一兵士として戦ったりした。

（4） **スマッツ将軍**（Jan Christian Smuts, 1870—1950） 南アの政治家。クルーガーの助言者として、ボーア人の国家や、南アフリカの英植民地の統合のために協力する。ロンドンの陸軍省で重要な地位につく。のち南アの首相として英国に協力、英国元帥となる。

（5） 一九四〇年六月、ドイツとの戦争継続のため、ド・ゴール将軍を中心に成立した自由フランス政府は、さらに内外の抵抗勢力を結集し、一九四二年七月、「戦うフランス」と名を改めた。

（6） **ダルラン**（François Darlan, 1881—1942） フランスの海軍提督、政治家。フランス海軍総司令長官、ペタン政府の海軍大臣、ラヴァル失脚後ヴィシーの副大統領となり、ヒトラーと二度にわたり会見、ドイツ軍にフランスの各港の自由な使用をゆるす議定書に署名する。ラヴァルの復帰で辞職。北アフリカで全権委員として連合軍と講和を結ぶ。のち、暗殺される。

（7） 一九三四年、スタヴィスキー事件、政治問題化し、ショータン内閣倒れる。同三六年はレオン・ブルムの人民戦線内閣成立の年。

政党全廃に関する覚え書

（1）**ジャコバン派のクラブ**（le club Jacobins）　大革命下の政治結社。一七八九年ヴェルサイユで結成され、「憲法の友の会」の名をもち、のちパリへ移り、ロベスピエールの支配下に山獄党の指導機関となる。テルミドールの事件後一時閉鎖されたが、G・バブーフにより復活、一七九九年までつづいた。

（2）**トムスキー**（Tomski 1880-1936）ソヴィエトの革命家。一九一九年ロシア共産党中央委員。一九二八年、右翼的偏向を理由に党から除名され、翌二九年復党するが、一九三六年、ブハーリン、トロツキー派の反革命陰謀に加担したという理由で逮捕令をうけ自殺。

（3）マタイ七・一七。

（4）マタイ六・二四、ルカ一六・一三。

（5）ヨハネ一八・三八。

（6）同右一八・三七。

（7）「**破門を命ず**」ラテン語〈anathema sit〉の訳。古くから異端排斥のふつうの形として用いられた。詛斥とも訳される。使徒パウロも罪のために教会から排除する意味に用いている（Ⅰコリント一六・二二、ガラテヤ一・八など）。

（8）「グランゴワール」は、ケッセルなどが創設した右翼の週刊紙、「マリー・クレール」は、女性向きの通俗的週刊雑誌。

（9）**モーラス**（Charles Maurras, 1868—1952）　フランスの作家、王党派。レオン・ドーデなどと「アクション・フランセーズ」を創設、第二次大戦中は非占領地帯にあってヴィシー政府護持の論陣を張った。

断章と覚え書

（1）クーザン（Victor Cousin, 1792—1867）フランスの懐疑派哲学者。著書『真・善・美』論など。
（2）スーフィー（Soufi）おそらくイスラムの苦行的神秘主義（スーフィズム）の著作からの引用であろう。
（3）ニオベ（Niobé）ギリシア神話に出てくるフリギアの伝説の女王。タンタロスの娘でアンピオンの夫人。七人の息子と七人の娘をもち、その子宝を誇って、アポロンとアルテミスの母にすぎないレトをあざけったので、レトに復讐され、子どもたちをみな死なせてしまい、みずからは石にかえられてしまう。
（4）出エジプト記三〇・一一。
（5）タンタロス（Tantalos）伝説のリディアの王。神々の食卓から食物を盗みとってきた罰で、池の底に沈められ、果物のなる木を頭上に仰ぎながら、永久に飢えと渇きに苦しめられるという刑罰を課せられる。
（6）アトレウス（Atreus）はミケネーの王。テュエステース（Thuestês）はその兄弟であったが、自分の妻を誘惑されたのに腹をたて、かれの三人の息子を殺してテュエステースに食べさせた。セネカはこの伝説を一編の悲劇に仕立てている。
（7）マタイ一六・二三。
（8）ダンテ『神曲』「天国」篇第三三歌さいごの一行。
（9）クレアントス（Kleantos, 前331—232）ギリシアの哲学者、ストア派の創設者ゼノンについて学び、その後を継ぐ。
（10）レヴィアタンは聖書に出てくるフェニキア神話の怪獣。ヘブル民族に敵対する異教徒を象徴する。
（11）アポロンとアルテミス（Apollon, Artémis）ゼウスとレトの子ら。兄アポロンは太陽、妹アルテミスは月の神であり、弓と予言と音楽をつかさどる。
（12）カタリ派（Cathari）倫理的・宗教的な潔さを主張する一派で、中世十一—十三世紀頃、イタリア、フランス、ドイツなどで活動した。前出、「アルビ派」の注参照。
（13）リヨンの貧者　十二世紀におきた民衆的な宗教運動で、二元論的異端としてローマ教会から迫害を受けたが、清貧一すじの生活を送った。リヨンの豪商ワルドー（Pierre Valdo, 1140—1217）の名をとってワルドー派（Vaudois）と呼ばれたが、教皇ルキリウス三世は迫害時に、この名で呼んだ（一一八四年）。

シューマンへの手紙

（1）一九二五年から二八年まで、シモーヌ・ヴェイユは、アンリ四世高等中学校で高等師範学校への入学準備をすすめた。そのときの師が有名な哲学者のエミール・シャルチエ（筆名アラン）であった。

（2）**ジョー・ブスケ**（Joë Bousquet, 1897—1950）シモーヌ・ヴェイユは一九四二年復活節の休みに、カルカソンヌ近郊に住むジョー・ブスケの家をはじめて訪ねた。第一次大戦で負傷した詩人ブスケは、半身不随でずっとベッドにつききりになりながら、当時の前衛文学運動であったシュルレアリスムにも共鳴を示していた人である。ふたりは夜を徹して語りあい、のち、彼女はブスケにあててたびたび自分の作品を送り、批評を乞うている。

（3）M・F　マンデス・フランスの略、当時自由フランスの空軍大尉であった。

（4）A（A・Ph）アンドレ・フィリップの略。自由フランスの内務局主任。

（5）**タラ**（tala）カトリック学生を示す俗語。

（6）民数記二二・二一—三〇。

（7）イザヤ四〇・三一。

（8）ヨハネ三・一三、民数記三・四—一〇。

（9）**身代りの山羊**　古ユダヤで大祭司が一匹の山羊をとり、これにイスラエルの罪を負わせて砂漠へ追放した故事から、他人の罪と不幸を一身に負わせられる人のことをさして言う。

（10）マタイ二〇・二七など参照。

（11）B・C・R・A　自由フランスの一機関、情報活動中央局（Bureau Central de Renseignement et d'Action）のこと。

（12） タレイラン（Charles Maurice Talleyrand, 1754—1838） 有名な司教タレイラン・ペリゴールの甥にあたり、最初聖職者として活動したが、のち教会を離れ、外交官となり、ナポレオンにも接近し、また反発して政治史の裏面に暗躍した人物。

兄への手紙

（1） シモーヌ・ヴェイユの兄アンドレ（1906—）は、幼時よりすぐれた天分を示し、妹に劣等感を強いる程であった。現在シカゴ大学教授で世界的な数学者の一人。一家のアメリカへの移住にはアンドレの強硬な主張があったらしく、また、彼女の英国への渡航についても兄はおそらくひそかに強い反対意見を述べていたらしくうかがわれる。

父母への手紙

（1） アンティゴネー（Antigone） シモーヌ・ヴェイユが熱愛していたギリシアの悲劇詩人ソフォクレスの劇の女主人公。一九三六年五月、彼女はロジエール鋳造工場の社内誌『アントル・ヌゥ』に、この詩のわかりやすい要約と解説をのせて、労働者大衆に紹介した。

（2） **Cさん** 自由フランス内務局対フランス活動部門の主任で、シモーヌ・ヴェイユの上役であったクロゾンのこと。C夫妻としても後出。

（3） **『奴隷的でない労働の第一条件』** シモーヌ・ヴェイユがマルセイユで、ペラン神父のすすめによって執筆し、一九四一年頃、同神父の主宰するドミニコ会の機関誌に発表した論文。のち、『労働の条件』に所収。

（4） **『星』** 一九三八年春ソレムでの回心後に創作したいくつかの形而上詩の一つ。

（5） **『プロメテウス』** いつ創作されたかは不明であるが、おそらく一九三二年ごろと推定される詩篇。第一稿、第二稿がある。一九四七年十二月、『唯物論研究』(カンヌ)第十七号に発表。

(6)『ある一日に』 シモーヌ・ヴェイユが少女時代に作った詩の一つで、生前には未発表。ほかに『ある金持の少女に』などもある。

(7)『ヴィオレッタのうた』 シモーヌ・ヴェイユが一九四〇年、ヴィシーで執筆した未完の戯曲『救われたヴェネチア』に出てくる。ヴィオレッタは若いヴェネチアの娘で、劇の最終場面(第三幕第四場)でこのよろこびのうたをうたう。

(8)クリシュナ(Krishna) 「黒い神」の意。最高神、インドの神ヴイシュヌの化体といわれ、若いときは、「愛の神」とされ、羊飼いナンダに育てられ、数々の功績をなしとげたあと、伝説の町ドヴラカーを建設したと伝えられる。

(9)ハーレム(Harlem) ニューヨークの黒人街。最大の黒人居住区で、人口四〇万人を数え、区内に新数々会(熱狂的な教派)が多い。

(10)A 兄アンドレの略。以下同様。

(11)M・Sh 高等師範学校の同級生モーリス・シューマンの略、以下同様、Sh、Sch、などとも記される。

(12)『お気に召すまま』 シェクスピアが一五九五年あたりを境にした、いわゆる「喜劇時代」に書いた二大喜劇の一つ。

(13)ベツレヘム((Bethlehem) アメリカ合衆国の町、ペンシルヴァニア州にあり、人口七万五千、鉄工業、化学工業がさかん。

(14)『ギーター』(Gītā)『バガヴァッド・ギーター』の省略形。「ギーター」は、インドの大叙事詩『マハーバーラタ』の中に編入されている詩篇で、後世(今日にいたるまで)ヒンドゥー教徒から聖典としてあがめられており、シモーヌ・ヴェイユもとくに晩年愛読していた。

(15)『エレフォン』 サミュエル・バトラーの諷刺小説(一八七二年)。『エレフォン』とは〈nowhere〉のアナグラムで、この架空の国を題材にヴィクトリア朝の社会を寓意に託して批判した。

(16) メレディス (George Meredith, 1828—1909) 英国の作家。詩、小説、批評などにより、独自の倫理的、心理的追究と文体の開発をなしとげた。

(17) ベルカン (Arnaud Berquin, 1747—1791) フランスの作家。青少年や家庭向きの物語、ロマンスなどを甘美な文体でえがき、力のない道徳臭の濃い作風が「ベルカンふう」と呼ばれるようになった。『子どもの友』『村の図書館』『家庭の書』など。

(18) メソディスト (méthodistes) ジョン・ウェスレーが十八世紀にオクスフォードの学徒たちと語らっておこした新教教派の一つ。英、米に多くの教会をもつ。

(19) ベラスケス (Diego Vélasquez, 1599—1660、スペインの画家) は、宮廷の道化師や倭人たちをえがいた一連の作品を残している。とくに傑作の一つとして、マドリッド、プラド美術館蔵「腰元たち」(一六五六) がある。

訳者あとがき

一九四二年五月十四日、シモーヌ・ヴェイユがマルセイユを発ち、戦乱の祖国を離れることに同意したのは、両親や兄のたっての頼みもあっただろうし、ナチスによるユダヤ人排斥の手をのがれたいためもあったであろう。しかし、内心ではアメリカへ一たん渡ることによって、再び大西洋を横断してロンドンへとって返し、うまく行けば占領下の祖国へも潜入して抵抗運動に従事することが容易になるかもしれないというひそかな目論見があったことも事実であろう。だから、カサブランカの収容所で十七日間の抑留ののち、一カ月の航海を終てニューヨークへ到着すると、さっそく英国へ渡航するための準備工作に奔走しはじめる。救急法の試験を受けて合格したこと、七月末高等師範学校時代の級友モーリス・シューマンがロンドンの自由フランス政府に勤務していることを知って、さっそく懇願の手紙を送ったこともそのあらわれである。シューマンへの手紙は最初二通書き、そのうちの一通は、自由フランスの空軍大尉マンデス・フランスに託してロンドンへ届けてもらった。それからこの手紙には、すでにはやく開戦直後の一九四〇年はじめに立案していた『第一線看護婦部隊編成計画書』を添えた。この計画は、切迫してきた危機に際して、自分自身をもっとも危険の多い場所にさらし、自分をまったく犠牲にささげることによって、女性の身でありながらせめてもなんらかの行動の機会を実現しようとしたものであった。この『計画書』は英訳されて、ルーズヴェルト大統領にも送られた。のちに、シモーヌ・ヴェイユの上長となったアンドレ・フィリップを通じて、『計画書』を見せられた自由フランス主席のド・ゴールは、最初の数行にちらりと目を走らせただけで「気ちがい沙汰だ」と一言で斥けてしまったという。ともあれ、ニューヨークからシューマンにあてた二通の手紙を読んだだけでも、わたしたちは、苦難の祖国になんとかして一歩でも近づき、苦しみの一そう痛切な連帯をねがい求める彼女の熱情のほとばしりにうたれずにはいられない。この年五月、彼女はフランスを発つ日にペラン神父にあてて、「キリストの十字架を羨望する」罪をおかしていると記したことがあった。「キリストが向こうで苦しんでおられるというのに、わたしがこの地で安閑としていることはできない」。後日、ロンドンではこんな言葉ももらしたことがある。彼女の使命感がどういうところからでているのかを察知することができるし、その超自然的な動機のゆえに、彼女の言葉にはいよいよ悲痛なまでの厳しさがこもるのだといえよう。たまたま、この年七月十四日のマルセイユのデモで、ドリオ配下の右翼のテロによって二名の死者がでたという記事を『ニューヨーク・タイムズ』紙上で読み、心痛のあまりに彼女はついに二日間、絶食して病臥したまま•すごしたという。『超自然的認識』におさめられたニューヨーク時代のノートを読んでも、このとき彼女の内心にどのような凛烈な決意が形作られつつあったかを知らしめられるのである。（小著『シモーヌ・ヴェイユ』講談社現代新書、二〇六ページ以下参照）。

シューマンの好意あるはからいで渡英が実現することとなり、スエーデン船「ヴァーラレン」号に身をゆだねて、リヴァープールに到着したのは一九四二年十一月二十六日のことであった。上陸すると、他の船客とともにロンドン郊外にあった、通称「愛国学校《パトリオティク・スクール》」と呼ばれる、「外国人検問公安センター」に入れられた。このとき、シモーヌ・ヴェイユはバスケットボールに興じたり、即興の喜劇を演じたりして、甚だ上機嫌であったというが、スパイ容疑者を見つけだすためのこの機関での禁足は長引いた。戦争前、彼女は平和主義者として知られていたし、スペインの共和国軍に加わった経歴のために共産主義者とみなされたからであった。しかし、モーリス・シューマンが彼女の拘留を知り、その尽力で十二月十四日、やっと釈放されることができた。

　ロンドンでは一両日間、フランス人志願兵の宿舎に泊まり、次いで友人宅に移り住んだが、結局、翌年一月十五日頃、ノッティング・ヒル地区、ポートランド・ロード三十一番地のフランシス夫人方に落ち着いた。フランシス夫人は、教師の未亡人であったが、シモーヌ・ヴェイユの一見、みすぼらしい外観と、悲しみにみちた表情にうたれたという。程なく、彼女は、プリンスデイル・ロードに面した三階の部屋をあてがわれて移ったが、その窓の外には一本の木がみどりの葉をゆるがせ、昼は小鳥が、夜は星がみち溢れるといった風情があった。彼女の部屋には、机の上といわず、床の上といわず、書きちらした紙が散らばっていて、それらはだれにもさわらせなかった。部屋の主はどうかすると、地下鉄の最終にも乗りおくれて、午前三時ごろ、歩いて事務所から戻ってくることもあったというが、その窓からはしばしば、朝の四時五時まであかりがともっていた。この時期から彼女は、一日の睡眠が四、五時間以上にならないようにつとめていたという。彼女にはひそかな予感があったのかもしれないが、もはや「立ち去る」までの一瞬間をもむだに失ってはならないかのように、事務所でも、下宿でもひたすらに机に向かって、何かを書きつづけていたのであった。

毎日、朝九時半に彼女は、ヒル・ストリート十九番地にある自由フランス政府の建物まで出かけ、アンドレ・フィリップ配下の内務局、対仏活動部門（部長はクロゾンであった）に所属して働いた。アンドレ・フィリップには何度も、占領下のフランスへ派遣されることを願い出たが、そのたびに拒否された。虚弱な体質、不器用な能力、しかもユダヤ人的な風貌の彼女が、フランスで諜報活動やサボタージュの指導などのような重要な任務に服することの無理は明らかであった。モーリス・シューマンあての第三の手紙がまざまざと示しているように彼女の焦燥と失望は大きかった。彼女はただ与えられた仕事、フランスから送られてくる政治文書の分析と批判の仕事をするのに熱中するよりほかはなかった。それはナチス撤退後のフランスの新しい体制について計画を立てることであった。第三共和制が崩壊した今、すべてを新しくはじめる必要があった。この目的のために、非占領地帯のフランスでも、ロンドンの亡命政府内にも、いくつかの特別委員会が作られていた。アメリカのマーシャル元帥は、戦後の計画にはなんの見通しももたぬ、無条件降服だけを目ざした教説をとなえていたが、祖国を失ったフランス人たちははやくも、来たるべき再建の日の理想的なプランニングを次から次へとうち出していたのである。あるいは、「国家の主権について」、あるいは、「政党の役割について」、あるいは、「マルクス主義理論について」、この期間、シモーヌ・ヴェイユは、幾多の文献を検討して次々と独自の見地に立った意見書を発表して行った。一九四二年十二月から翌年四月までの間に、『根をもつこと』や、のちに『抑圧と自由』におさめられた『マルクス主義学説は存在するか』をはじめとして、本書『ロンドン論集』におさめられた九篇の論文、さらに『超自然的認識』の中の「ロンドン・ノート」などが執筆された。たぐい稀れな思想の豊かさと独創性、文体の力強さばかりでなく、フランス語版原書でも六百ページ以上にも及ぶ多量の労作がこの短い期間に生み出されたということだけでも、驚異であった。彼女はまさに何かに憑かれていたといえるであろう。これらの論文が書かれた時点と、大戦終了後に実際に起こってきた諸問題、現在においてもなお、焦眉の急とされている政治的・社会的解決の争点を彼女が表明している思想との関連において考え合わせてみるとき、わたしたちはやはり、彼女の視線の鋭さ、問題把握の徹底性と深さ、その展望の高さと広さに驚かずにはおられない。シモーヌ・ヴェイユの立っていた地点は、あるいは今のわたしたちよりももっと先に進んだ場所なのかもしれないのである。『根をもつこと』ともども、これらの諸論文もまた、あすの社会を構想する人々、たましいを宿した国家の成立をねがいもとめる人々に訴えかける何かを秘めているといえよう。

たとえば、本書中におさめた論文『新憲法草案に関する考察』は、「たたかうフランス国民委員会」（自由フランスの後身）の憲法草案を批判したものであるが、あるべき主権として「正義」をあげ、権威に対する人民の自由な同意（コンセンサス）こそ、正当性の基礎と説く彼女が何を志向しているかは明らかであるといえよう。また、『人間に対する義務宣言のための試論』は、「人間の義務に関する宣言のためのプレリュード」と最初題されていた『根をもつこと』と同様、十八世紀末の「人権宣言」にかわる、あたらしい「基本的宣言」となるものの研究であった。ここでもまた、人間の精神的、物質的な欠乏をみたし、その欲求をかなえることの必要とともに、真にあるべきすがた、単に地上に属するものの範囲をこえたより高い善への渇望が述べられていることに注目すべきであろう。さらに、『反乱についての省察』は、アンドレ・フィリップを通じてド・ゴール将軍に伝えられ、抵抗《レジス》運動《タンス》の指導者たちの願いとも一致する点があって、間接的に「レジスタンス国民委員会」の設立をうながす原因になったともいわれる。国内において抵抗運動をひろめることは、民族が独自で生きる意志を表明することであり、アメリカやソ連に対するフランスの将来の独立的立場を保証するものとなるはずであった。「レジスタンス国民委員会」は一九四三年五月二十七日にジャン・ムーランの主宰により初の会合が行なわれた。なお、わたしたちはまた、直接政治の動きとかかわりはないが、『われわれは正義のためにたたかっているのか』の中に挿入された「愛の狂気」に関して述べられた一節をも見のがしてはならないであろう。マリー・マグドレーヌ・ダヴィ女史は、この個所を引用して、「シモーヌ・ヴェイユの全生涯はこの文章の中に要約されている。この愛の狂気が、彼女の生涯のみならずその死までをも支配し、決定した」と書いている。『超自然的認識』の中でも、シモーヌ・ヴェイユは、「ある事柄が神に発していることを示す規律は、……それらが狂気の性格のいっさいを現わしているということである」と記している。シモーヌ・ヴェイユの生きかたと思想とが、わたしたちを震憾させずにおかないものをもっている理由がここに明瞭に示されていると思う。この「狂気」を前にして戦慄を感じないならば、わたしたちはついに、使命とか超自然性とかには無縁であるよりほかはないであろう。

本書の後半には、シューマンへの手紙四通、兄への手紙一通に次いで、ニューヨークの両親にあてて、シモーヌ・ヴェイユがロンドンから発した手紙がおさめられている。ポートランド・ロードの下宿の部屋で彼女が衰弱して床に倒れているのを発見され、ミドルセックス病院へかつぎこまれたのは、一九四三年四月十五日のことであり、同年八月十七日にはケント州アシュフォードのグロズヴナー・

サナトリウムへ移され、食事を絶って死んだのは八月二十四日夜であった。両親にあてた手紙の日付に注意しておきたいと思う。彼女の両親は、「いつも娘の英雄的精神の暴走にひどく心配させられていた」が、あたたかいいたわりと理解とで、彼女の心身の疲れを慰撫し、生活の支えとなってくれていた。彼女もまた、この両親にはごく自然な愛情でつながれていたばかりか、あれほど自分自身に対して苛酷なまでに厳しい責任と義務を強い、禁欲的な生活をつづけていた彼女が、実に過度と思われるまでに近親へのこまやかな心づかいをことごとにあらわし、加えて自分の惨状や苦境はただの一言もほのめかそうとしていないのを注目しておきたい。この事実はわたしたちを、何より深く感動させるのである。『超自然的認識』の中で、彼女が「他人の肉的な欲求」にも奉仕しなくてはならないと記していたことが思いおこされる。「その欲求が正当なものであるかぎり……、被造者たるものが、他人に被造者の境涯をすてるようにすすめるのはふさわしいことではない……。キリストは、病いを癒やされ、食べ物を与えられた。」シモーヌ・ヴェイユにおける「愛」とは、何よりこういう具体的な性質のものであり、人間のたましいをあたため、はぐくむ価値対象を守りぬこうとする決意の上に立っている。嬉々として楽しくうたいたわむれる『救われたヴェネチア』の幸福で無邪気なヴィオレッタは、「何かしら無限に貴重なもの」であり、愛しあっている人々が住む家には、「とても大切なもの」があるために、「ふるえずにはそれを愛することができない」程にいとしいものなのである（ギュスターヴ・ティボンへの手紙）。両親への手紙の中に、わたしたちはまた、シモーヌ・ヴェイユの観察した戦時下英国の諸風景や、シェクスピアの傑作『リヤ王』についての独創的な考察などを読むことができよう。

シモーヌ・ヴェイユの邦訳著作集（勁草書房版）はこれで全三巻をかぞえることになった。出版にあたっては、いつものことながら編集部の阿部礼次氏にこのたびもまた、多大のご尽力にあずかった。心から感謝を申し上げたい。このあと、わたしたちは引きつづいて、『超自然的認識』などの訳出を予定しており、シモーヌ・ヴェイユの比類のない作品の邦訳の実現を念願している。読者のご声援とご支持を乞いたい。なお、本書の翻訳は、論文の部分を杉山、手紙を田辺が担当し、全体の統一と訳注は田辺が主としてあたっている。

一九六九年二月

田辺　保

訳者紹介
田辺　保（たなべ・たもつ）
1930（昭和５）年生れ，1953年大阪外語大卒，1959年京大仏文大学院卒。フランス文学・哲学専攻，岡山大学・大阪市立大学名誉教授。
著書『パスカルの世界像』 訳書　パスカル『パンセ』ほか。
2008年逝去。
杉山　毅（すぎやま・つよし）
1931（昭和６）年生れ，1954年大阪外語大卒，1957年京大仏文大学院修士課程修了。
フランス文学専攻，広島大学名誉教授。
訳書　ペトルマン『詳伝　シモーヌ・ヴェイユⅠ』他

ロンドン論集とさいごの手紙

1969年11月15日　第１版第１刷発行
1987年10月30日　新装版第１刷発行
2009年６月１日　改装版第１刷発行

著　者　Ｓ．ヴェイユ
訳　者　田辺保／杉山毅
発行者　井　村　寿　人

発行所　株式会社　勁《けい》　草《そう》　書　房
112-0005 東京都文京区水道2-1-1　振替 00150-2-175253
（編集）電話 03-3815-5277／FAX 03-3814-6968
（営業）電話 03-3814-6861／FAX 03-3814-6854
総印・鈴木製本

ISBN978-4-326-15404-3　　Printed in Japan

労働と人生についての省察［新装版］　シモーヌ・ヴェイユ　黒木／田辺訳　四六判上製／二五二〇円

神を待ちのぞむ［新装版］　シモーヌ・ヴェイユ　田辺／杉山訳　四六判上製／三一五〇円

詳伝　シモーヌ・ヴェイユⅠ・Ⅱ［新装版］　S・ペトルマン　田辺／杉山訳　A5判上製　Ⅰ五四六〇円　Ⅱ六三〇〇円

シモーヌ・ヴェイユの生涯　大木健　四六判上製／二七三〇円

†シモーヌ・ヴェイユの不幸論　大木健　四六判並製／二八三五円

デカルトⅠ・Ⅱ［新装版］　所雄章　四六判上製　Ⅰ二六二五円　Ⅱ二九四〇円

デカルトの青春　竹田篤司　四六判上製／一六八〇円

---

†はオンデマンド出版です。
＊表示価格は2009年6月現在。消費税は含まれております。